**ファースト
ステップ**

AI・
データサイエンス
の基礎

浅井宗海・譚 奕飛・山口誠一・浅井拓海

著

近代科学社

本書について

　本シリーズは、コンピュータを初めて本格的に学ぶ大学生・高専生を対象にしたものです。シリーズの中で、本書は、政府の「AI戦略2019」によって、すべての大学・高専生が習得すべき「数理・データサイエンス・AI／リテラシーレベル」として策定されたモデルカリキュラム（2024年2月改訂）に準拠した内容のテキストです。特に、コンピュータに関する学習をこれから始める文系学部の学生の皆さんにとっても、分かりやすく学んでいただけるように配慮しました。

　内容として取り上げるAIやデータサイエンスの知識や仕組みについては、事例や図解を使って具体的に説明するとともに、それらがどのように使われ、どんな有効性があるのか、反面、どんな問題があるのかについても示しています。したがって、将来、AIやデータサイエンスを利用する際に役立つ情報を取り上げています。

　また、本書は大学・高専のテキストとして利用しやすいように、1セメスター（半期）の授業回数を意識した構成となっており、1章の内容を1回の授業で学べるように、各章の量を概ね均等にしています。章の構成についても、次のような工夫をしています。

■各章の構成とねらい

・学習ポイントと動機付け

　各章は教師と学生の対話から始まっています。その対話を通して、ここでの学習の重要性を伝え、動機付けを行っています。また、この章での学習目標を明確にするため、ページ下部の「この章で学ぶこと」で目標を箇条書きで示しました。

・見出しの階層化と重要項目の明確化

　できるだけ多くの見出しを階層的に付けることで見通しをよくし、それぞれの箇所でのポイントが一目瞭然になるように、重要部分を強調して説明しています。さらに、本文では、技術的な内容（What）を羅列的に説明するのではなく、それがなぜ必要なのか（Why）といった説明を加え、納得できる解説になるように配慮しました。

・脚注とTipsの活用

　本文の説明が長くなりすぎるとポイントがぼけてしまうので、できるだけ文書は簡潔で、重要点にしぼり、分かりやすい内容になるように配慮しました。そのため、発展的な内容や補足的な内容は脚注とTipsで解説しました。

・章のまとめ

　章の終わりに、その章で必ず覚えてほしい内容をまとめて示し、重要点の明確化

を図りました。授業の終わりの「まとめ」に利用していただけるように配慮しました。

・**練習問題**

　章の最初のページで示した学習目標である「この章で学ぶこと」が達成できたかを確認できるように、章末に練習問題を掲載しました。ここでの問題は、応用力を図るものではなく、あくまでも、章の最初の学習目標で示した内容の理解を確かめるものとなっています。確実に解けるように努め、学習成果を確実なものにしてください。

　また、モデルカリキュラムではグループワークの重要性が示されており、本書でも、演習問題の最後に **Active Learning** の欄を設け、グループワークを含むアクティブ・ラーニングの課題を掲載しています。

■モデルカリキュラムと本書の対応

　「数理・データサイエンス・AI ／リテラシーレベル」モデルカリキュラム（2024年2月改訂）と本書の章との対応は次のようになっています。

モデルカリキュラムの構成	対応する本書の章
導入：1. 社会におけるデータ・AI 利活用	
1-1. 社会で起きている変化	第1章、第2章
1-2. 社会で活用されているデータ	第4章、第8章、第10章、第13章
1-3. データ・AI の活用領域	第2章、第11章
1-4. データ・AI 利活用のための技術	第2章、第3章、第10章、第12章
1-5. データ・AI 利活用の現場	第5章、第11章
1-6. データ・AI 利活用の最新動向	第2章、第4章、第11章、第13章
基礎：2. データリテラシー	
2-1. データを読む	第5章、第6章、第7章、第8章
2-2. データを説明する	第3章、第6章、第7章
2-3. データを扱う	第5章、第6章、第9章、第14章
心得：3. データ・AI 利活用における留意事項	
3-1. データ・AI を扱う上での留意事項	第2章、第4章、第15章
3-2. データを守る上での留意事項	第15章

　本書によって、AI とデータサイエンスに興味をもっていただき、これらを使うにはどんな知識が必要か、また、どんなところで活用できるのかを学んでいただき、将来、これらの技術をビジネスに活かしてみたいと感じていただければ、著者としてこれ以上の喜びはありません。

　最後に、本書の出版機会を与えていただいた近代科学社の伊藤雅英副編集長と赤木恭平さんに感謝の意を表します。

2024 年 9 月

浅井 宗海

目 次

はじめに

教師 こんにちは。それでは、「AI・データサイエンスの基礎」の授業ガイダンスを始めましょう。

学生 はーい。ところで先生、AIという賢いコンピュータの登場で仕事がなくなるって聞いたんですが。就活、大丈夫でしょうか？

教師 いきなり質問ですか。確かに、減る仕事もあるかもしれませんね。

学生 えー！

教師 ただ、インターネットの登場で減った仕事もありますが、それにより Google や Amazon、Facebook といった新たな仕事を行う企業が登場しましたね。だから、AI の登場で、また、新たなビジネスと仕事が登場すると思いますよ。

学生 だったら、どうすれば良いんですか？

教師 そのためには AI を知り、AI がどう使えるか、AI を使うにはどんな知識が必要かを学び、AI をビジネスに使える人になることです。ですから、この授業が重要なんですよ。

学生 なるほど！ 頑張ります。

> ユーリア・エンゲストローム：
> 　科学は、科学的モデルの伝達と読解を、科学の外にある労働やほかの生産的な実践の第二の道具に結びつける感受性豊かなリンクなしに、理解することはできない。
>
> 　　　　　　　　　　　　　　　　　　　　　　　　　　　　　　『拡張による学習』より

第 1 章

社会で起きている変化

学生 先生、AI やデータサイエンスという難しそうな授業が、なぜ皆に必要なのか、あまり実感がわきません。

教師 最近、ロボット掃除機を使っている家庭が増えてきたよね。

学生 はい。実は、自分の家でも使っています。

教師 では、なんでロボット掃除機を買ったのかな？　普通の掃除機よりも高価だよね。

学生 留守のときに、勝手に掃除しておいてくれるから、便利だと母がいっていました。

教師 そうだよね。これからの社会は、ロボット掃除機などの高度に進化した技術がどんどん入ってくるので、それを皆が有効に利用していく必要が出てきたんだ。だから、その技術の基本となる AI やデータサイエンスが、どんなものであるかを知っておかないと困る時代になったんだよね。

学生 重要さは、なんとなく分かったのですが、難しそうなので優しく教えてください！

教師 ・・・

この章で学ぶこと

1 Society 5.0 や第 4 次産業革命について、それを支える技術とその社会変化の概要を説明する。

2 ビッグデータについて、その社会に及ぼす影響も含めて概要を説明する。

3 AI のデータを起点としたものの見方と、人間が AI を利用するときに注意すべき点について説明する。

1.1 現代社会を変える技術

1.1.1 身近なロボット

- AI（人工知能）とは、人間の思考プロセスと同じような形で動作するプログラム、あるいは人間が知的と感じる情報処理や技術といった広い概念である。
- IoT（Internet of Things）とは、モノのインターネットという意味で、機械同士がインターネットを使って情報交換することをいう。

　現在、**ロボット**は色々な場所で活躍しています。ロボットが一番活躍している場所は、図 1.1 の左側にあるように工場で働く産業用ロボットで、産業用ロボットは 1970 年代から実用化されています。ただ、当時のロボットは決められた通りの動きをするもので、自分で判断して動くといったことはできませんでした。図 1.1 の右側にあるロボット掃除機で高機能なものは、部屋の間取りや障害物を自動で認識し、効率の良い清掃ルートを学習して掃除するようになっています。このように、自分で学習し、効率の良い方法を考えるといった動作は、人間と同じような思考に基づく動作なので、**人工知能**（**AI**：Artificial Intelligence）と呼ばれています。

図 1.1 産業用ロボットとロボット掃除機

　このように、ロボットも AI を搭載することで、動作を教えることなく自分で考えて動けるようになってきました。ところで、AI という言葉は人工知能に関わる技術の総称で、AI を実現するためには色々な技術が含まれています。AI は車にも搭載されるようになり、自動車の**自動運転**が進歩してきています。日本政府は、バスの運転手の人手不足解消の対策として、レベル 4[1] といわれる限られた条件下での公道における自動運転走行を容認しました。実際に、各地方自治体でもバスの自動運転を推進しており、たとえば、岐阜市では 2023 年 11 月から図 1.2 のように、運転手を乗せた状態での自動運転であるレベル 2 の自動運転バスの定期運行を開始しました。そして、2027 年までにレベル 4 の自動運転を目指すとしています。

1 　自動運転のレベルには 1 ～ 5 があり、レベル 5 が完全自動運転で、レベル 4 は走行する地域や道路などを限定した条件での自動運転です。

図 1.2 岐阜市の自動運転バス

　自動運転を行うには、車の周りの車両や人、障害物を感知できるセンサ[2]を搭載し、それらの動きを予測して、ぶつからないようにする動作を自動で判断するといった AI 技術が不可欠です。また、車に搭載したセンサだけからの情報では限られているので、進行方向にある信号や交差点での情報をインターネットなどを使った通信により情報を得るといったことも行います。事実、岐阜市の自動運転バスも、レベル 4 を実現するために、信号や交差点に情報を発信する装置を設置し、それらとインターネット上のサーバ（サービスを提供するコンピュータ）を使って交信するシステムに移行するそうです。このように、機械と機械がインターネットを使って情報交換することが行われるようになってきており、このことをモノのインターネットという意味で **IoT**（Internet of Things）といいます。また、インターネットに接続されたサーバを使ったネットワーク・サービスの形態を、**クラウド・コンピューティング**、または、略して**クラウド**といいます。

1.1.2　拡張された世界

> ・VR（仮想現実）とは、人間の能力を拡張するための環境であり、現実世界の本質を時空の制約を超えて人間に伝えるもののことである。
> ・AR（拡張現実）とは、仮想空間の情報やコンテンツを重ね合わせた現実世界を体験できる環境のことである。

　遊園地のアトラクションでは、図 1.3 のように VR ゴーグルをつけて楽しむアトラクションが増えてきました。図のアトラクションは、実際のジェットコースターではなく、VR ゴーグルに映し出される仮想の映像と座った椅子の揺れによって、さもジェットコースターに乗っているような感覚が味わえる仕組みになっています。VR ゴーグルの **VR**（Virtual Reality）とは、**仮想現実**と呼ばれており、コンピュータが作り出す現実にない空間をリアルに体感できる環境を指します。VR はアトラクションだけではなくパイロットの操縦訓練などで、人間の能力を高めるためにも利用されています。

2　センサとは機械が情報を獲得するために人間の視覚や聴覚、触覚、嗅覚、味覚にあたる働きをする装置で、たとえば、カメラやレーザー光を使って、対象物とその距離を測定します。

図 1.3　VR コースターのイメージ

　このように、コンピュータやインターネットにより作り出される空間のことを**仮想空間**や**サイバースペース**（Cyber-space）といいます。仮想空間上でコミュニケーションや買い物などが行える世界を作り、サービスを行う取り組みも始まっています。このような世界を、「超（meta）」と「宇宙（universe）」を組み合わせて**メタバース**[3]（metaverse）という造語で呼んでいます。たとえば、図 1.4 のように、離れた場所にいる人たちが VR ゴーグルや PC を使って仮想空間上の教室に自分のアバター（自分の分身となるキャラクタ）で集い、同じ講義を受け、その中でコミュニケーションを行うといったことが可能になっています。実際に、東京大学では、メタバース工学部という名称で教育が行われており、ゲームでも任天堂の「あつまれ どうぶつの森」などで、メタバースを実現しています。

図 1.4　メタバースのイメージ

3　メタバースとは、もとは SF 作家のニール・スティーヴンスンが 1992 年に発表したサイバーパンク小説『スノウ・クラッシュ』に登場する架空の仮想空間サービスの名称でした。メタバースの解説書『メタバース進化論』（技術評論社、2022）では、メタバースを「空間性」「自己同一性」「大規模同時接続性」「創造性」「経済性」「アクセス性」「没入性」の七要件を満たしたオンラインの仮想空間として定義しています。

　さらに、仮想空間と現実世界を重ね合わせた、**AR**（Augmented Reality）と呼ばれる**拡張現実**を作り出すことも行われています。図 1.5 では、現実を映す鏡のような画像の中の自分に気に入った服を重ね合わせて表示し、試着したときと同じ効果を作り出しています。このように仮想空間の情報やコンテンツを現実世界に重ね合わせて表示することで、現実を拡張したような体験をすることができます。私たちは知らないうちに、コンピュータやインターネットが作り出す仮想空間と現実社会が融合した拡張された世界で生活しているのです。教育哲学者のオットー・フリードリッヒ・ボルノウは著書『人間と空間』の中で、空間を物理的な空間としてではなく人が自分の意識によって体験している機構として捉え、空間を人間生活の媒体として問い直しています。まさに現代はボルノウのいうように、物理空間だけでは現実を捉えることのできない時代になってきたといえます。

図 1.5　拡張現実の例

1.1.3　Society 5.0

- 第 4 次産業革命とは、デジタル技術の進展と IoT の発展によりさらなる自動化や新たな連携が生まれ、経済構造や企業活動が変革することを指す。
- Society 5.0 とは、サイバー（仮想）空間とフィジカル（現実）空間を高度に融合させたシステムにより、経済発展と社会的課題の解決を両立する、人間中心の社会のことを指す。

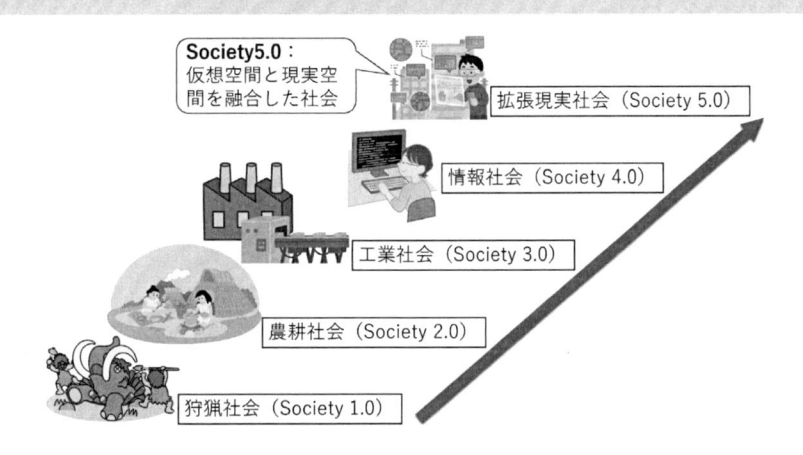

図 1.6　Society5.0 のイメージ

　AI やロボット、IoT といった先進技術により今後、産業が大きく変化していくであろう状況を捉えて、**第 4 次産業革命**という言葉が使われています。18 世紀後半に起こった蒸気機関による工場の機械化が第 1 次産業革命、19 世紀後半から 20 世紀初頭にかけて起こった電力による大量生産が第 2 次産業革命、20 世紀後半から起こったコンピュータやロボットなどの電子技術による自動化が第 3 次産業革命であり、それに続く第 4 次産業革命では AI やロボット、IoT といった先進技術により、人と機械だけではなく機械と機械も通信により情報交換を行うことでさらなる無人化や効率化が進むとされています。第 4 次産業革命と同じように、現代社会を捉えた言葉に **Society 5.0** があります。Society 5.0 とは図 1.6 のように、私たちの生活する社会が原始時代の狩猟社会(Society 1.0) から始まり、農耕社会（Society 2.0）、工業社会（Society 3.0）、情報社会（Society 4.0）と進み、今日では、コンピュータやインターネットが作り出す仮想空間と現実世界が高度に融合した社会へと変貌してきており、この様子を捉えて Society 5.0 と呼んでいます。

1.2　データ駆動型の社会

1.2.1　ビッグデータ

> ・ビッグデータとは、これまでのデータ管理システムなどでは記録や保管、解析が難しいほど巨大なデータ群のことである。

　経済を動かしているものは当初、ヒト・モノ・カネといわれていましたが、経済を動かすためには情報を活用する必要があるということで、「ヒト・モノ・カネ・情報」が経済の 4 大資源といわれるようになりました。情報は最後に追加された資源ですが、今日の日常生活を考えると、経済を含む社会活動においてその重要性が格段に増していることが分かります。たとえば、私たちは、LINE や X（旧 Twitter）、Instagram といった **SNS**（Social Networking Service）と呼ばれる仮想空間上でコミュニケーションを図るシステムを利用しており、そのために「ヒト」の情報を登録し、登録した自分の情報を使って対話を行っています。また、買い物では現金の代わりに Suica や PayPay といった**電子マネー**（電子的にお金の決裁を行うことのできる手段）を使って「カネ」の情報をやり取りしています。さらに商品についても、Web 上で選んで購入するといったネットショッピング[4]などで「モノ」の情報を取り扱う機会が増えてきています。すなわち、仮想空間と現実世界が重なり合う現代では、図 1.7 のようにヒト・モノ・カネがクラウド上の「情報」として扱われる社会に変貌してきているといえます。このように日常生活の中で発生する膨大な情報がインターネット上のデータとして取り扱われ、そこに蓄積され、デジタルデータの量（**データ量**）が爆発的に増大してきています。集められた膨大なデータ群は、これまでコンピュータを使って組織的に集められたデータ（**データベース**）を管理するデータベース管理システム（DBMS）では扱えない量となってきており、このようなデータを**ビッグデータ**といいます。

4　電子的な手段を介して商取引を行うことの総称を**電子商取引**または **EC**（Electronic Commerce）、e コマースといい、ネットショッピングもその一つです。

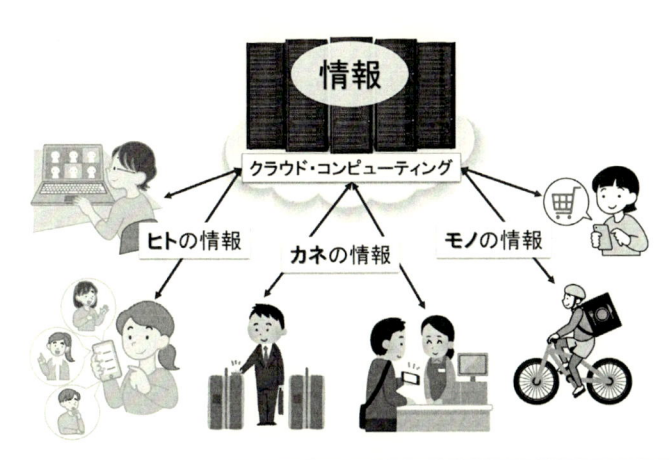

図 1.7　ヒト・モノ・カネの情報がクラウドに集まるイメージ

　IDC 及び Japan IDC [5] の調査では、2020 年に全世界で作り出され消費されるデジタルデータの総量は、59 ゼタバイト（59ZB は、59 × 10^{21} バイト）を超えていると報告しており、2025 年には 2020 年の 3 倍に近い 163 ゼタバイト（163ZB は、163 × 10^{21} バイト）にまで増えると予測しています。そして、これまでは人間の活動の中で作り出していたデータが中心でしたが、これからは、IoT による機械が作り出すデータが急激に増大するとも予測しています。このように、現代では、想像できないほどのビッグデータがインターネット上で取り扱われており、このビッグデータの特性を、次の三つの V で表すことがあります。

Volume（量）：データ量が圧倒的に多いこと

Variety（多様性）：様々な種類のデータが含まれていること

Velocity（速度）：データの生成と処理されるスピードが速いこと

💡 Tips　データ量の単位

・ディジタルデータは、2 進数 1 桁の値を 1 ビット（1b）という単位で数えます。たとえば "10101100" という 2 進数は、8 桁あるので 8 ビット（8b）になります。また、8 ビットを 1 バイト（1B）という単位で数えます。
・単位の前についた k、M などの記号は SI 接頭語と呼ばれるもので、次に示す位を表しています。たとえば、512 k は、512 を 1000 倍した値になります。

名称	記号	和名	指数表記	十進数表記
キロ	k	千	10^3	1,000
メガ	M	百万	10^6	1,000,000
ギガ	G	十億	10^9	1,000,000,000
テラ	T	兆	10^{12}	1,000,000,000,000
ペタ	P	千兆	10^{15}	1,000,000,000,000,000
エクサ	E	百京	10^{18}	1,000,000,000,000,000,000
ゼタ	Z	十垓	10^{21}	1,000,000,000,000,000,000,000

5　IDC は IT 及び通信分野に関する調査・分析を行い、コンサルティングを提供している会社です。

1.2.2　データサイエンス

- ・データサイエンスとは、数学や統計学、機械学習といった知識、プログラミングなどの IT スキル、組織や業務に関するビジネス知識を駆使して、ビックデータから有用な結論や知見を導き出し、意思決定に活かす学問分野である。
- ・データ駆動型社会とは、デジタル技術と大量のデータを活用して、社会的に価値のある知識や情報を生み出し、役立てていく社会のことである。

コンピュータの著しい性能向上[6]によってインターネット上に生み出され蓄積されるビッグデータの処理が可能となり、その結果を生活やビジネスに役立てることができるようになってきました。たとえば、図 1.8 のように有料道路の料金所で自動で通行料を徴収するシステムである **ETC**（Electronic Toll Collection System）は料金だけではなく自動車の通行状況に関する膨大な交通量データ（ビックデータ）を生み出し、それをコンピュータに蓄積しています。この交通量データを場所や日時、曜日、天候などの条件から整理・分析することで類似する条件での道路の混雑状況を予測し、渋滞回避に役立てることができます。

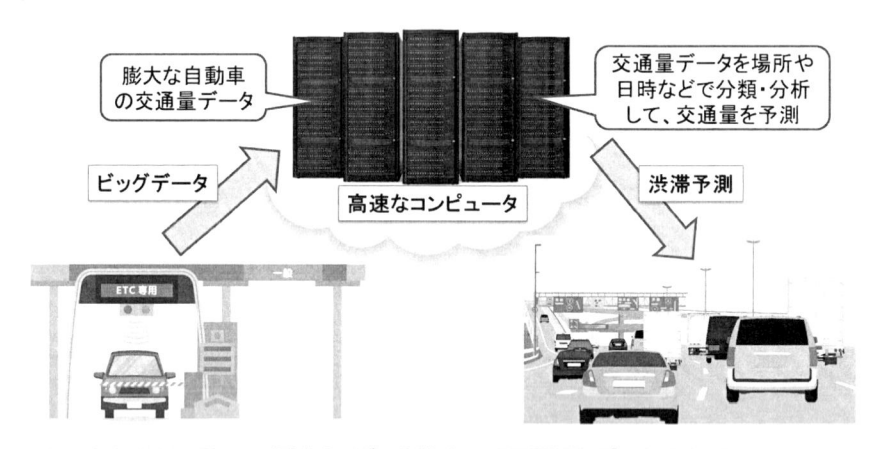

図 1.8　データサイエンスのイメージ

このように、データを分析する統計などの理論を使ってビックデータをコンピュータで解析し、役に立つ情報を引き出す学問を**データサイエンス**といいます。データサイエンスは渋滞予測に限らず、各分野のビックデータを使って、たとえば、レストランの注文の予測、機器の故障原因の予測に基づく故障の自動検出、教育での学習履歴の解析に基づく指導などで利用されています。このように、ビッグデータから導き出される有益な情報を積極的に利用し、経済や生活を豊かにしていこうとする社会を**データ駆動型社会**といいます。

6　コンピュータの性能向上の予測に、コンピュータの回路の複雑さ（集積回路の部品数）は 2 年ごとに 2 倍になるという**ムーアの法則**があり、ほぼそれにしたがうように性能が向上しています。また、日本の代表的なスーパーコンピュータである理化学研究所の富岳の場合、その前機種であった京の 2011 年の計算性能に対して、10 年後の 2021 年に、40 倍以上に達しています。

1.3 AI をなぜ学ぶ必要があるのか

1.3.1 AI の衝撃

・AI サービスは、音声認識、自然言語処理、画像認識、文書検索といった AI に関連する複数技術を組み合わせて実現しており、その一つに生成 AI がある。

　ロボット掃除機に AI の機能が搭載され、AI が身近なものとなり、また、AI の能力も著しく向上しています。アメリカの IT 企業 IBM が開発したワトソン（Watson）[7] というコンピュータは、大量に記憶した文書から適切な回答を見つけて、人間の言葉（自然言語）で質問に答えられる AI システムです（図 1.9 はそのイメージ）。そして、このワトソンは、2011 年に、アメリカのクイズ番組で、人間のクイズ王に勝利しました。ワトソン以外の AI システムでも、同様に、囲碁のチャンピオンに勝利したり、将棋のプロ棋士に勝利したりといっためざましい能力を発揮するようになってきました。

図 1.9 AI コンピュータ Watson のイメージ

　AI システムはゲームに限らず、交通渋滞の解消や自動運転支援、健康管理の支援や病気の早期発見、画像認識を使った防犯やパスポートなどの本人認証、商品の需要予測や効率的な運送ルートの計画作成などの分野でその利用が期待され、既に活用も始まっています。事実、ワトソンは自然言語で質問に答えられる機能と文書の取り込みと検索する機能を使って、海外旅行での旅行者支援や、銀行や鉄道などのコールセンター、大学の学習支援、自動車タイヤの摩耗具合の診断などの業務[8]で、人間をサポートするまでになっているといわれています。このような AI システムを使ったサービス（**AI サービス**）には、たとえば、図 1.10 のように人の音声を認識（音声認識）してその言葉を分析（自然言語処理）し、その言葉の内容に合った文書や画像の情報を検索（画像認識、文書検索）し、その結果を基に人間と対話するといった、AI 関連の技術を複数組み合わせて行う必要があります。

7　Gigazine（2011）「15 テラバイトのメモリ・2880 個の CPU・2 億ページ分のデータを駆使して史上最強のクイズ王と対戦中の IBM 製スーパーコンピューター「WATSON」とは？」

8　Alsmiley「IRM Watson（ワトソン）の AI 導入で何ができる？活用事例を紹介」https://Alsmiley.co.jp/AI_news/ibm-watson-case-study/

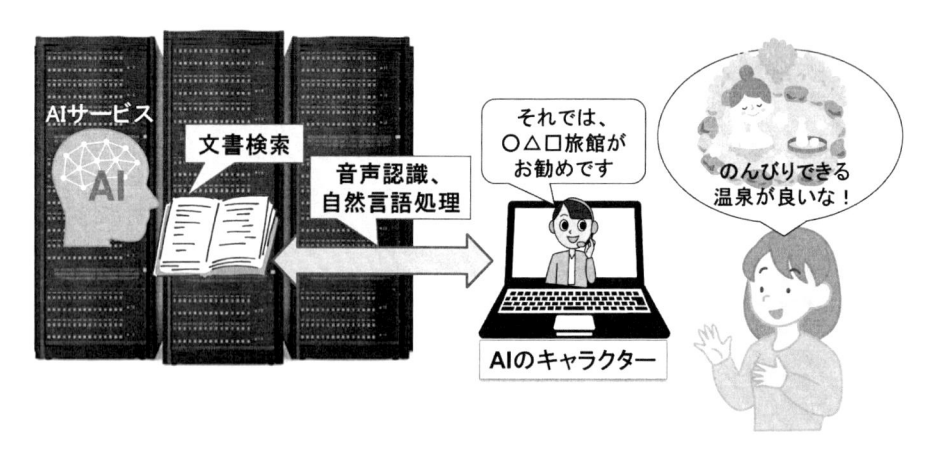

図 1.10 複数技術を組み合わせた AI サービスのイメージ

ところで、このような現代の AI システムはいきなり登場したわけではなく、表 1.1 のように古くは 1950 代後半から AI 開発の取り組みが始まり、第 1 次、第 2 次 AI ブームの盛り上がりと、その間のブームの衰退といった非連続的な進化のもと、現在の第 3 次といわれる技術に到達しました（詳しくは第 13 章で取り上げます）。そして、第 3 次である現在の AI では、インターネット上にあるビッグデータを深層学習によって学習することで回答能力が著しく向上しました。人間の脳に蓄積できる記憶量をコンピュータのデータ量で換算すると 2.5 ペタバイト相当であるといわれており、それに対して、インターネット上にあるデータ量は 2020 年時点で 59 ゼタバイトといわれており、2 千万倍以上の開きがあります。これを使って AI が高速に学習することを考えると、その学習能力は驚異といえます。事実、2022 年 11 月に AI を研究する民間団体 OpenAI が発表した、深層学習を使った会話型の AI サービスである ChatGPT は、文書で質問（プロンプトという）すると、人間が書いたと思えるほど自然な文書で回答し、世界を驚かせました。文書や画像などを自動で生成する AI のことを**生成 AI** といいます。AI 研究の権威であるレイ・カーツワイルは、このように AI が自律的に学習を進めていくと、2045 年には AI が人間の知性を超えることになると予測し、技術が人間を超える時点を**シンギュラリティー**（技術的特異点）と呼んでいます。

表 1.1 AI の各世代と特色[9]

	年代（十年紀）	各年代の AI の技術的特色
第 1 次	1950 年代後半〜1960 年代	人間の推論や探索する道筋を、コンピュータで処理できる手順（**アルゴリズム**）として表現して答えを導き出すという方法
第 2 次	1980 年代〜1990 年代前半	「もし○○であれば、□□である」といった記述で知識を表現して、その知識のデータベースから適切な答えを推論する**エキスパートシステム**といわれる方法
第 3 次	2000 年代後半〜現在	人間の脳神経のつながりを模した**ニューラルネットワーク**と呼ばれる仕組みを使い、そのつながりの階層を深くした**深層学習**（ディープラーニング）と呼ばれる構造を使って、学習させて答えを導き出す方法

9 松尾豊（2015）『人工知能は人間を超えるか』KADOKAWA, pp.60-63 を参考に著者が表として作成

1.3.2 AI と人間

> ・AI は、データを起点としたものの見方であり、帰納法による推論であり、その結果にはハルシネーションが含まれることもあり、人間には、その結果を判断して利用する力が必要である。

　生成 AI をはじめとし、AI サービスは既に始まっており、今後、より多くの場面で AI が利用され、また、AI の技術もさらに進化していくでしょう。したがって、現代に生きる私たちは、AI というツールをどう使うのかを考え、AI のメリットやデメリットを知って使う必要があります。そのため、AI を学ぶことが不可欠な要素となってきており、日本政府も、大学生や高専生に「数理・データサイエンス・AI」の学習を推進する政策を発表しました。

　それでは、私たちは AI とどのようにつき合っていけば良いのでしょうか。これまで、AI の凄さを強調してきましたが、ビッグデータや AI を使う場合、次のようなことを念頭に置く必要があります。AI は、あくまでも**データを起点としたものの見方**であり、具体的な事実などのデータから、一般的なルールを導き出して推論する**帰納法**と呼ばれる方法によって結果を導いています。

- ビッグデータは、過去から現在までに発生したデータであり、それを使った予測は、これまでに起こった類似するデータを元に行われている可能性が高く、真の未来を予測しているわけではない。
- AI が学習するビッグデータなどの情報の中には、間違った情報が入っている可能性もあり、AI は情報を理解して学習（入力）しているわけではないので、そこから導き出される結果が常に正確であるとは限らない[10]。

　AI 自身は入力されたデータの真偽は判断できないので、生成 AI が導き出した結果には、**ハルシネーション**（Hallucination）と呼ばれる間違いが含まれることがあります。それに対して、人間は情報の真偽を自分なりに判断しながら学習し、導き出した答えの正しさを検討することもできます。また、答えを導き出すとき、帰納法だけではなくこれまでに分かっている一般的なルールの中で問題に適したものを使って答えを出すという**演繹法**も利用することができます。さらに、推論方法だけではなく、人間は研究や開発をしているときなどに焦って結果を出すのではなく、「急がば回れ」といった格言で自分の行動を戒めることもできます。このような視座は、現時点の AI にはできない芸当であり、**人間の知的活動を起点としたものの見方**といえます。したがって、驚異的な AI と共存していくには AI を補うことのできる人間の知的活動が重要になります。

　ところで、プログラミング授業の課題を生成 AI に入力すると、図 1.11 のように、いとも簡単に結果のプログラムを作って出力してくれます。

10　大阪大学全学教育推進機構教育学習支援部「生成 AI に関する注意点」https://www.tlsc.osaka-u.ac.jp/project/generative_AI/important_point.html

図 1.11　生成 AI をどう使うか？

　ただ、プログラムを勉強している学生が、自分では問題が解けないからといって、生成 AI を使ってレポートを提出したとしたらどうでしょう。その学生は AI の結果の正しさを、当然、自分では判断できていないので、AI のいうことを鵜呑みにし、人間らしい知的活動を自分で放棄してしまっていることになります。本書の学習を通して、ぜひ、人間らしい知的活動について考えてみましょう。

> ### 💡Tips　「数理・データサイエンス・AI」のリテラシー教育
>
> ・2019 年 6 月に日本政府の統合イノベーション戦略推進会議は「我が国が、人口比ベースで、世界で最も AI 時代に対応した人材の育成を行い、世界から人材を呼び込む国となること。さらに、それを持続的に実現されるための仕組みが構築されること」を目標とした「AI 戦略 2019」を決定しました。日常生活での AI に関するリテラシー（「読み・書き・そろばん」的な要素）を高め、人々が不安なく自らの意思で AI の恩恵を享受・活用することを目指し、デジタル社会の基礎知識である「数理・データサイエンス・AI」に関する知識・技能などを全ての国民が育み、社会のあらゆる分野で人材が活躍するために「高等教育段階のリテラシー教育として、文理を問わず全ての大学・高専生（約 50 万人卒／年）が、課程にて初級レベルの数理・データサイエンス・AI を習得すること」を具体目標として設定しました。

この章のまとめ

1 AI とは、人間の思考プロセスと同じような形で動作するプログラム、あるいは人間が知的と感じる情報処理や技術といった広い概念である。

2 IoT とは、モノのインターネットという意味で、機械同士がインターネットを使って情報交換することである。

3 VR とは、人間の能力を拡張するための環境であり、現実世界の本質を時空の制約を超えて人間に伝えることであり、AR とは、仮想空間の情報やコンテンツを重ね合わせた現実世界を体験できる環境のことである。

4 第 4 次産業革命とは、AI などのデジタル技術の進展と IoT の発展により、さらなる自動化や新たな連携が生まれ、経済構造や企業活動が変革することを指す。

5 Society 5.0 とは、サイバー空間とフィジカル空間を高度に融合させたシステムにより、経済発展と社会的課題の解決を両立する、人間中心の社会のことを指す。

6 ビッグデータとは、これまでのデータ管理システムなどでは記録や保管、解析が難しいほど巨大なデータ群のことである。

7 データサイエンスとは、数学や統計学、機械学習といった知識、プログラミングといった IT スキル、組織や業務に関するビジネス知識を駆使して、ビックデータから有用な結論や知見を導き出し、意思決定に活かす学問分野である。

8 データ駆動型社会とは、デジタル技術と大量のデータを活用して社会的に価値のある知識や情報を生み出し、役立てていく社会のことである。

9 AI サービスは、音声認識、自然言語処理、画像認識、文書検索といった AI に関連する複数技術を組み合わせて実現しており、その一つに生成 AI がある。

10 AI は、データを起点としたものの見方であり、帰納法による推論であり、その結果にはハルシネーションが含まれることもある。人間には、AI が出した結果を判断して利用する力が必要である。

|練|習|問|題|

問題 1　自動運転における AI 及び IoT の役割を説明しなさい。

問題 2　人間の能力拡張として役立っている VR の利用方法の具体例を挙げなさい。

問題 3　Society 5.0 が、これまでの世界と異なる点を簡単に説明しなさい。

問題 4　2025 年の予測される全世界のデータ量である 163 ゼッタバイトは、人間の記憶量といわれている 2.5 ペタバイトの何倍かを答えなさい。

問題 5　データサイエンスが役立つと考えられる事例を挙げなさい。

問題 6　第 3 次である現在の AI の技術的特徴を簡単に説明しなさい。

問題 7　生成 AI が導き出した結果に、ハルシネーションが含まれる原因を簡単に述べなさい。

Active Learning　ビックデータが発生する事例

・ETC による交通量データのように、ビックデータが発生する具体的な事例を考えて、そのデータをどのように活かすと良いかを考えてみよう。

第 2 章

生成 AI と社会

学生　先生、今度のレポート課題は、生成 AI に全部書いてもらって提出してもいいですか？

教師　それはダメです。今度のレポート課題は、アカデミックスキルを身に付けることが目的なので。

教師　自分で情報を収集して、根拠に基づいた主張が論理的に書かれた文書を作成してください。電卓があるからといって四則演算を学ばなくても良いでしょうか？

学生　四則演算は学んでおいた方が良いです。レポートを自分で書けるようなアカデミックスキルもちゃんと学んでおいた方が良いですね！

教師　そうですね。ただ、自分でわざわざ作成する必要がないものは、生成 AI を活用すると効率的に作業できることは事実です。生成 AI は、これから様々な形で社会に広く浸透していくことが予想されていて、それをどう使うかによって、社会は大きな影響を受けると思われます。

学生　確かに。AI が生成した画像が写真コンクールで優勝しちゃったって話を聞いたことがあります。

教師　審査員は、それを人が撮った本物の写真だと思ったんでしょうね。今の生成 AI はそれくらい高性能なので、新しいタイプのリスクや脅威が認識されてきています。

学生　そうなんですか。生成 AI のこと、もっと知りたくなりました！

この章で学ぶこと

1　生成 AI の概要を説明する。

2　生成 AI がどのように社会で活用されているかを説明する。

3　生成 AI がもたらすリスク・脅威・論点を説明する。

2.1 生成 AI に馴染もう

2.1.1 生成 AI とは

・生成 AI は、入力に応じてテキスト、画像、動画、音声などを生成して出力するような AI である。

図 2.1 は 2022 年 11 月に OpenAI が公開した AI サービスである ChatGPT の利用例です。

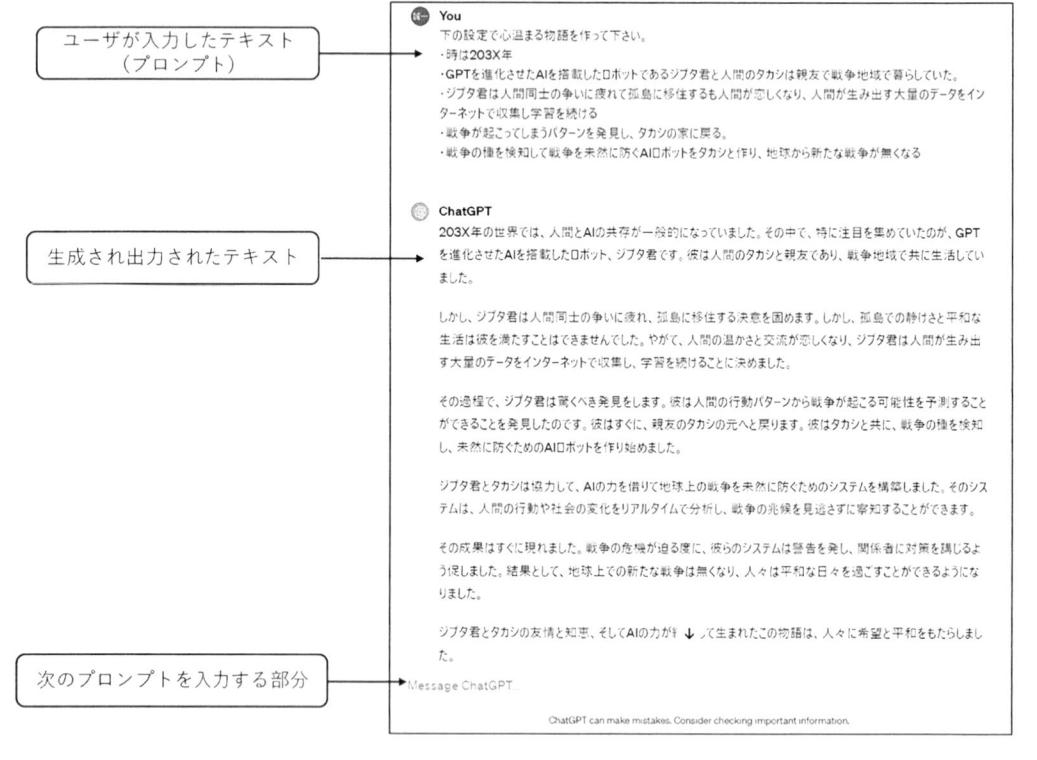

図 2.1　ChatGPT の利用例 [11]

　図の一番上の矢印のように、物語を作ってもらうようにプロンプト（AI への指示）を入力すると、テキストを生成して出力してくれました（上から二番目の矢印）。この ChatGPT の仕組みを大まかに説明すると、大量のテキストデータを用いて様々な言語の単語の並び方を学習 [12] した機械に、人間との対話が自然にできる訓練のような追加の学習などを行うことによって、プロンプトの内容に

11　https://chat.openai.com/ の画面を加工して作成

12　たとえば、「・・・あ〜お腹が ☐」という文の ☐ に入る単語は何でしょうか？ "空いた" かもしれませんし、"痛い" かもしれません。このような穴埋め問題で、☐ より前の単語などに基づいて ☐ に入る単語をうまく予測できるように学習を行います。このようなものは言語モデルといわれ、学習に用いるテキストデータなどが大規模なものを**大規模言語モデル**（**LLM**：Large Language Models）といいます。ここでは、機械が言語を扱う基礎固めのための事前に行う学習だと理解しておけば十分です。

応じてテキストを生成し出力しています[13]。プロンプトのテキストの内容に応じて画像[14]や動画など
を生成して出力する生成 AI もあります。また、入力がテキスト形式以外の生成 AI も存在します。
たとえば、キャラクターが写った画像を入力すると、キャラクターが動く動画を生成して出力する
ような生成 AI などです。生成 AI を大まかに捉えると、図 2.2 のように、入力の内容に応じて、テ
キスト、画像、動画、音声などを自動で生成して出力する AI といえるでしょう。

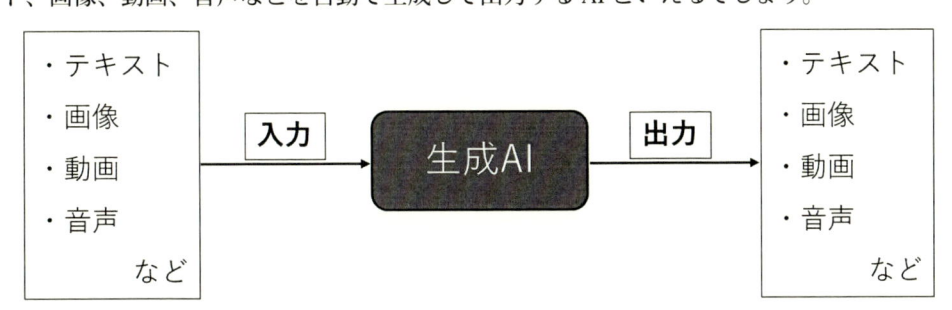

図 2.2　生成 AI のイメージ

たとえば、自身が撮った冷蔵庫内の写真と「この材料で作れる料理のレシピを教えて」というテ
キストを同時に入力すると、レシピをテキストとして生成して出力してくれる生成 AI サービスも
あります。このように、テキストと画像など、複数の形式を合わせて同時に処理できる生成 AI も
出てきており、**マルチモーダル**な生成 AI といわれることがあります。

OpenAI の CEO であるサム・アルトマン（Sam Altman）は、ChatGPT が 2022 年 11 月 30 日
に公開されてからわずか 5 日後に、ユーザ数が 100 万人を突破したと SNS で発表しました[15]。大
手の SNS サービスなどがそれに数カ月以上を費やしていたにもかかわらず、わずか 5 日で実現で
きたのは、やはり、まるで人間との対話のように自然で、要求に応じた精度の高い返答をくれたり、
プログラミングのコードを代わりに書いてくれたりと様々な用途に使え、さらにテキストを入力す
るだけという誰もが利用しやすい形で提供されたからだと考えられます。世界中の人が ChatGPT
を使い始め、有効的な使い方や、間違っている内容をあたかも正しいように答えるというようなハ
ルシネーションの問題など、様々なことが SNS で共有されました。

比較的性能の高い生成 AI は 2022 年より前から存在していましたが、それを使うにはある程度
の知識とスキルが必要など一部のユーザに限定され、誰もが自由に使える形ではほとんど提供さ
れていませんでした。ところが、さらに性能が高くなった生成 AI を用いたサービスが、2022 年
から誰でも自由に使える形で公開され始めます。画像生成 AI サービスであれば、Midjourney や
Stable Diffusion[16]、テキスト生成 AI サービスであれば ChatGPT が代表的です。ChatGPT はその後、

13　ユーザがテキストを入力するとテキストを生成して出力するタイプの生成 AI の技術を text-to-text や t2t と表
　　現することがあります。本文にあるような追加の学習（調整）を**ファインチューニング**といいます。2022 年
　　11 月に公開された ChatGPT は、GPT-3.5 というバージョンのモデルをベースにしたもので、その進化版であ
　　る GPT-4 をベースにしたものは 2023 年 3 月に公開されています。ChatGPT の公式 Web サイトでの GPT-4
　　の利用は有料、GPT-3.5 は無料で利用できます（2024 年 2 月時点）。ユーザがプロンプトに入力したテキス
　　トデータを新たな学習に利用されなくするような**オプトアウト**も設定で行えます。

14　このタイプの技術は text-to-image や t2i と表現されます。動画（video）、音声（speech）も同様です。

15　https://twitter.com/sama/status/1599668808285028353

16　拡散モデル（Diffusion model）という技術が使われています。

進化版の ChatGPT Plus（GPT-4）の AI サービスを開始し、ハルシネーションの問題は軽減されてきているようで、2023 年のうちにマルチモーダル対応にもなりました。GPT-4 に司法試験の模擬問題を解かせたところ、上位 10%のスコアだったと報告されています [17]。

2.1.2　生成 AI を使う

・生成 AI サービスはたくさんあり、拡張機能も合わせて様々な用途に使える。

ここでは、Web サイト上で利用できる、Microsoft の Copilot [18] という AI サービスの使い方を、(1) ～ (5) の手順を追って説明します。

(1)Microsoft の個人アカウントを作成（既にアカウントがある人はスキップ）

Google で「Microsoft アカウント作成」と検索し、Microsoft サービスの利用規約などを確認して個人アカウントを作成します。

(2)Copilot を利用できる Web ページにアクセス

Microsoft Edge という Web ブラウザを用いて、「bing」と検索するか、https://www.bing.com/ にアクセスし、個人アカウントでログインします（図 2.3 の (a)）。

ログイン後、「Copilot」をクリックします（図の (b)）。

図 2.3　Bing トップページ [19]

(3) プロンプト入力（個人情報や機密情報を安易に入力しないよう気を付けましょう）

図 2.4 の (a) の各内容をまず確認しましょう。その後、(b) にプロンプトの内容を入力して、(c) の送信ボタンをクリックします。そうすると、テキストなどが生成され出力されます。

17　GPT-4 Technical Report, https://arxiv.org/abs/2303.08774（ちなみに GPT-3.5 は下位 10%）

18　以前は Bing Chat といわれていました。最近は、AI サービスの進化が著しいため、名称やデザインなどが本文と異なる可能性があります。Copilot のテキスト生成は、プロンプトに応じてインターネット上のテキスト情報及び参照した Web サイトを基に ChatGPT の技術を活用し、それらを要約などして出力することができます。

19　https://www.bing.com/ の画面を加工して作成

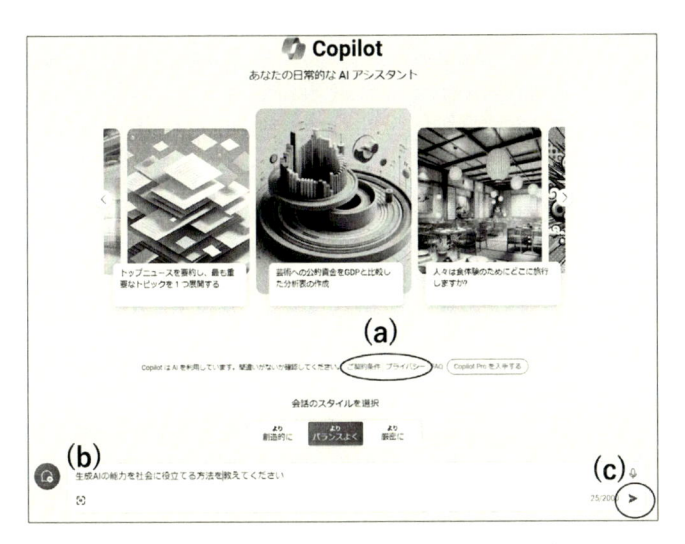

図 2.4　Web ブラウザでの Copilot 利用画面 [20]

(4) 画像を生成する [21]

　プロンプトとして次のようなテキストを入力して送信してみました。「次の条件で画像を生成してください。走ってボールを追いかけている 2 匹の柴犬、寝ている子猫が一番手前、浮世絵風。」四つのカラー画像が生成され、そのうちの一つが図 2.5 です。生成してほしい画像の条件をもっと詳しく書くなど、プロンプトを色々と工夫（**プロンプトエンジニアリング**）することによって、自身のイメージに近づけることが可能です。

図 2.5　画像生成の例（DALL-E3）

(5) 拡張機能を利用する

　この Copilot は、機能を拡張することができるプラグインが複数用意されています。Copilot の画面右上に「プラグイン」という箇所があるので、それをクリックし、たとえば、音楽生成 AI サービス「Suno」を有効にして作りたい曲をプロンプトで指示すると、作曲をしてくれます。

　Microsoft と OpenAI とは協力関係にあり、お互いのサービスの機能などを連携させています。

20　https://www.bing.com/chat?q=Microsoft+Copilot&FORM=hpcodx の画面を加工して作成
21　これには OpenAI の画像生成 AI「DALL-E3」の機能が利用されています（2024 年 2 月時点）。

Microsoft は以前から、検索エンジン（Bing）を用いて情報を検索できるサービスを提供しています。先ほどの Copilot は、入力されたプロンプトに応じて、これまでの情報検索と ChatGPT の技術とを連携させてテキストを生成して出力していると思われます。このように、Microsoft の従来のサービスに ChatGPT の技術を組み込むことで、新たな価値を提供することができるようになりました。逆に OpenAI 側は、ChatGPT が学習に用いた大量のテキストデータは 2021 年 9 月までのもので [22]、それより後の出来事については答えられないということがリリース当初はありましたが、Microsoft の検索エンジンの機能と連携することで、インターネット上にある新しい情報を活用してテキストを生成できるようになりました [23]。ここで紹介した Copilot 以外にも、現在、様々な生成 AI サービス [24] があるので、自分の目的に応じたサービスを探してみましょう。

💡 Tips　生成 AI の開発から利用まで

- 現在の高性能な AI の多くは、機械学習という方法で実現しています。機械学習とは読んで字のごとく機械が学習するということです。詳しくは第 12 章で学ぶので、ここではデータを用いて機械が「機能」を獲得してその性能を向上させることという程度に理解しておけば十分です。獲得させたい機能はたとえば、写真の画像を機械に入力すると写っているものを識別するような知的な機能などです。対話型生成 AI の場合は、ユーザが入力したテキストに応じて適切な回答を生成する機能です。右下の図は、生成 AI の開発から、私たちユーザが利用するまでの大まかな流れを表したものです。

- 図の上段はデータを用いて機械が学習する「AI 開発・学習段階」、下段はユーザが生成 AI を利用する「生成・利用段階」を表しています。上段では、インターネット上やデータベースなどからデータを収集・加

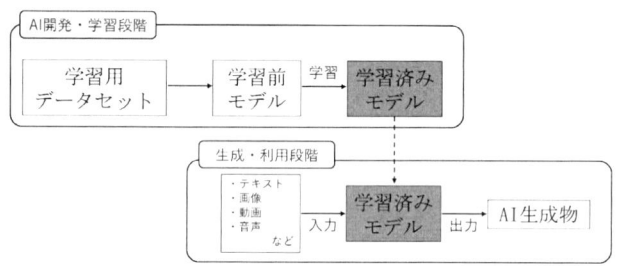

工して学習用データセットをまず用意します（対話型生成 AI を開発するなら大量のテキストデータ、画像生成 AI を開発するなら大量の画像データなど）。データから機能を獲得できるように用意しておいたものを学習前モデルといいます。機能を獲得させたい機械にそのデータセットを与え、学習を終えると知的な機能を獲得した学習済みモデル（生成 AI）ができます。これを用いた生成 AI サービスが、下段のように私たちに提供されます。

- 従来は、翻訳、Q&A、文章要約、画像分類など、それぞれのタスクに応じて個別に AI を開発していました。しかし近年では、大規模で広範なデータで学習した基盤となるモデルをまず用意し、それを微調整するだけで上記の翻訳などの様々な下流のタスクにも適応できるような**基盤モデル**（Foundation model）というものが着目されています。基盤モデルを作るには大量のデータが必要ですが、基盤モデルさえあれば下流のタスクを実現するには少量のデータでの追加的な学習（ファインチューニングなど）を行うだけで済むというメリットなどがあります。

22　https://twitter.com/OpenAI/status/1707077710047216095?s=20 現在はもう少し延びています。

23　OpenAI の公式 Web サイト上において、GPT-4 で利用可能（2024 年 2 月時点）。

24　マルチモーダルな生成 AI では Google の「Gemini」や Anthropic の「Claude 3」など、画像生成 AI では Adobe の「Adobe Firefly」などがあります（2024 年 2 月時点）。

2.2　生成 AI が変える社会と未来

2.2.1　ここ約 200 年間の変化

・デジタル技術の進化は、人類の情報の収集や情報のやり取りの方法を大きく変えた。

印刷技術が登場した頃は社会の中に印刷物はほとんどなく一部の人たちが限られた用途でその技術を利用していただけですが、次第に様々な用途で用いられ、印刷技術は広く社会に浸透しました。同様に、インターネット技術も当初は少数の人たちが限られた用途でしか使っていませんでしたが、その技術は次第に通信販売、スマートフォンでのチャット、オンラインゲーム、情報検索など様々な用途で使われ、インターネット技術は広く社会に浸透しました。このように、広い範囲で多様な用途に使用され得る基幹的な技術を**汎用技術**[25] といい、AI もまた新たな汎用技術と考えられています。まずは、ここ約 200 年の間の人類の情報のやり取りなどの方法の変化の歴史を簡単に振り返ってみましょう。

(1) 約 200 年の間に起こった大きな変化

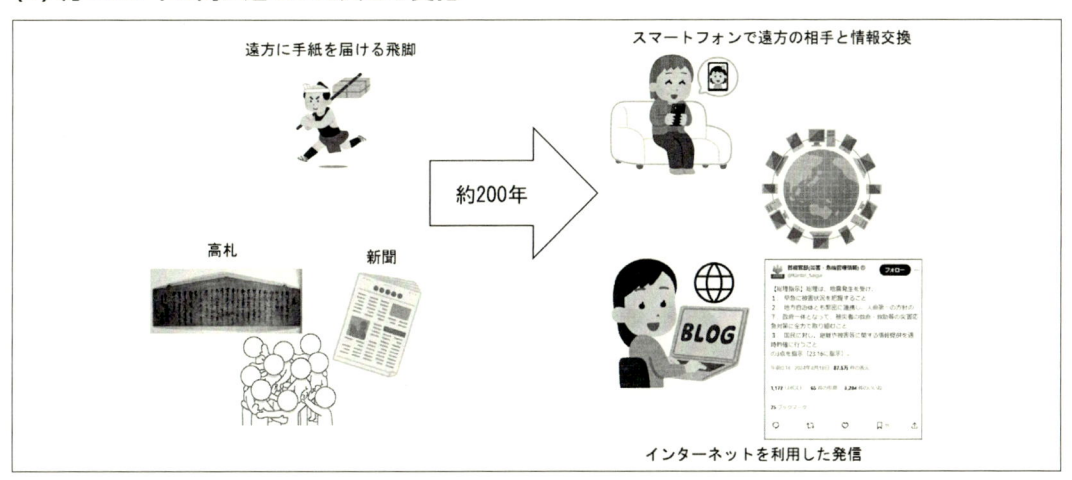

図 2.6　情報のやり取りと発信の方法の約 200 年の変化

図 2.6 のように、遠方の人と情報のやり取りをするには、現在はスマートフォンを用いて簡単に行うことができます。しかし昔は、伝言や手紙などのような原始的な方法を用いるしかありませんでした[26]。不特定多数への情報の発信であれば、現在はインターネットを利用して簡単に行うことができますが、昔は高札[27] や新聞のような印刷物などを用いていました。

25　総務省「情報通信白書令和元年版」https://www.soumu.go.jp/johotsusintokei/whitepaper/r01.html
26　比較的近距離で簡単な内容なら狼煙（のろし）のような煙や音なども利用していたようですが、長距離間や複雑なメッセージのやり取りは難しいでしょう。
27　「たかふだ」や「こうさつ」と読みます。日本において、人々がよく見える場所に設置された幕府からの法令や命令などを書いた看板のような木の札です。図 2.6 の右下は、首相官邸（災害・危機管理情報）の次の投稿画面を加工して作成 https://x.com/Kantei_Saigai/status/1780615901584429258

(2) どのように変化してきたのか

　重要な出来事のみ紹介します。1800 年代中頃には遠く離れた 2 地点間で電気信号（モールス信号）を伝える技術が、また、電話の発明により長距離間を移動しなくても遠方の人とすぐに情報をやり取りできる技術ができました。これらの通信は 2 地点間を物理的な線でつなぐ有線通信で行われており、この頃から大陸間などでも通信ができるように陸と陸を海底ケーブルでつなぐ動きが始まります。1800 年代終わり頃には電磁波を応用した無線通信の技術が、1900 年代前半には無線電話の技術ができ、また、ラジオがマスメディア（不特定多数へ情報を伝達する媒体）に加わります。1900 年代中頃にはそこにテレビが加わり、実用的な電子式コンピュータが登場し、インターネットの技術ができました。その頃でもまだ、大学生がレポートなど文書を書く際の情報収集を例にとれば、図書館などで本を探したり新聞を読んだり外国から資料を数週間かけて取り寄せたりと、物理空間の中で探し回る必要があり不便でした。しかし、1900 年代後半のインターネット[28]及び PC の普及につれ様々な情報がサイバー空間[29]の方に次々と蓄積されて、情報社会（Society 4.0）に変わっていきます。情報を収集するのに従来なら長時間を要していたものが、検索エンジンで検索するだけですぐに情報にアクセスできる場面が増え、人類の情報収集の仕組みが一変しました。また、個人が SNS などで容易に不特定多数に対し情報を発信できるようになったのも大きな変化です。

2.2.2　生成 AI が変える社会

・生成 AI は様々な形で社会に浸透し、人類の未来を大きく変え得る。

　人類はここ約 200 年の間に、情報の収集や情報のやり取りの方法を大きく発展させてきましたが、現在でも事務的な文書を新規に作成するときなどは、ほとんど完成された状態のような望んだ「形」で、情報がサイバー空間や物理空間にそのままあることはありません。そのようなときは図 2.7 の左側のように、情報を集めてそれらを自分で加工して望んだ「形」にしなければなりません。同様に、新しい学問を独学で勉強するときに、自身の好きなマンガでたとえて解説してくれているような都合のいい「形」の情報は、どちらの空間にも通常ありません。やはり自身で情報を集め、その中から取捨選択したり情報をかみ砕いて加工したりする必要があります。しかし、図の右側のように、物理空間やサイバー空間のデータを用いて学習した生成 AI の登場によりプロンプトを工夫したりすることで、これからは望んだ「形」で情報を収集する場面が増えるでしょう[30]。人類の情報のやり取りの相手として本格的に AI が加わっただけでなく、AI 同士で大量の情報がやり取りさ

28　インターネットと Web はよく混同されます。Web はインターネットを用いて情報を発信・閲覧するためのシステムや仕組みのことです。その発信された個々のページを Web ページといい、複数の Web ページをひとまとめにしたものを Web サイトといいます。Web は World Wide Web の略で、クモの巣のように Web ページがハイパーリンクというものでつながっています。Web ページを閲覧するためのソフトウェアが Web ブラウザで、Google Chrome、Microsoft Edge、Safari などです。Google、Yahoo!、Bing などは、キーワードなどの検索したい情報を基に、重要度が高いと思われる順に Web サイトを並べるもので、検索エンジンといわれます。

29　文脈によって色々な意味がありますが、ここではコンピュータネットワークなどでの情報がやり取りされる仮想の空間で、クラウド（第 1 章）やインターネット上のデータが含まれるような空間と理解してください。

30　たとえば、まず「哲学の〇〇と▽▽の関係について、□□というマンガでたとえて教えて」というようなプロンプトを入力したりして、対話を繰り返すようなことが考えられます。

れ、そこで生み出された新しい情報がサイバー空間に蓄積される時代に突入しました。生成 AI が現在どのように社会で活用されていて、今後、どのように社会を変え得るのかを考えてみましょう。

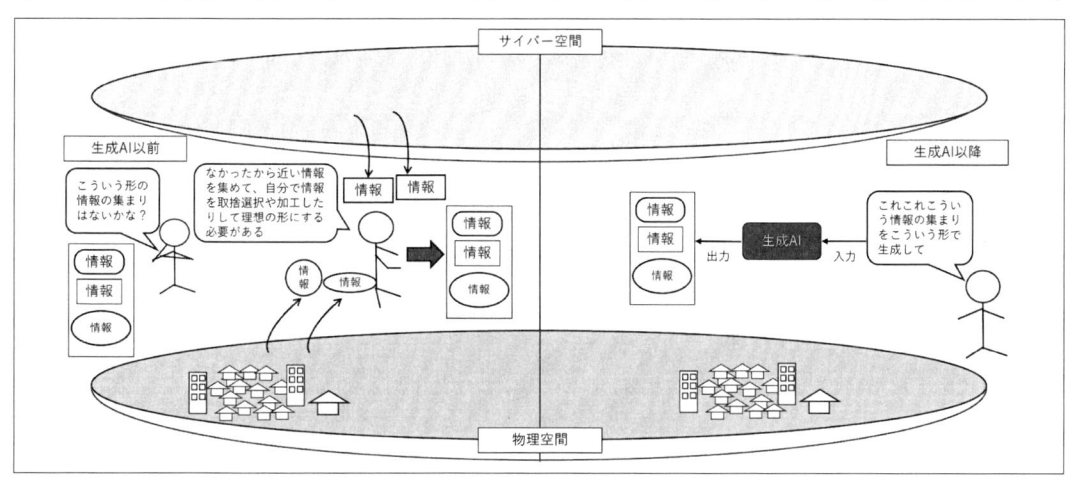

図 2.7　生成 AI 以前（左）/ 以降（右）の違いの例

(1) 人類を様々な形でサポートする

　メールや報告書などの文書、また、画像・動画・音楽といったコンテンツの作成などに、生成 AI が補助的な役割を果たし始めています。たとえば、メールの相手に応じた下書きをテキスト生成 AI で生成し、人がメールの文書を完成するといった使われ方が既にされています。2024 年 1 月に発表された第 170 回芥川賞の受賞者は、受賞作の小説の一部に生成 AI を活用したと述べています [31]。このようにテキスト生成 AI は、アイデア出し、翻訳、文章要約、文書の下書き作成、執筆支援など様々な場面で補助をしてくれています。画像生成 AI も、新商品のパッケージデザインや新店舗のイメージなど、デザイン案を指示するだけですぐに作成してくれ、色々な場面で補助をしてくれています。また、本来なら動画作成・編集ツールの知識やスキルを駆使して数時間〜数日を費やしていたような動画の作成や編集も、動画生成 AI に日本語で指示するだけで数分以内にできるようになってきています。このように従来は専門知識やスキルが必要だったことも、生成 AI の利用により誰でもある程度できるようになるという変化が社会で起きています。生成 AI は将来、VR などの仮想空間の「世界」も指示して生成できるようになるかもしれません。

(2) 既存のサービスに生成 AI の機能が組み込まれる

　既に人類は、文章の要約や人との対話を自然に行えるほどに言語を高度に扱えるテキスト生成 AI を手にしました。この機能を既存のサービスに組み込むことで様々な活用が始まっています。テキスト生成 AI を開発する際に用いられた学習用データは通常、インターネット上の大量のテキストデータなどです。そこに含まれていない、たとえば、社内資料の内容についてテキスト生成 AI に質問しても答えられないか、ハルシネーションを起こすなど回答の精度は低いでしょう。しかし、こういった社内の大量のテキストデータの情報も生成 AI が参照して文書を要約などして生

31　AI が "生んだ" 芥川賞「東京都同情塔」誕生秘話を作家が明かす https://www3.nhk.or.jp/news/html/20240206/k10014344981000.html

成してくれると便利です。そこで、テキスト生成 AI の開発・学習段階で用いたテキストデータ以外の外部データの情報も生成 AI が参照できるように連携[32]させて活用する動きが進んでいます。たとえば、兵庫県尼崎市では、市の職員の業務上で発生する業務に必要な情報を膨大な資料の中から探す時間を短縮するため、生成 AI に業務マニュアルなどを参照できるようにし、業務の効率化を図る取り組みを開始しています[33]。スマートフォンのアプリケーションにも生成 AI の機能が次々に組み込まれ、今後はもっと生成 AI が身近な存在になることが予想されます[34]。

(3) 個人が生成 AI サービスを作り共有する社会

　OpenAI は、ChatGPT を自身の特定の目的に合わせてカスタマイズできるサービスを提供しています。プレゼンテーション資料を作成するのに特化させたり、文章を校正するのに特化させたり、さらにそのカスタマイズしたものを他者と共有することもできます[35]。

(4) プログラムのコード生成

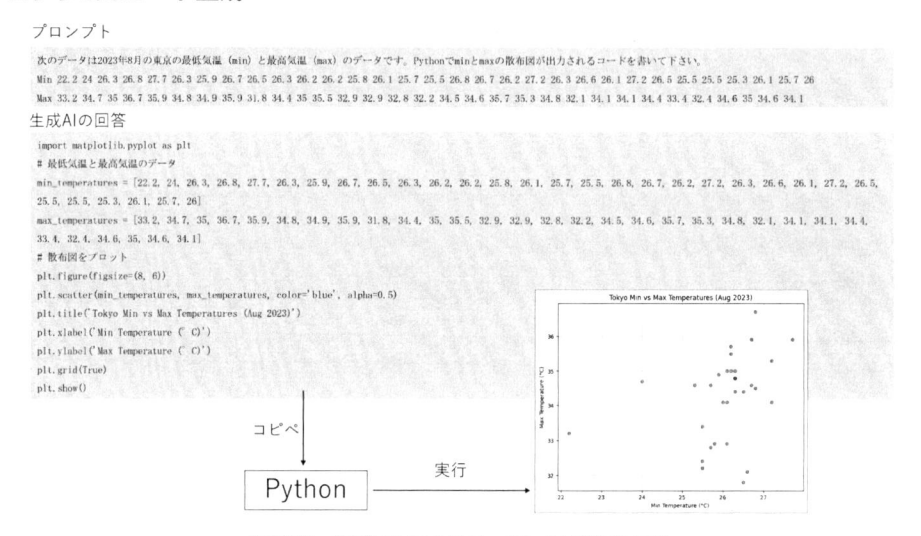

図 2.8　生成 AI によるコーディング支援の例

　インターネット上の様々な言語を含む大量のテキストデータなどを用いて学習したテキスト生成 AI は、日本語の文章を英語に翻訳して英語の文章に変換してくれるだけでなく、日本語からプログラミング言語へも変換してくれます。たとえば、図 2.8 のように Python というプログラミング言語で、最低気温と最高気温のデータの関係を可視化するためのプログラムを作るように、生成 AI に指示すると（図の「プロンプト」）、すぐにプログラムを書いてくれました（「生成 AI の回答」）。実際、このプログラム（コード）をコピーして、Python が動く環境にペーストして実行するだけ

32　このように、AI 開発・学習段階で用いられたテキストデータ以外の外部データの情報も参照（検索）してテキストを生成する技術を RAG（検索拡張生成：Retrieval Augmented Generation）といいます。

33　出典：尼崎市 HP「生成 AI 利活用にかかる PoC 実施について」https://www.city.amagasaki.hyogo.jp/_res/projects/default_project/_page_/001/035/457/231219-01.pdf

34　生成 AI の機能を組み込んだサービスのもっと身近な例を挙げると、Microsoft は、「Microsoft Edge」にテキスト生成 AI の機能を組み込み、その Web ブラウザで閲覧している Web ページや pdf ファイルのテキストを要約することなどができるようになりました。

35　これらカスタマイズされたものは GPTs と呼ばれています。

で散布図が描けました[36]。

さらに現在では、ChatGPT のような大規模言語モデルをベースにしたテキスト生成 AI の技術と、プログラミングの実行環境を連携させたシステムにデータファイルをアップロードし、どのような処理を行いたいかを日本語で指示するだけで、そのプログラミング言語のコードを内部で生成して処理が自動的に実行されるようなサービスも始まっています。将来の AI や社会の中のシステムは、ベースとなるプログラムのほかに、周りの環境データなどを基にリアルタイムに生成されたプログラムで臨機応変に動作しているかもしれません。

2.2.3　生成 AI がもたらすリスク・脅威・論点

- ・AI が生成した内容は不正確なこともあるので、確かめる姿勢が重要である。
- ・生成 AI を利用した偽情報の拡散や犯罪に気を付ける。個人情報や機密情報を生成 AI に安易に入力しない。生成 AI の利用時には著作権の問題に気を付ける。

新しい科学技術は、社会の発展に寄与すると同時に新たなリスクや脅威をもたらします。たとえば核兵器のように、科学技術が進歩するほど、それを用いた脅威は大きくなってきたという歴史があります。AI 研究の第一人者で Google でも働いていたジェフリー・ヒントン（Geoffrey Hinton）は、Google への影響を考慮せずに AI の危険性について話すために Google を辞め[37]、AI が将来的に人類の大きな脅威になる可能性があることを指摘しています。ここでは、生成 AI がもたらすリスク・脅威・論点について解説します。

(1) 生成された内容が正しいとは限らない

テキスト生成 AI に質問をして回答を得たとしても、その内容が正しいとは限りません。ハルシネーションによる誤情報など不正確な内容のテキストを生成してしまう可能性があります。その要因としてはまず、生成 AI の開発・学習段階で用いたテキストデータの中には、間違った内容が含まれている可能性が挙げられます。また、正確な回答を生成するための情報が、そもそも学習用データセットになかった可能性もあります。それ以外にも、プロンプトの内容が曖昧などの要因も考えられます。自然な対話ができているからといって、それで安心しないで、生成 AI が出力した内容が正確かどうかを確かめる姿勢が重要です。

(2) 偽情報の拡散

生成 AI で生成されたと思われる画像が悪用された事例として、2022 年 9 月に台風 15 号が日本列島を襲った際、家屋が濁流にのみ込まれているフェイク画像が SNS で拡散されました。他にも、米国防総省（ペンタゴン）の近くで爆発が起きて大きな煙が上がっているように見えるフェイク画像が SNS で拡散されたこともあります。画像生成 AI は、本物の写真と見分けがつかないものも生成できてしまうため、これからの社会では、AI によって生成されたフェイク画像が社会に大きな影響を及ぼす可能性があります。

36　気温データの出典：気象庁ホームページ https://www.data.jma.go.jp/risk/obsdl/index.php
37　https://twitter.com/geoffreyhinton/status/1652993570721210372

(3) 人か AI のどちらが作ったものか見分けがつかなくなる

　生成 AI によるブログ記事、画像、動画などのコンテンツ生成の質は、まるで人が作成したものかと思うほど高い精度で生成できるようになりました。生成 AI はこういったコンテンツ（偽情報や有害コンテンツも含む）を短時間に大量に生成することができます。これらが氾濫すると、目の前に映っているコンテンツが、人が作ったものか、AI の生成物か見分けがつかなくなります。したがって、たとえば、画像生成 AI で作成された印として、画像に電子透かしを入れる画像生成 AI サービスもあります。

(4) 犯罪の巧妙化

　特定の人物の画像を生成 AI で生成して本人になりすましたり、音声生成 AI を用いて親族の声を生成してオレオレ詐欺（図 2.9）をするなど、生成 AI を用いた犯罪の巧妙化が懸念されています。

図 2.9　親族になりすました詐欺

(5) 個人情報や機密情報の漏えい・流出のリスク

　生成 AI に個人情報や機密情報などを入力した場合、それを AI の新たな学習に用いられたり、バグなどで意図せず第三者にその情報が見られたりする可能性があります。こういった情報を安易に入力しないよう意識することが重要です。また、AI サービスを利用する際は、利用規約などで特に入力したデータの取扱いに関する内容を確認しましょう。

(6) 著作権に関する論点

　生成 AI の普及に伴い、著作権者、生成 AI サービスのユーザ、生成 AI 開発者・AI サービス提供者が直面する法的な問題に関する議論が活発化しました。次の五つは、生成 AI と著作権に関する議論の主な論点の例で、これらに気を付けながら生成 AI を利用する必要があります [38]。

　① AI 開発・学習段階において、既存の著作物を利用する行為は著作権侵害にならないか

　②生成・利用段階で、AI が生成する行為は著作権侵害にならないか

　③生成・利用段階で、プロンプトに著作物を利用する行為は著作権侵害にならないか

　④ AI 生成物を利用する行為は著作権侵害にならないか

　⑤ AI 生成物は著作物か

---

[38] 2024 年 4 月時点において、生成 AI と著作権法との関係は、令和 6 年 3 月 15 日に公表された次の文化庁の資料が参考になります。「AI と著作権に関する考え方について」（文化審議会著作権分科会法制度小委員会）
https://www.bunka.go.jp/seisaku/bunkashingikai/chosakuken/hoseido/r05_07/pdf/94024201_01.pdf

この章のまとめ

1 　生成 AI は、入力に応じてテキスト、画像、動画、音声などを生成して出力するような AI である。

2 　生成 AI サービスはたくさんあり、拡張機能も合わせて様々な用途に使える。

3 　デジタル技術の進化は、人類の情報の収集や情報のやり取りの方法を大きく変えた。

4 　生成 AI は様々な形で社会に浸透し、人類の未来を大きく変え得る。

5 　AI が生成した内容は不正確なこともあるので、確かめる姿勢が重要である。

6 　生成 AI を利用した偽情報の拡散や犯罪に気を付ける。個人情報や機密情報を生成 AI に安易に入力しない。生成 AI の利用時には著作権の問題に気を付ける。

練 習 問 題

問題1 　生成 AI とはどのような AI か答えなさい。

問題2 　マルチモーダルな生成 AI とは何か答えなさい。

問題3 　検索エンジンを用いて、生成 AI の活用事例を調べて、例を一つ挙げなさい。

問題4 　検索エンジンを用いて、プロンプトエンジニアリングとして、どのような手法があり、どのような効果があるとされているか調べて答えなさい。

問題5 　生成 AI が国と国の紛争でどのように使われるおそれがあるか、例を一つ考えなさい。

Active Learning 　**生成 AI の新しい活用方法を考える**

・生成 AI の活用事例を調べ、活用方法とその価値をグループで共有し、自分たちで生成 AI の新しい活用方法を構想し、その場合、どのような価値（メリット）とリスク（デメリット）があるか議論しよう。

第 3 章

データの情報デザイン

 学生　先生、なんでデータをグラフなどで可視化することが重要なんですか？

教師　データというのは単なる数値の羅列で、それを眺めていてもデータがもつ傾向などの情報はつかめないんだよ。

教師　君は、空模様が怪しい日にお出かけする前、アプリとかで「雨雲レーダー」をチェックしたり、地震があったときに、震度を地図上で表現したものとか見たりしないでしょうか？

学生　チェックします。確かに、普段気が付かないだけで、色んなところでデータの可視化の恩恵を受けていますね。

教師　人類がそういうデータの可視化に辿り着くまでには長い年月がかかったんだよ。

学生　人類は棒グラフとかを、ずっと昔から使ってきたのではないのでしょうか？

教師　そう思うよね。でも、棒グラフや円グラフみたいな基本的なデータの可視化が人類に普及したのはそんな大昔じゃないんだよ。

学生　そうなんですね！　どんな歴史があったか、それと、どんなデータの可視化があるのか分かりやすく教えてください！

この章で学ぶこと

1　情報の表現や伝達の手段の進化の歴史の概要を説明する。

2　データがもつ情報を可視化して表現する価値を説明する。

3　不適切なグラフ表現を説明する。

3.1　情報デザイン

3.1.1　情報デザイン

・人類は長い年月をかけて、情報の表現や伝達の手段を進化させてきた。
・情報を用いて効果的なコミュニケーションを行うには情報デザインが大事である。

(1) 情報の表現と伝達手段の進化

　人類がまだ言葉をうまく使えなかった大昔を想像してみてください。仲間に対し、背後からワニが近づいているという情報は、身振り手振りや「アー！」などの叫び声を用いて伝達していたのではないでしょうか。言葉の発達に伴い、人同士の情報のやり取りが豊かになっていきます。また、物の形などに基づいて作られた象形文字などができ、文字や記号の発達は情報の表現、記録、伝達という観点において革新的な変化をもたらしました。

　古代メソポタミアでは、文字を粘土板に刻み、古代エジプトでは、"paper" の語源とされる図 3.1のようなパピルス（Papyrus）に文字を記録していました。紀元前 2 世紀頃に、古代中国で紙が発明されたといわれており、人類の情報の記録に大きな役割を果たしていきます。作られた年代が明確な現存する最古 [39] の印刷物に、奈良時代の百万塔陀羅尼 [40] があります（図 3.2 [41]）。

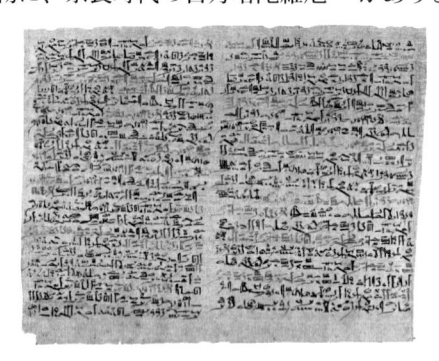

図 3.1　パピルス

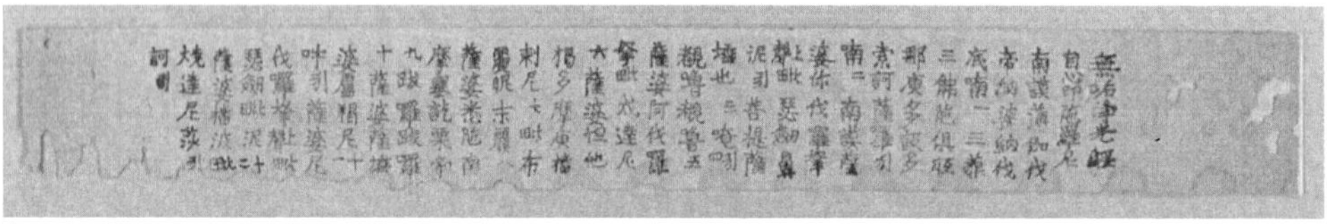

図 3.2　百万塔陀羅尼の一部

---

[39]　出典：国立国会図書館ウェブサイト https://www.ndl.go.jp/exhibit/50/washo_1.html

[40]　「ひゃくまんとうだらに」と読みます。この頃の印刷は、木の板を掘って（1 ページ分の）文章のハンコのようなものを作ってインクを塗り、それを紙や布に複写する木版印刷などの原始的な方法に頼っていたようです。これに対し、15 世紀以降のヨーロッパで普及した活版印刷では、文字単位の金属のハンコのようなもの（活字）を自由に組み合わせることができ、さらに使い回せることによって大量印刷ができるようになりました。

[41]　出典：国立国会図書館デジタルコレクション https://dl.ndl.go.jp/pid/2584849/1/2

　15世紀に入ると、当時、ルネサンス期だったヨーロッパで活版印刷の技術ができ、書物の大量印刷が可能になりました。文学や科学など様々な書物[42]が出版され、その普及によって過去になかった勢いで、人々の間で様々な情報共有が図られるようになっていきます。自然科学がヨーロッパで発達したのは、学術的な情報の記録や伝達に関する変化が大きく影響したのではないでしょうか。このように、印刷技術ができた15世紀から18世紀にかけて、伝達される情報量は飛躍的に増えたと思われます。そして、第2章でも述べたように、19世紀以降ではデジタル技術による情報の表現、記録、伝達の手段はさらに進化していきます。

　このように人類は、情報を表現する手段として言葉、文字、記号、絵などを発達させ、現代では動画も容易に利用できます。また、情報を伝達する手段も、石、粘土板、印刷物、手紙、電話、ラジオ、テレビ、PC、スマートフォンなどのように発達させてきました。

(2) 情報デザイン

　初めて入った商業施設でトイレを探すとき、施設内のトイレの位置の情報を、記号や図の形式で表現した館内案内図が役に立ちます。また、あなたがこの本で新しく学んだ情報を、遠く離れた家族に伝達するには、PCやスマートフォンを利用して伝達できます。他にも、昔の人の価値観や昔の出来事の情報は、言葉、文字、絵などの形式で表現され、歴史書やマンガなどの印刷物や人などを介して今に伝達されています。現代のような情報社会では、身の回りを見渡せば、情報が溢れていることに気付くでしょう。

　情報社会では、目的に応じて情報を効果的に伝えることができるようデザインするという考え方が重要となります。たとえば、日本語が分からない外国の人などに情報を伝える場合は、シンボルやピクトグラムを用いる方法が考えられます（図3.3の右）。レポートを書くときには、読みやすいように情報を構造化して書いたり、**プレゼンテーション**では、物事の関係性を図解（図3.3の左）で視覚化して伝えたりすると効果的です。

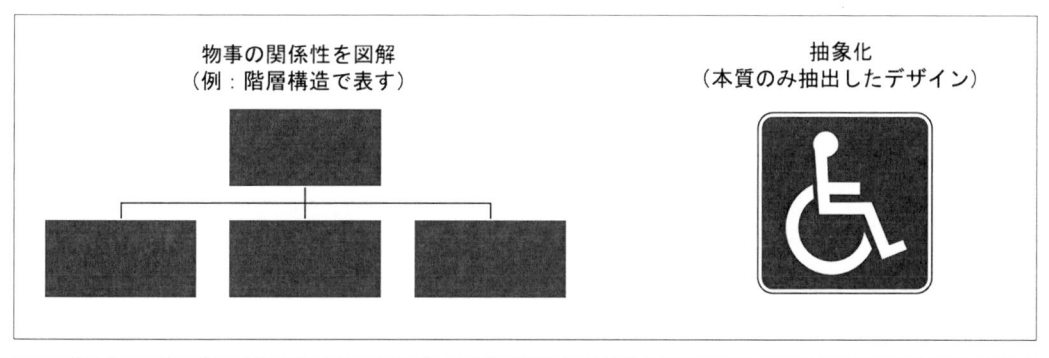

図3.3　情報デザインの例

　情報を用いて効果的なコミュニケーションを行うためのこういった工夫は、情報デザインにおける重要な考え方です。次節でも学ぶように、**相手に的確かつ正確に情報を伝える技術や考え方**は、データサイエンスの領域でも役に立ちます。

42　たとえば、マキャベリの「君主論」（Niccolò Machiavelli, Il Principe, 1532）、地動説を説いたコペルニクスの「天球の回転について」（Nicolaus Copernicus, De revolutionibus orbium coelestium, 1543）など

3.1.2　データと情報デザイン

・データがもつ情報を表現する際にも、情報デザインの考え方が役に立つ。

　情報デザインの考え方は、データから価値ある情報を抽出して伝える際にも役立ちます。データは、次のような数値や記号の羅列である場合が多いです。

　36, 6, 24, 25, 4, 27, 6, 19, 26, 27, 30, 6, 10, 9, 7, 22, 25, 29, 6, 15, 35, 34, 5, 25, 29, 11, 30, 28, 24, 36, 21

　このようなデータを他人に見せただけでは、その情報の価値を伝えることはできません。それでは、どのような方法を用いれば、データがもつ情報をうまく表現することができるでしょうか。テレビや本などでは、データの特徴を視覚的に伝えるために、棒グラフや折れ線グラフなどでデータを可視化したものがよく用いられます。なぜなら、データがもつ情報を一目で把握できるからです。

　データの可視化の発展の起源は、1786 年のウィリアム・プレイフェアが書いた本にまで遡ることができます[43]。

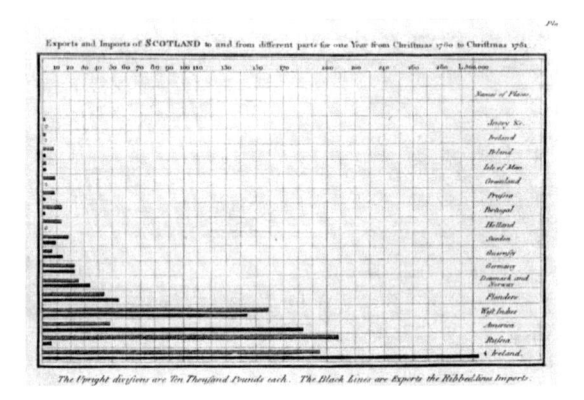

図 3.4　1781 年のスコットランドの輸出入を表した棒グラフ（注釈[43]）

　図 3.4 は、その本の中にある、1781 年のスコットランドの輸出入を表した棒グラフです。プレイフェアはその本の中で、データを色々な方法で可視化しています。意外だと思うかもしれませんが、当時はデータをグラフで表現するという発想が未だほとんどない時代でした。数値や記号の羅列であるデータを、ただ言葉や文章で表現するのではなく、関係性などのデータがもつ情報をグラフなどで可視化して表現する。この一見単純に見える工夫がデータのもつ情報の理解や共有に革命的な変化をもたらしました。

43　William Playfair, *Commercial and Political Atlas*, 1786

3.2　データの情報デザイン

3.2.1　データがもつ情報を視覚的に表現する

- データを可視化することにより、データがもつ情報を視覚的に表現できる。
- 可視化することで新たな「気付き」が得られ、価値ある洞察につながることもある。

　ここでは、データを様々な方法で可視化したグラフなどを紹介し、データのもつ情報を視覚的に分かりやすく表現する価値を学びます。

(1) 棒グラフ

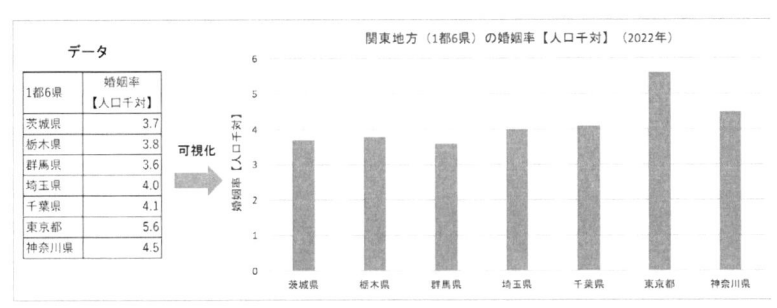

図 3.5　棒グラフで可視化

　図 3.5 は、2022 年における関東地方の 1 都 6 県別の婚姻率（人口千人当たりの婚姻件数）を表す**棒グラフ**です [44]。1 都 6 県ごとに、婚姻率という量を棒の長さで表して並べることにより、量の大小などを視覚的に表現でき、1 都 6 県の間の様々な比較がしやすくなります。図からは、東京都の婚姻率が最も高く、群馬県が最も低いことが読み取れます。1 都 6 県同士の婚姻率の大小、差、比などの情報は、図 3.5 の左の表で示すデータを見ただけでは、すぐに把握するのは難しいですが、データを棒グラフで表現することで容易になりました。棒の並び順に特に意味がないのであれば、婚姻率の大きさ順で並べると直感的により分かりやすくなります。こういった棒グラフは基本的に、縦軸は 0 から始め、棒の幅はすべてそろえます。

(2) 折れ線グラフ

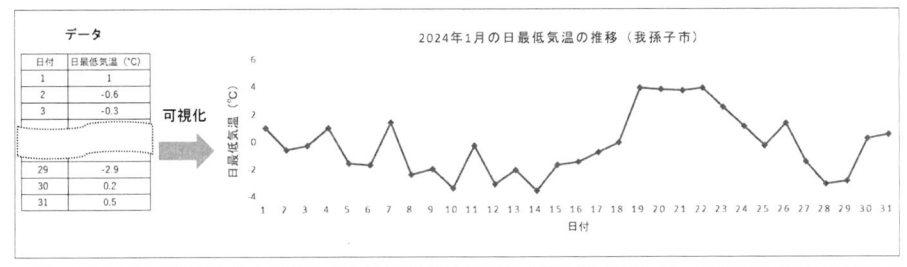

図 3.6　折れ線グラフで可視化

44　出典：厚生労働省「令和 4 年（2022）人口動態統計（確定数）」のデータを基に作成

図 3.6 は、千葉県我孫子市における 2024 年 1 月の各日の最低気温の推移を表した**折れ線グラフ**です [45]。折れ線グラフは、隣り合う 2 点を結ぶ線の傾きでもって、値の変化を視覚的に捉えることができます。右肩上がりで最も急な変化は 18 日と 19 日を結ぶ線で、右下がりで最も急な変化は 7 日と 8 日を結ぶ線であることが分かります。このような情報は、図 3.6 の左の表で示すデータでは、すぐに把握するのは難しいですが、折れ線グラフで線の傾きを比較することで変化を捉えやすくなりました。折れ線グラフの各点は、横軸方向に等間隔で並ぶのが基本で、それをつなぐ線は視線の動きを補助するためのものであって、2 点を結ぶ線の間にデータはありません。縦軸の始まりを 0 にする必要はありません。

(3) ヒストグラム

表 3.1 は、我孫子市における 2024 年 1 月と 2 月の計 60 にち分の日最低気温（℃）のデータです [46]。

表 3.1 我孫子市の 2024 年 1 月と 2 月の日最低気温のデータ

1	-0.6	-0.3	1	-1.6	-1.7	1.4	-2.4	-2	-3.4	-0.3	-3.1	-2.1	-3.6	-1.7	-1.5	-0.8	-0.1	3.9	3.8
3.7	3.9	2.5	1.1	-0.3	1.3	-1.5	-3.1	-2.9	0.2	0.5	3.7	1.5	-0.6	0.3	-0.6	-0.1	-3	-2.3	-1.6
-0.8	-0.8	-0.3	-1.5	-0.1	1.7	3.6	1.9	5.8	9.5	11.5	5.8	2.9	-0.1	-2	0.2	2.2	1	1.2	-0.4

最小値は -3.6 で、最大値は 11.5 です。これから、どのような値がどれくらいあるかというデータの分布を可視化して把握してみましょう。

表 3.2 度数分布表

階級	度数
-4℃以上 -2℃未満	9
-2℃以上 -0℃未満	24
0℃以上 2℃未満	14
2℃以上 4℃未満	9
4℃以上 6℃未満	2
6℃以上 8℃未満	0
8℃以上 10℃未満	1
10℃以上 12℃未満	1
総計	60

表 3.2 は、-4℃以上 -2℃未満、-2℃以上 0℃未満、・・・、10℃以上 12℃未満というように、2℃の幅で区切って階級というものを設定し、各階級の条件に当てはまるデータの数値の個数を度数として集計した度数分布表です。

---

45 出典：気象庁「過去の気象データ・ダウンロード」を基に作成 https://www.data.jma.go.jp/risk/obsdl/index.php
46 脚注 45 と同じ

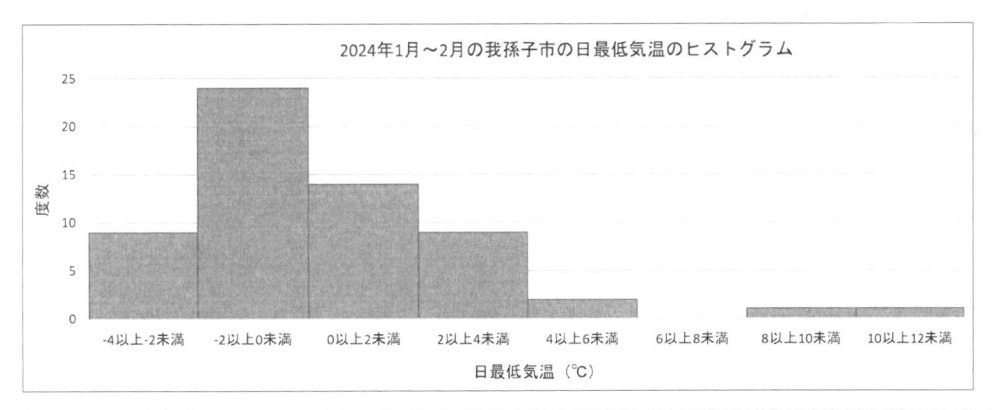

図3.7 ヒストグラム

そして、図3.7は、この度数分布表を基に作成した**ヒストグラム**です。-2℃以上0℃未満が最も多く、その階級を峰とした山のような形をした分布になっていること、また、ヒストグラムの右裾の方に分布が長く延びていることが分かります。その右裾の二つの値は、9.5と11.5で、他の値から大きく離れており、このような値は**外れ値**といわれることがあります。こういったデータの分布の情報は、表3.1のデータからすぐに把握するのは難しいですが、データをヒストグラムで表現することで容易になりました。また、階級の幅を変更すると、ヒストグラムの見え方が大きく変わる可能性があることに注意してください。

(4) 積み上げグラフ

表3.3は、2022年における刑法犯の検挙人員を、性と罪名の組み合わせで集計した**クロス集計表**（**分割表**ともいう）です[47]。この表の行は性別、列は罪名別で分けられており、たとえば、男性で万引きという二つの条件をみたす検挙人員は26741です。この表の罪名ごとの検挙人員を男女別に積み上げていき、棒グラフで表したものが図3.8の積み上げグラフ（積み上げ棒グラフ）です。このグラフから、総検挙人員は男性が女性の3倍以上あることや、女性の犯罪としては万引きが多いことが読み取れます。このように、男女での検挙人員の量の比較や、各性別での検挙人員の罪名別のおおよその構成比は、表3.3からはすぐに把握するのは難しいですが、積み上げ棒グラフで表現することで容易になりました。

表3.3 刑法犯の検挙人員における性別と罪名別のクロス集計表（2022年）

	万引き	万引き以外の窃盗	傷害・暴行	詐欺・横領	その他
男性	26741	27252	36153	16415	25827
女性	19085	6156	5343	3401	3036

---

47 出典：法務省「令和5年版 犯罪白書」https://hakusyo1.moj.go.jp/jp/70/nfm/mokuji.html
（警察庁の統計による）

図3.8 積み上げ棒グラフ

(5) 帯グラフ

　先の表 3.3 の可視化の目的が、罪名別検挙人員の構成比を男女で比較するためというのであれば、積み上げグラフではなく、図 3.9 の帯グラフを用いる方が良いでしょう。**帯グラフ**は、罪名別検挙人員を男女ごとに百分率で表して積み上げたグラフです。図 3.9 から読み取れる、男性の万引きの割合は女性の 2 分の 1 程度というような情報は、表や積み上げグラフからはすぐに把握するのは難しいですが、帯グラフで表現することで容易になりました。

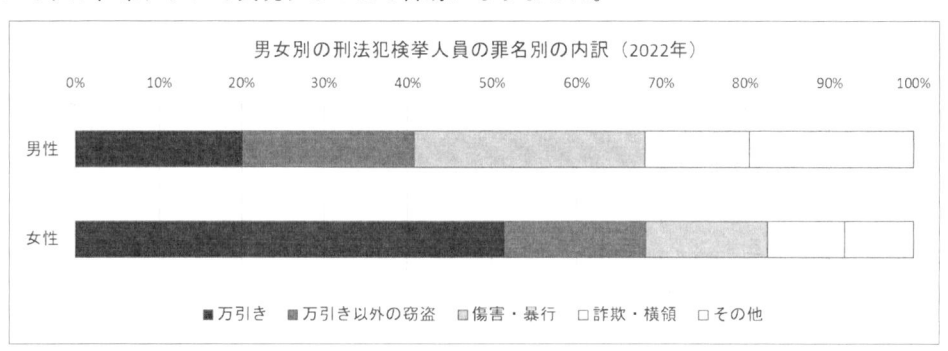

図3.9 帯グラフ

💡 Tips　集合棒グラフ

・たとえば、図 3.9 から「万引き以外の窃盗」の割合の男女差がどれくらいかを、すぐに読み取ることができるでしょうか？　罪名ごとの男女差のような情報は、帯グラフや積み上げ棒グラフでは直感的に把握し難い場合があります。そこで、図 3.9 の罪名ごとの男女差という情報を読み取りやすくするには、図に示す集合棒グラフを用いると良いでしょう。同様に、図 3.8 の罪名ごとの検挙人員の男女差という情報を読み取りやすくしたいのであれば、図の縦軸を検挙人員に変更したグラフの方が図 3.8 より適しています。

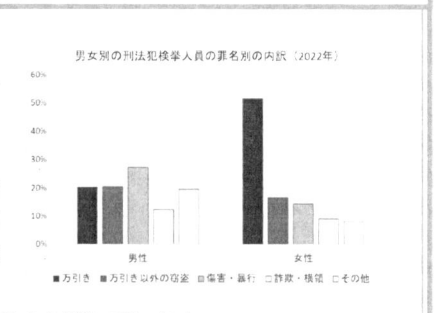

(6) 複合グラフ

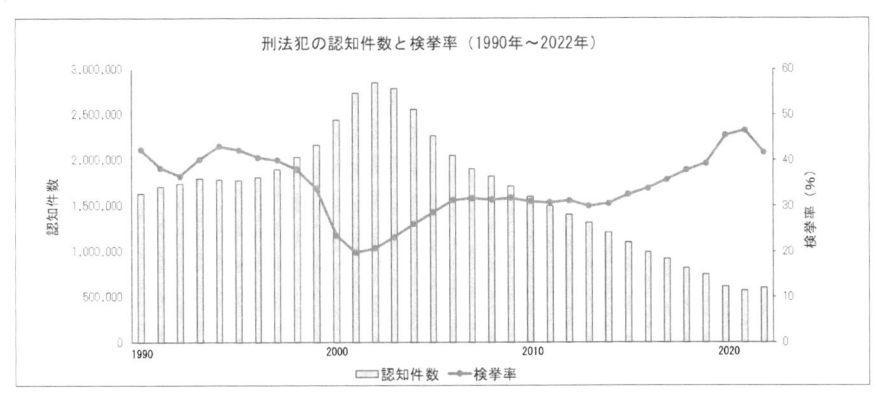

図 3.10 2軸グラフ

図 3.10 は、1990 年〜 2022 年の、刑法犯の認知件数と検挙率の推移を表した **2軸グラフ**です[48]。左側の縦軸は認知件数を、右側の縦軸は検挙率を示し、どちらも横軸は共通の年を示しています。また、この図では、認知件数の棒グラフと検挙率の折れ線グラフを組み合わせて一つのグラフとして表現しています。このようなグラフを**複合グラフ**といい、二つの異なるデータの推移とその関係性を一つのグラフ上で表現する際に便利なグラフです。

(7) ヒートマップ

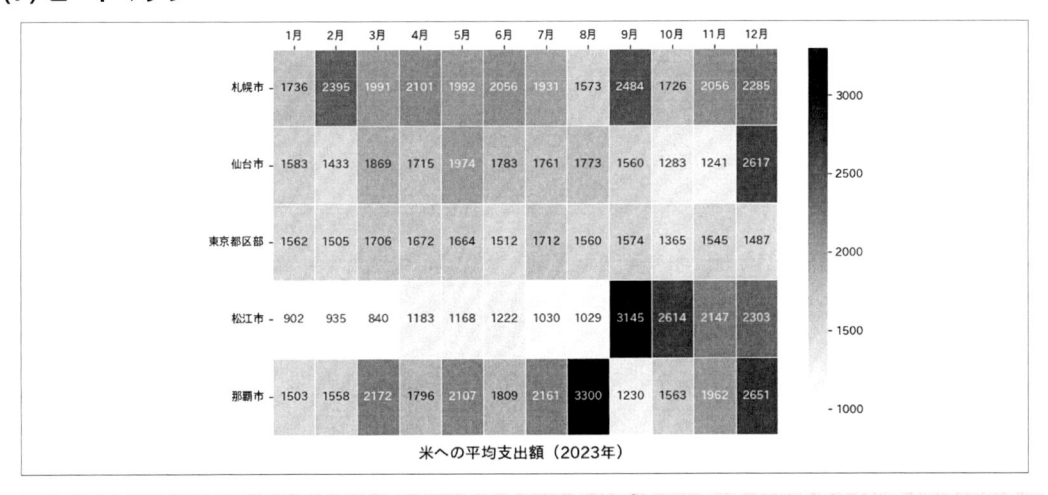

図3.11 ヒートマップ

図 3.11 は、2023 年の各月における「米」への平均支出金額（円）を地域別で示した表で、金額が多いほど濃い色で表現した**ヒートマップ**です[49]。たとえば、松江市は東京都区部より色の濃淡にばらつきがあることから、松江市の方が月ごとの支出金額のばらつきが大きいことが読み取れます。このように量の情報を色（や濃淡など）で表現するのがヒートマップです。

---

48 脚注 47 と同じ
49 出典：総務省「家計調査」（二人以上の世帯）を基に作成 https://www.e-stat.go.jp/

(8) 散布図

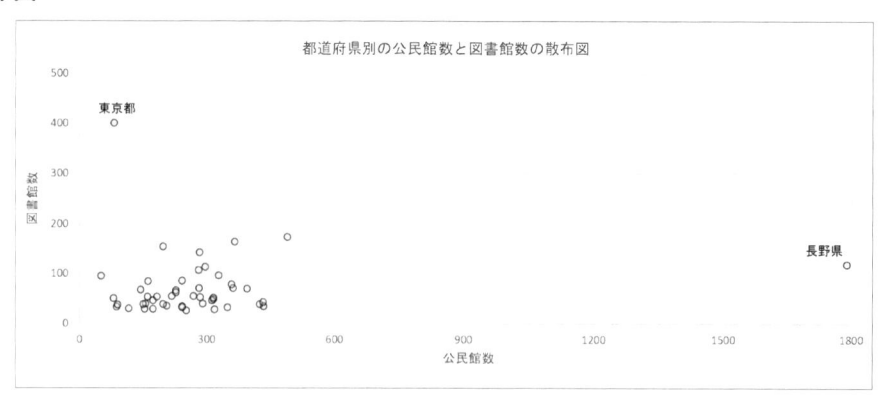

図 3.12　散布図

　図 3.12 は、47 都道府県の公民館数と図書館数の**散布図**です [50]。たとえば、東京都は公民館数が 80、図書館数が 401 なので横軸の 80、縦軸の 401 の位置（80, 401）に点が打たれて（プロットされて）います。数値の羅列であるデータを、散布図で可視化することにより、この図から公民館数と図書館数という二つの関連性やデータに外れ値があるかなどを視覚的に把握することができます。図書館数では東京都の値が、公民館数では長野県の値が**外れ値**といえます。図の左下では点がいくつも重なり合っており、点を完全に塗りつぶしてしまうと視認性が低くなるため、点の色の透明度を高くするという工夫をしています。

💡 Tips　可視化から得られる「気付き」

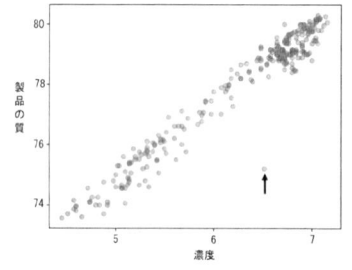

・外れ値は異常値といわれることもありますが、異常値という言葉は、文脈によって様々な使われ方がされることに注意してください。ここでは、異常値を「入力・測定などのミス、または、他のデータと際立って違う傾向を示すような異常な値（データ）」のこととします。右の図は、ある製品を製造するために必要な材料の「濃度」と「製品の質」の関連性を散布図で表したものです（疑似データ）。250 個のプロット点のうち、矢印で示した点のデータは異常値と考えられ、それが生じた原因を調べた方が良いでしょう。「濃度」と「製品の質」のデータを別々に見ただけでは、この点は外れ値ではなく、その異常性には気付かないと思います。このように、可視化から得た「気付き」から、問題解決に役立つ仮説が生まれることもあります。

50　出典：文部科学省「社会教育調査」（令和 3 年度）を基に作成 https://www.e-stat.go.jp/stat-search/files?page=1&toukei=00400004&tstat=000001017254

(9) 地図上の可視化

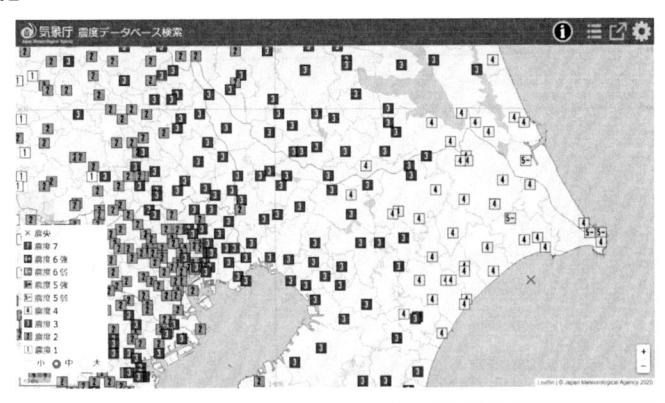

図3.13　地図上の可視化

　図3.13は千葉県東方沖で2023年5月26日19時3分に発生した地震における震度を地図上に表示したものです[51]。地図上のどのあたりの震度が強かったのかが一目瞭然です。このような、地理空間の量に関する情報を表現する場合、地図上の該当する位置に数値を示した点または棒グラフを表示したり、量の大きさを色で表現したりすると効果的な場合が多いです。

(10) 関係性の可視化

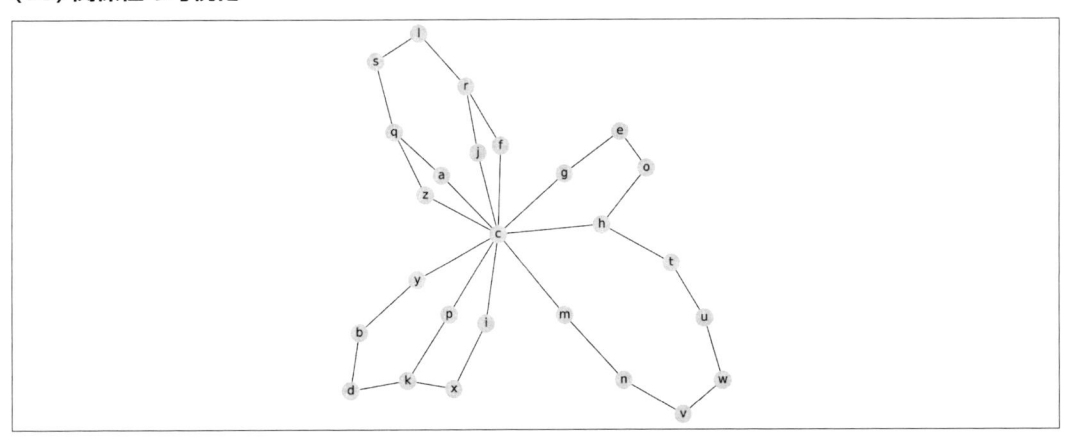

図3.14　関係性の可視化

　友達関係などの**関係性の可視化**は、図3.14のように、人を●などの点で表し、二人が友達同士であれば、その点同士を線で結んだネットワークで可視化することができます。このネットワークからは、どの人同士が友達関係か、また、cさんがハブ（線がたくさん集まる点）になっていることが分かります。このように、ネットワークは、関係性の特徴を視覚的に表現することができます。

51　出典：気象庁HP https://www.data.jma.go.jp/svd/eqdb/data/shindo/index.html#20230526190323

(11) リアルタイム可視化

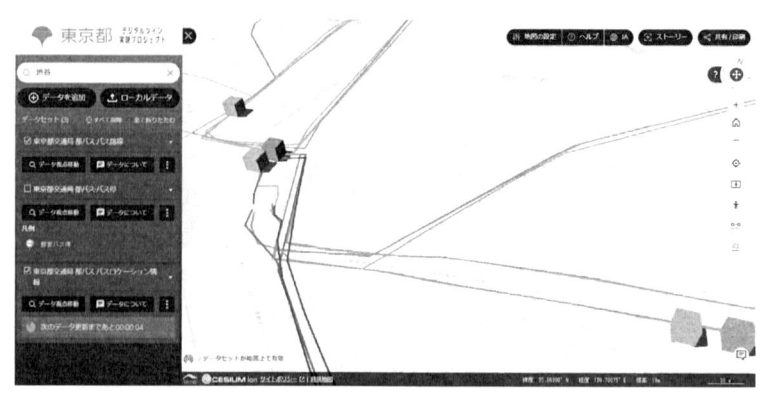

図3.15 リアルタイム可視化

　図 3.15 は、東京都の都バスの位置情報を地図上に**リアルタイムに可視化**して表現している例です [52]。他にも、SNS の「いいね」などの量を画面上に示しているものや、いわゆるカーナビ上に表示される現在の交通渋滞状況、また、入院患者の心拍数や呼吸数などを計測してベッド横の画面で表示しているものはリアルタイムの可視化の例といえます。リアルタイムに可視化することで、今の状況がどうなっているかを視覚的に把握することができ、迅速な対応をすることが可能になります。

(12) 軌跡の可視化

　たとえば、GPS の電波を利用することにより、電波を受信する機器を付けた移動体の**軌跡を可視化**することが可能です。軌跡の可視化は他にも、スポーツ選手の試合中の動きの軌跡を線で表現して、得点などの試合内容と軌跡の関連を視覚的に把握することなどに役立てられています。

(13) 優れた可視化の例

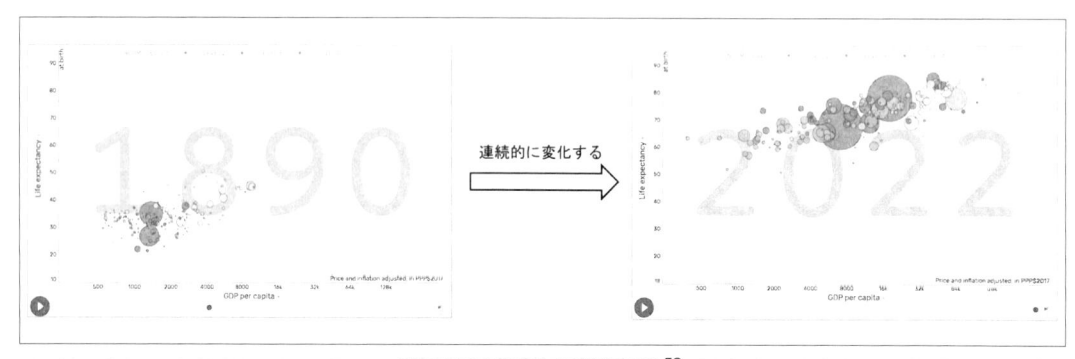

図3.16 優れた可視化の例 [53]

　図 3.16 の左は、1890 年における世界の約 150 か国の一人当たり GDP（横軸）と平均寿命（縦軸）をプロットし、さらに人口の多さを点の大きさで表現したバブルチャートです。一人当たり GDP

52　出典：東京都 デジタルツイン実現プロジェクト https://info.tokyo-digitaltwin.metro.tokyo.lg.jp/3dmodel/
53　Gapminder（https://www.gapminder.org/）の画面を加工して作成。図3.16の横軸は対数目盛になっています。

と平均寿命の間だけでなく、人口との関連性も一度に把握することができます。

さらに、この図が表示されている Web ページを見ると、1800 年から 2022 年までのバブルチャートの変遷を連続的に変化するアニメーションで見ることができます。そのアニメーションからは、次第に世界の多くの国が経済的に豊かになり、平均寿命が延び、人口も増えていることが連続的に変化するアニメーションで視覚的に把握することができます。ところで、データが（一人当たり GDP、平均寿命、人口）のように値の組で表されていれば、それを 3 次元データといい、値の個数のことを次元といいます。こういった**多次元の可視化**もデータの可視化において重要です。

3.2.2 不適切なグラフ表現

・誤解を招くような**不適切なグラフ表現**に注意する。

図 3.17 の（ア）を用いて、2022 年の売上が 2019 年の約 3 倍だというようなことを主張している人がいたらどうでしょう。

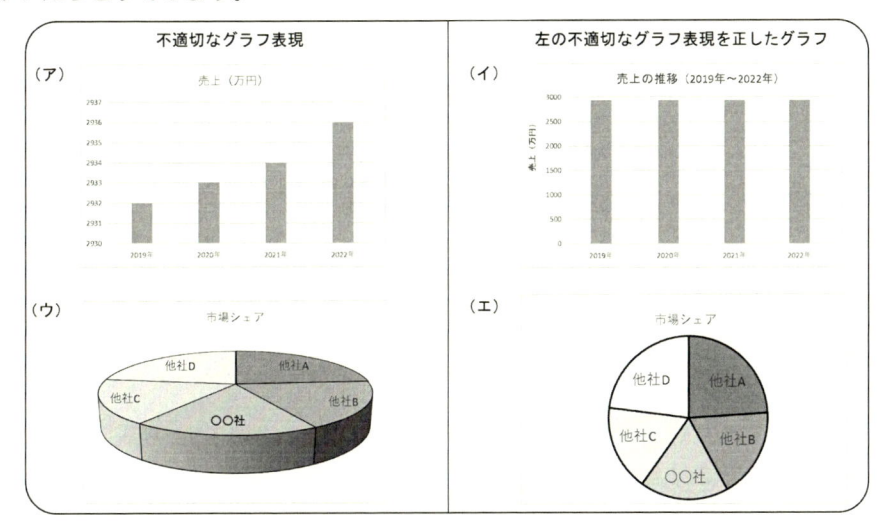

図 3.17　不適切なグラフ表現（左）とそれを正したグラフ（右）（架空のデータ）

この棒グラフの縦軸の値を見ると、それが間違いであることが分かります。わずかな差が大きな差に見えるのは、棒グラフの縦軸が 0 から始まっていないためです。同じデータを用いて縦軸を 0 から始めて作成した（イ）の棒グラフを見れば、売上がさほど増えていないことが明確です。

また、（ウ）は、五つの会社の市場シェアを表した 3D 円グラフです。このグラフを用いて「我が○○社の市場シェアは 1 位です」というような主張をしている人がいたらどうでしょう。この 3D 円グラフは手前がより大きく見える効果があるので 1 位のように見えますが、（エ）の円グラフで表すと、1 位ではないことが分かります。このように、五つの会社の市場シェアの割合を正確に表現するためには、3D 効果は**不必要な視覚的要素**となります。（ア）（ウ）のような不適切なグラフ表現などを**チャートジャンク**と呼ぶことがあります。

🔆 Tips　犯罪白書のデータを利用して 2 軸グラフを Excel で作成

- 1990 年から 2022 年における刑法犯の認知件数と検挙率の推移、そしてその関係性を一つの
グラフで表現したいとしましょう。このときは、法務省が公表している犯罪白書が役立ちます。
Google で「犯罪白書」と検索するか、次の URL で、これまでの犯罪白書へのリンクがある法
務省の Web ページ https://www.moj.go.jp/housouken/houso_hakusho2.html にアクセスし
ます。その Web ページ内の「令和 5 年版」の白書の「HTML」をクリックし、遷移した Web ペー
ジの下の方の「資料編」の「資料 1 - 1　刑法犯 認知件数・発生率・検挙件数・検挙率・検挙人員」
をクリックすると、昭和 21 年から令和 4 年までの刑法犯の認知件数と検挙率のデータを確認で
きます。必要な部分をコピーし Excel に貼り付けて整えたのが下の図左です（年は西暦に変えて
います）。
- データの可視化には通常、表計算ソフトウェア（**スプレッドシート**）などのツールを用います。
Excel での可視化は対象データを選択し、描きたい種類のグラフを選択するのが基本的な流れで
す。Excel で図 3.10 のような 2 軸グラフを作成するには①対象データを選択し（図では、左上
の A1 セルで左クリックを押しながら右下の C34 セルまで移動し離す）、②リボンの「挿入」タ
ブから、③「おすすめグラフ」をクリックします。④「すべてのグラフ」をクリックし、⑤「組
み合わせ」を選択、⑥検挙率の第 2 軸のチェックボックスにチェックを入れ、⑦ OK ボタンを
クリックします。

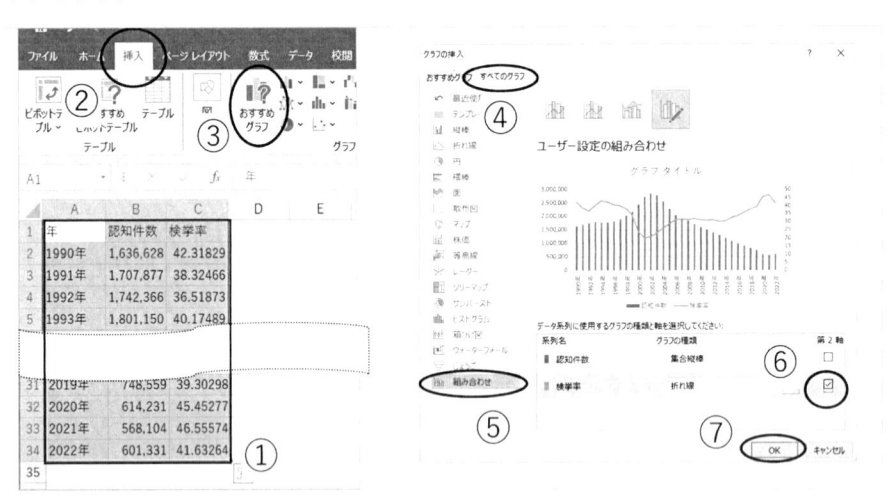

- 刑法犯の「検挙人員」、「検挙件数」、「認知件数」はそれぞれ意味が違います。自分が知りたいこ
と、伝えたい情報が、そのデータで本当に分かるのかを検討することは、データの利活用におい
て重要なポイントです。

注記：本章で用いたデータの一部は、サポートページ https://www.kindaikagaku.co.jp/book_list/
detail/9784764907089/ からダウンロード可能（ファイル名：Ch3.xlsx）.

この章のまとめ

1　人類は長い年月をかけて、情報の表現や伝達の手段を進化させてきた。

2　情報を用いて効果的なコミュニケーションを行うには情報デザインが大事である。

3　データがもつ情報を表現する際にも、情報デザインの考え方が役に立つ。

4　データを可視化することにより、データがもつ情報を視覚的に表現できる。

5　可視化することで新たな「気付き」が得られ、価値ある洞察につながることもある。

6　誤解を招くような不適切なグラフ表現に注意する。

練習問題

問題 1 毎日計測している体重データに対し、体重の時系列の変化を表現するのに適しているグラフの種類を一つ挙げなさい。

問題 2 右の図は、2021 年の名目 GDP の産業別構成比を円グラフで表現したものである。各産業同士での構成比の差を、視覚的により把握しやすくなるグラフはどのようなグラフか、具体的にグラフの種類を一つ挙げなさい。

出典：総務省「令和 4 年度　ICT の経済分析に関する調査」

問題 3 右の図は、刑法犯の検挙人員における高齢者率（その年の刑法犯検挙人員に占める高齢者（65 歳以上）の比率）の推移を表した折れ線グラフである。この折れ線グラフに関する次の二つの記述がある。折れ線グラフから読み取れる事実は、（ア）のみ、（イ）のみ、両方、の三つのうち、最も適切なものはどれか答えよ。

（ア）2003 年から 2022 年の刑法犯の検挙人員における高齢者率は概ね増加傾向である。

（イ）高齢者率が増加しているのは、日本が高齢化で高齢者の人口が増えているからだ。

Active Learning カラーユニバーサルデザインについて調べよう

・Google で、たとえば「福島市　カラーユニバーサルデザインガイド」などで検索し、カラーユニバーサルデザインの概要と、データの可視化との関係を調べて発表しよう。

第4章

社会で活用されているデータ

学生　これまでの学習で、データの種類によって、色んなグラフで表現できることが分かったんですが、社会ではどのようなデータが集められ、どのように活用されているのでしょうか？

教師　良い質問だね。たとえば、スマートフォンやスマートウォッチなどは、私たちの日々の行動や機械の動作を記録したデータを集めているんだよ。

学生　それって、どうして必要なのですか？

教師　そうだね。たとえば、オンラインショップが、ユーザがどんな商品を検索し、何を買っているかといったデータの記録を分析することで、消費者の好みを理解し、売れる商品やサービスを提供することができるよね。同じように、政府は特定の調査やアンケートなどで得られたデータを分析することで次の政策を検討することができる。

学生　なるほど。データは様々な場面で役立つんですね。

教師　そうだよ。各種データの特性を理解し、適切な手法で分析することがデータサイエンスの基本なんだ。それでは、詳しく説明するね・・・

この章で学ぶこと

1　様々なデータの分類を理解し、社会での活用方法を理解する。

2　データの所有者の視点から、1次データと2次データの概念を説明する。

3　データ取り扱いの注意点について、法令と倫理の遵守、データの品質の観点から理解する。

4.1　社会とデータ

4.1.1　日常生活における様々なデータ

> ・日常生活の様々なシーンでデータが生成・収集されている。これらデータは、生活
> をより便利で快適にするためのサービスの開発や改善に不可欠である。

　データとは情報を表現するために収集され、記録された事実や数値のことです。情報社会で暮らす私たちの一日は、図 4.1 のように様々なデータを活用して生活しています。このように、知らないうちに様々なデータによって日常生活が支えられています。私たちの生活をより便利で快適にするサービスを開発するためには、データの収集と分析が不可欠です。

図4.1　現代の日常生活に溶け込む様々なデータ

- 寝ている間、スマートウォッチなどのウェアラブル端末が、睡眠時の心拍数や睡眠パターン、睡眠の質などのデータを記録し、最適な起床時間や睡眠改善の方法など、健康管理に関してアドバイスしてくれる。
- 朝ごはんを決めるとき、インターネットで「今日は何を食べよう？」と検索すると、好みに合うレシピのデータを探して提案してくれる。また、今日の天気予報や気温のデータを教えてくれるので、それを見て出かける準備に役立てる。
- 通学や通勤の際には交通アプリが運行状況のデータを調べてくれ、また、地図アプリが地図データや渋滞情報を基に最適なルートを提案してくれ、私たちの移動をサポートしてくれる。

- 電車の中では、スマートフォンの SNS アプリで友だちとチャットしたり、興味のあるオンラインのニュースを読んだり、ネットショッピングをすることもある。これらのやり取りでのデータ（閲覧履歴や行動パターン）が集められることで、その人の好みや日常パターンを分析し、その人に適した情報を提案することができる。
- 学校や職場では、学習や仕事の進捗を管理するための情報ツールが広く利用されている。たとえば、学校では、LMS（Learning Management System：学習管理システム）を使って、学生と教員の間で授業資料の共有や課題の提出、成績、さらにはオンラインでのディスカッションといった教育関連のデータのやり取りが行われる。
- 帰宅途中にコンビニなどで買い物をするときには、レジで商品のバーコードをスキャンすることで **POS データ**[54] により購入金額が計算され、同時にそのデータがコンビニを統括する企業のサーバにも送信され、適切なタイミングで商品を補充するという在庫管理も可能になる。また、レジで提示したポイントカードを通じて顧客一人ひとりの購入履歴を分析することで、販売促進や新商品の開発などのマーケティングにも活用される。
- 夕食後のリラックスタイムでは、ストリーミング配信サイトが、過去の視聴履歴データを基に好みの映画や音楽を提案してくれ、その中から作品を選ぶと、動画や音声データが配信され、映画や音楽を楽しむことができる。

4.1.2　質的データと量的データ

> - **質的データは、地域、職業、専門分野などの分類や種類を区別するためのデータや、学年、受賞の等級などの順序に意味があるデータである。**
> - **量的データは、売上高や販売数量などの具体的な数字で表現され、算術演算のできるデータである。**

　日常生活の中では、数値や文字などの様々な種類のデータを扱っており、データの性質や作成方法などによって分類することができます。その性質によって、表 4.1 のように **質的データ**（**Qualitative Data**）と **量的データ**（**Quantitative Data**）の 2 種類に大別することができます。質的データは地域、職業、専門分野などのように分類や種類を区別するためのデータや、学年や受賞の等級などのように順序や順位を示すデータです。数値ではなく記述的な言葉やラベルで表現されることが多く、一般的に算術演算が適用できない、または適用する意味がないデータを指します。量的データは年齢や身長、気温などのように数値で表され、一般的に単位があり、数値の大小や比率に意味をもち、算術演算が可能なデータです。

　さらに、質的データと量的データは、それぞれ二つの **尺度水準**[55] に細分できます。具体的には、質的データは名義尺度と順序尺度に、量的データは間隔尺度と比例尺度に分けることができます。たとえば、商品の販売管理をするためには、「商品 ID（番号）」、「売上ランキング」、「販売日時」、「価

54　POS データは「Point of Sales（販売時点情報）」データの略で、商品が購入される際の取引情報（購入日時、商品名、数量、金額、顧客情報など）を指し、現在では広く小売業や飲食業で利用されています。

55　尺度水準はデータの特性や属性を測定、分類するために使用される規則や基準の体系です。これらの尺度は、データ分析で使用するデータの種類を定義し、データをどのように扱うべきかを示すための枠組みです。

格」などのデータが必要となります。これらデータを四つの尺度にしたがって分類してみましょう。

表4.1　質的データと量的データの例

データの種類	尺度水準	尺度の意味	データの例		水準
			販売管理	アンケートの回答	
質的データ	名義尺度	データには大小や順序性がなく、ラベルや名称などの分類や種類を区別するためのもの	商品ID、商品名、支払方法、店舗名	氏名、地域、職業、趣味、購買動機（価格、品質、ブランド）	低
	順序尺度	データには大小や順序性があるが、数値の差などの算術演算をする意味がないもの	売上ランキング、商品の評価スコア（３つ星など）	学年、製品満足度（非常に満足、満足、普通）、購入頻度（高・中・低）	
量的データ	間隔尺度	データには大小や順序性があり、数値を測る尺度の間隔が均等でその差に意味はあるが、比率には意味がないもの	日付、時刻	偏差値、気温、日付、時刻	
	比例尺度	データには大小や順序性があり、数値を測る尺度の間隔が均等で差や比率にも意味があり、原点０（無）の意味があるもの	在庫数、価格、売上金額、重量	年齢、成績の点数、身長、収入、睡眠時間	▼ 高

- 「商品ID」は単に商品を識別するためのデータであり、値の大小比較の意味がないため、名義尺度のデータに当てはまります。
- 「売上ランキング」は売上の順位を示すデータであり、数値の順番には意味がありますが差には意味はない[56]ので順序尺度に該当します。
- 「販売日時」は、販売した日付と時刻を表すデータであり、日付と時刻の間隔は均等です。そして、ある商品が売れた日時の引き算することで商品の販売間隔を知ることができますが、販売日時の比率を求めても意味はありません。また、仮に日時の値が「０」となったとしても、それが「日時がない」という意味で成立しないため、間隔尺度のデータに分類できます。
- 「価格」は商品の金額を表すデータであり、間隔は均等です。そして、値引きといった引き算だけでなく、A社のPC価格は15万円でB社の価格10万円の1.5倍であるというように比率計算の意味が成り立ちます。さらに、値段が０円というと「無料」か「お金がかからない」ということを意味しますので、値段は比例尺度に分類できます。

　尺度水準は、名義尺度＜順序尺度＜間隔尺度＜比例尺度の順に各尺度のデータに含まれる情報量が増え、計算や分析における制限が少なくなり、より高度な分析が可能になります。データを分析する際に適切で有効な結果を得るためには、その種類と性質に応じて統計手法を選択することが重要[57]です。

56　たとえば、第１位と第５位の順位差の値４が、売上で４倍の差があるといった意味はないということです。

57　本書では、たとえば、量的データには適している相関分析を第７章で、質的データに適切しているクロス集計やランキングの手法をそれぞれ第３章と第９章で紹介します。

4.2　データの種類

4.2.1　調査データ

・調査データは、明確な意図をもってアンケートなどによる調査を通じて収集され、国勢調査などの政府統計調査、マーケティング調査などがある。

　データの性質によって二つに分類することができました。さらにデータを作成方法によって分類する方法もあり、調査データと実験データ、ログデータ、観測データなどの種類があります。**調査データ**とは政府や企業、研究者などが、ある意図をもって、アンケート調査やヒアリング調査、文献調査などの調査方法を通じて集められたデータのことです。また、調査には政府の統計調査、マーケティング調査、財務状況調査といった様々な目的によって行われます。調査データの収集は、かつて対面や郵送によるアンケート送付などが主流でしたが、現在はインターネットを活用した方法が普及しています。インターネットの利用により、データのやり取りが迅速かつ容易になり、調査の規模も拡大しました。さらに、オンライン調査ツールが便利になったことで、効率的なデータの収集が可能になってきています。

図 4.2　国勢調査のイメージ

　総務省統計局が行っている**国勢調査**（**Census**）は、5 年ごとに実施される政府の統計調査の中でも代表的な調査で、図 4.2 に示すような調査員が各家庭を訪問する方法で統計データを収集します。国勢調査は統計法に基づき実施されるもので、日本に住んでいるすべての世帯と人を対象に実施される唯一の**全数調査** [58] です。この調査から、国内の人口変動や社会構造、世帯状況などの情報が得られ、その統計データは政府や自治体の政策立案に役立てられます。また、この統計データは公開されているので、企業や研究機関にも幅広く利用されています。

58　全数調査は調査の対象となる個体をすべて調査する方法です。本書の第 8 章で詳しく解説します。

4.2.2　実験データ・観測データ

- ・実験データは、実験での条件や操作と、そのときの反応や結果を記録したデータで、科学的な仮説の検証や理論の構築、製品の開発などに活用される。
- ・観測データは、自然界の現象を観察することを通して得られたデータで、天文学や気象学などの科学的研究での基本的な情報源として利用される。

　実験データは、実験での条件や操作と、そのときの反応や結果を記録したデータのことで、科学的な研究プロセスにおいて収集されるデータです。たとえば、化学の実験では、使用する薬品の量や化学反応の現象、生成物の量などに関するデータがこれに該当します。

　観測データは、気象観測、天体観測、地質学的変動、野生動物の行動などの自然界や自然現象の観察を通じて得られるデータのことです。多くの場合、この種のデータは、観察対象に影響を及ぼさないように自然な状態で収集します。また、時間の経過に沿って対象の特性や属性の変化を観測データとして記録することで、**時系列分析**を行うことが一般的です。さらに、観測データの収集は、大規模に行われることがあり、記録・保存から処理・分析において高性能な設備を必要とする場合があります。

　実験データや観測データは、形式が数値、文字、画像、映像など、実験や観測の目的に応じて多岐にわたります。これらのデータは、科学的な仮説の検証や理論の構築、製品の開発など、様々な問題解決の過程において重要な役割を果たします。たとえば、医療分野では、ワクチンの有効性や安全性を調べるための臨床試験を行い、得られた実験データから、そのワクチンの疾患予防や感染拡大防止に関する有効性を評価し、ワクチンの開発を承認します。また、気象条件の観測、野生生物の生態系調査、地質学的変動の記録など、自然や環境の変化を監視するための観測データも収集されており、環境保護政策の策定や自然災害の予防策の考案に不可欠です。このように、実験データや観測データは、科学的研究、技術開発、品質管理、政策立案など、幅広い分野での**意思決定**[59]や理論検証のために活用されています。

4.2.3　ログデータ

- ・ログデータは、コンピュータシステムなどで、その動作中に行った処理などの事象の情報を記録したデータである。
- ・ログデータには、アクセスログ、検索ログ、購買ログ、人の行動ログ、プローブデータ、機械の稼働ログ、などたくさんの種類があります。

　コンピュータなどのシステムが稼働しているときには、データのやり取りや機器の操作などによって起こる色々な処理を実行しています。これらの処理に関して、コンピュータなどのシステムは、どのような内容の処理をいつ[60]行ったかという情報を自動的に記録しており、時刻（タイムス

59　意思決定とは、ある目的やゴールを達成するために、複数の選択肢から最適なものを選ぶ行為を指します。
60　時刻の情報をタイムスタンプということがあります。

タンプ）とともに記録されたデータを**ログデータ**と呼びます。すなわち、ログデータは、システム
の利用状況を示す履歴データのようなものです。私たちが、図 4.1 で示したように、日常生活の中
で色々なシステムを利用していることで、実は、たくさんのログデータがコンピュータ上に記録さ
れています。たとえば、Web ページにアクセスすると、ユーザの IP アドレス[61]や訪問時間、滞在
時間などの情報が、**アクセスログ**として収集されます。また、Web ブラウザにおいて何かを検索
すると検索履歴が**検索ログ**として、オンラインショッピングのサイトであれば、商品の閲覧履歴や
購買履歴が**購買ログ**として記録されます。検索ログや購買ログのデータなどのログデータは消費者
の好みを把握し、個々のユーザに合わせたサービスを提供する上で重要な情報源となります。

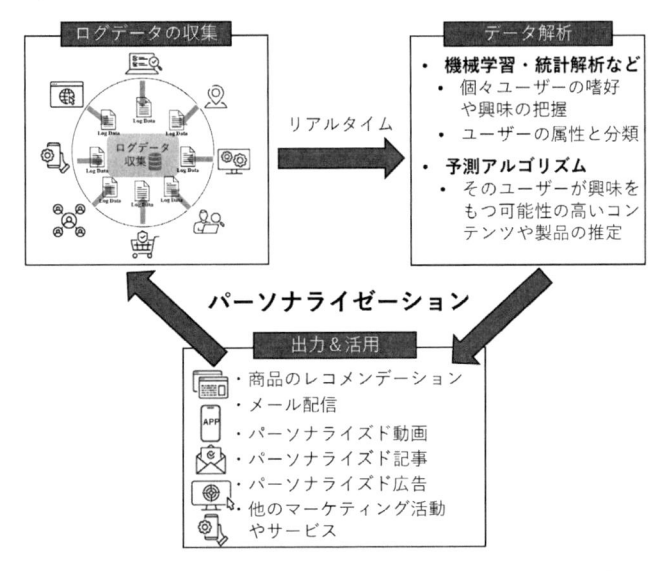

図 4.3 ログデータを活用したパーソナライゼーションの仕組み

　図 4.3 のように、企業は様々なログデータの収集・分析を通じて、個人の消費行動を把握し、そ
のユーザの属性や嗜好などに合わせて、カスタマイズした情報やサービスを提供することが可能に
なります。これを**パーソナライゼーション**（**Personalization**）と呼びます。この他に、Web ペー
ジに掲載されるバナー広告を出稿した企業では、その広告がクリックされた回数などのログデータ
を分析することで、投じた広告の費用対効果を評価し、マーケティングに役立てることが可能です。
また、スマートフォンを携帯して移動する際、通信会社はスマートフォンの通信状態を維持するた
めに、その所在と移動を追跡し、そのデータを記録しています。この移動の記録は**人の行動ログ**[62]
として利用でき、人がどの場所にどれぐらい集まっているかや、どちらに移動しているかを分析す
ることができます。同じように GPS 装置を搭載した車の場合、カーナビゲーションシステムにより、
自動車メーカーは車の位置や速度などの走行情報を収集しており、このデータを**プローブデータ**と
呼びます。このデータにより、リアルタイムに交通状況を把握して交通渋滞の分析や予測により、
最適なルート案内などに活かされています。

61　インターネットを利用している PC などの機器を識別するために付けられた住所に相当する情報です。
62　人の行動ログを、人の移動データや人流データと呼ぶこともあります。

　機械や設備を運用する際、それらに付けられたセンサからデータを読み取り、動作は正常であるか、エラーや障害が発生していないかといった稼働状況を含めた情報を記録したデータを**機械の稼働ログ**と呼びます。このログデータから、機械や設備の効率的な運用方法や故障予防のための保守（メンテナンス）計画を検討することができます。第 4 次産業革命（インダストリー 4.0）での**スマート工場**[63]（Smart Factory）では、機械の稼働ログデータは、IoT センサなどからリアルタイムに収集され、製造プロセスの監視や運用の最適化を即座に行う生産管理や、製造プロセスの自動化を実現するための基盤として活用されます。

　このように、私たちの日常生活だけでなく、企業活動やクラウド・コンピューティングなどの大規模な IT インフラストラクチャで、毎日膨大な量のログデータが生成されており、これがビッグデータの一部になっています。そして、これらのデータは様々な利活用の可能性を秘めており、その活用方法を探るために、データサイエンスの技術が重要となっています。

💡 Tips　消費者のログデータを活用した商品のレコメンデーション

・オンラインショッピングサイトでは、顧客の属性情報、検索履歴、購買履歴、閲覧履歴、ページ滞在時間などのログデータを活用して、図 4.3 に示した顧客の興味や好みを把握するパーソナライゼーションに基づいて、個々の顧客に合わせた商品や関連商品をリアルタイムに提案する商品のレコメンデーションを実現します。たとえば、ある顧客が特定のジャンルの商品を頻繁に閲覧する場合、そのジャンルに関連する他の商品や類似商品を薦めることで、顧客体験を向上させ、販売機会を増やすことができます。レコメンデーションを AI によって行うことを AI レコメンドといいます。

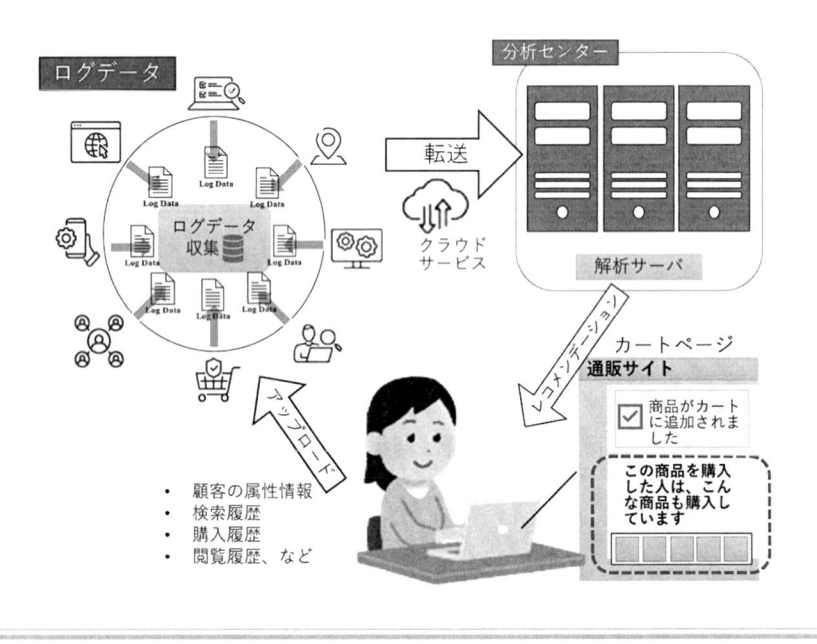

63　スマート工場とは、AI や IoT などの先進的な IT を活用して、工場の機器や設備からリアルタイムにデータを取得し、そのデータを解析して製造活動や管理活動を最適化する工場のことです。

4.3　データの所有者

4.3.1　1次データと2次データ

> ・1次データは、特定の目的のために、自らがアンケート調査や売上記録などによって収集し、所有する内部データである。
> ・2次データとは、国や自治体の統計データや報告書など、既に存在するデータを自らの目的に利用するために収集した外部データである。

　データ駆動型社会においてデータは非常に価値ある資源の一つであり、「Data is the new oil（データは新しい石油だ）」[64] といわれています。企業がデータを得るためには、自社でデータを収集することもありますが、他で公開されているデータを活用することもあります。このように、データの入手方法の違いにより、1次データと2次データに分類されます。

　1次データ（Primary Data）とは、アンケート調査や売上記録、顧客情報、実験などを通じて、データ分析を行う者が自ら特定の目的で収集し、所有している内部データです。企業において、1次データは、自社の経営に関わる重要なデータである場合が多く、社外秘などの機密性の高いデータである場合があります。

　2次データ（Secondary Data）は、既に存在するデータを自らの目的に利用するために収集する外部データです。2次データとしては、国税調査などの国や自治体の統計データや報告書、研究論文、新聞やWeb記事などの公開されているデータから収集したものを指します。2次データの中で、国や自治体が収集・管理するデータなどで、誰もが無償でアクセスでき、自由に利用（加工、編集、再配布など）できるデータを**オープンデータ**といいます。たとえば、日本の政府統計の総合窓口 e-Stat、e-GOV データポータル、地球観測衛星データサイト[65] などがあります。

　なお、1次データと2次データにはそれぞれ短所・長所があり、1次データは目的に合わせて収集するので、目的に適したデータが得られますが、収集には時間と費用がかかり、また、収集できるデータの規模も小さくなる場合があります。一方、2次データはオープンデータなどを利用する場合に、1次データよりも規模が大きく、無償または安価で収集できますが、過去に収集されたデータのため情報が古かったり、目的と完全に一致しなかったりするといった場合があります。そこで、1次データと2次データを組み合わせて分析することがあります。特に、国レベルの統計や全国調査などの2次データは、個人や小規模な組織では収集できない大規模なデータが提供されています。そこで、自社の限られた範囲で収集された1次データだけでは、業界全体や社会の状況を分析することが難しいため、2次データと合わせて分析することで、自社の状況をより正確に捉えることができます。このように、2次データを合わせて使用することで、信頼性の高い結論を導くことが可能になります。

64　このフレーズは2006年、イギリスの数学者である Clive Humby 氏によるものです。
65　e-Stat、e-GOV データポータル、地球観測衛星データサイトの URL は、https://www.e-stat.go.jp/、https://data.e-gov.go.jp/、https://earth.jaxa.jp/ja/data/ です。

4.3.2　メタデータ

・メタデータとは、「データを説明するためのデータ」のことで、データやコンテンツ本体の属性や付帯情報を記述・説明するためのデータである。

　データの属性や特徴などの付随的な情報を説明するためのデータのことを、「高次のデータ」という意味の**メタデータ**（**Meta Data**）と呼びます。たとえば、図 4.4 のように、写真のデータには、その写真を誰がいつどこで、どのような設定で撮影し、どんなデータ形式で保存されているかという、撮影した写真を説明するメタデータが、写真自身のデータに追加されています。このようなメタデータが追加されることで、たくさんの写真データを日付や場所、データ形式などで、分類管理や検索を行うことができます。

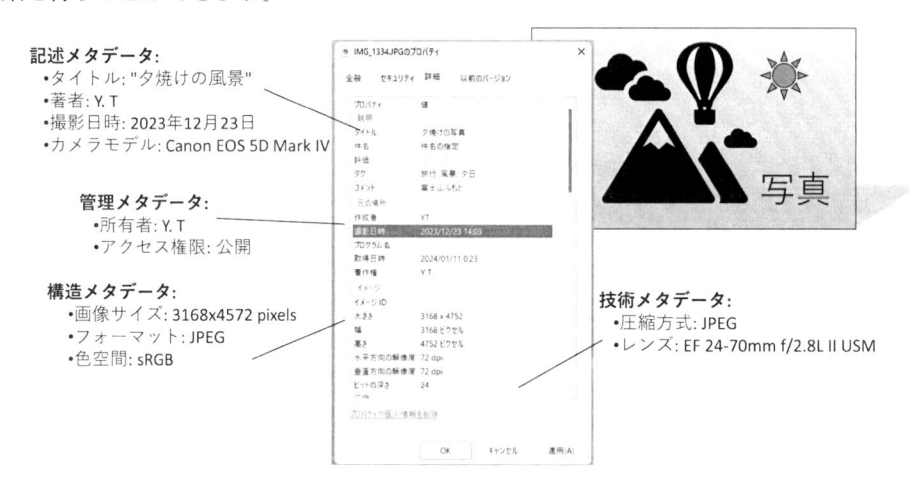

図 4.4　写真のメタデータのイメージ

　メタデータは、データベースや Web ページ、ドキュメント・画像・音声などのデジタルファイルの管理に広く使われています。また、メタデータはデータの取得背景と利用条件などを理解する上でも重要な役割を果たします。たとえば、実験データに、実施日や使用機器、測定条件、担当者などのメタデータを付けることで、その実験結果がどのようにして得られたものかを、実験データと同時に管理することができ、実験の信頼性を高めることができます。このように、データに、それを説明するために必要なメタデータを付加することを**データのメタ化**といい、メタデータを追加することで、そのデータを利用するとき、目的に適合したものであるかといった判断材料になり、データ利用の利便性が向上します。

💡 **Tips** ┃ **データの活用とシミュレーション**

- 現実世界の事象を模倣する**コンピュータシミュレーション**は、データを活用するための重要な技術の一つです。シミュレーションを行うことで、実際の実験を行うことなく結果を予測することができ、さらには、その結果をアニメーションで表現することもでき、私たちが直面する問題の解決策を見出すための強力なツールです。
- 次世代のシミュレーションとして、**デジタルツイン**と呼ばれる技術があります。この技術は、下の図のように、現実世界で今起こっている出来事を、そっくりそのままコンピュータ上に再現する方法です。すなわち、現実世界の機械や IoT 装置などセンサからリアルタイムに収集したデータをコンピュータ上のシミュレーションに取り入れることで、現実世界でこの後に起こるであろう変化を、シミュレーション上で先回りして予測し、その結果を現実世界にフィードバックすることができます。これにより、リアルタイムに製造の問題点を把握して改善するといったことが行えます。スマート工場の構想では、不可欠な技術といえます。

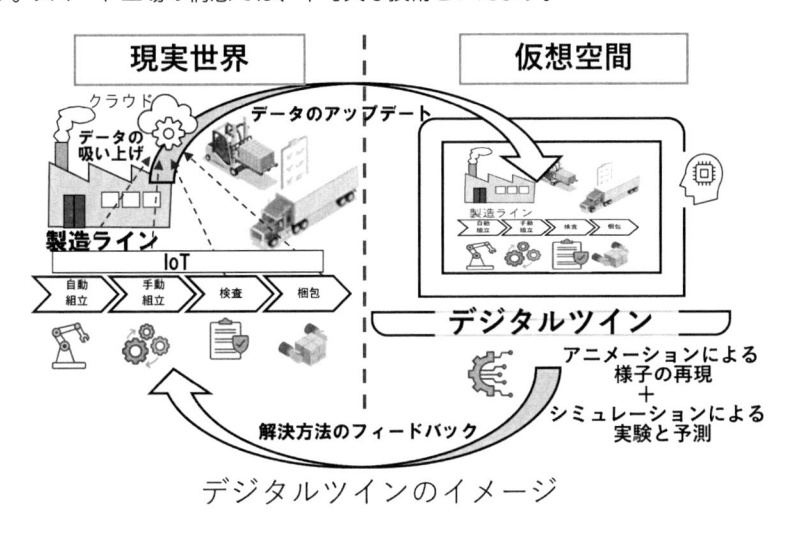

デジタルツインのイメージ

4.4 データを取り扱うときの注意点

4.4.1 データの品質

- データの品質は、データが、利用する目的やタスクにとって適切か、また、信頼できるものであるかを示す尺度である。

　メタデータを追加することで、データの信頼を高めることができます。このようにデータが利用する目的やタスクにとって適切か、信頼できるものであるかを示す尺度に**データ品質**があります。すなわち、データ分析ではデータ品質がそのデータを基にした分析結果に直接影響します。したがって、表 4.2 のように**高品質なデータ**はデータの正確性、適時性／信頼性、一貫性、完全性といった特性を備えている必要があります。

表 4.2　データ品質を考察する主な尺度 [66]

データ品質の尺度要素	説明	サプライチェーンのデータ例
正確性 (Accuracy)	データにエラーや誤りはあるかどうか	顧客管理では、顧客の住所に間違いがあっては、商品を正しく配送できません。
適時性／信頼性 (Timeliness/ Reliability)	データは最新であり、信頼できるかどうか	在庫管理では、在庫状況が最新でなければ、適正量を補充することができません。
一貫性 (Consistency)	同じデータは同じ形式で表示されるかどうか	配達日が西暦の場合と和暦の場合が混ざっていると、データを時系列に並べることができません。
完全性 (Completeness)	データが欠損していないかどうか	販売管理で、ある日の販売データが漏れてしまっていると、正しい販売実績を求めることができません。

　たとえば、データに誤りや欠損が含まれていると正しい結果が得られず、また、データが古いと役立ちませんし、データの形式がバラバラでは使いづらいものになってしまいます。そのため、データの品質を維持するために、データを収集するだけではなく、収集したデータの識別、整理、クレンジング [67]、モニタリング [68] と改善といった一連のデータ品質管理のプロセスが必要です。そして、データ品質を管理プロセスの中で、表 4.2 に示した四つの観点が重要になります。また、データ品質の改善を図る際には、品質管理業務の分野で使用されている DMAIC（定義、測定、分析、改善、管理）と呼ばれる枠組みが活用できます。

　DMAIC フレームワーク [69] は、次のステップで構成されています。

①定義（Define）：データ品質管理の目的や範囲を明確にし、どのデータセットが管理対象で、どのような品質の問題に対処する必要があるかを定義する。

②測定（Measure）：データの正確性、適時性／信頼性、一貫性、完全性などの品質の尺度を用いて、データ品質の現状を定量的に測定する。

③分析（Analyze）：データ品質の問題の原因を分析し特定し、解決すべき最も重要な問題を決定する。

④改善（Improve）：③で決定した問題の原因に対処する解決策を開発し、実行する。たとえば、データ収集プロセスの改善、データクレンジング手法の導入、データ標準化プロセス [70] の確立などが含まれる。

⑤管理（Control）：データの品質を定期的に評価し、品質尺度を追跡し、問題の再発防止に取り

66　Benjamin, T., Hazen., Christopher, A., Boone., Jeremy, D., Ezell., L., Allison, Jones-Farmer. (2014). "Data quality for data science, predictive analytics, and big data in supply chain management: An introduction to the problem and suggestions for research and applications," *International Journal of Production Economics*, Vol.154, pp.72-80. 表 4.2 は Benjamin *et al.*(2014) の Table 1 をもとに筆者が一部修正したものです。

67　データクレンジングは、収集したデータから不正確、不完全、重複したデータを特定し、修正または削除するプロセスです。この手法についての詳細な説明は、第 5 章で取り上げます。

68　データは、追加・更新・削除などにより常に変化していきます。データのモニタリングとは、データの品質を随時、計測し、その結果を評価することです。

69　DMAIC フレームワークは、品質管理の方法論であるシックス・シグマで用いられるプロセス改善の手法です。この手法は、「定義（Define）」、「測定（Measure）」、「分析（Analyze）」、「改善（Improve）」、「管理（Control）」の 5 つのステップからなり、データ品質を向上させるためにも効果的に活用できます。

70　データ標準化とは、異なる尺度や単位をもつデータを共通の基準で統一することです。データ標準化についての詳細な説明は、本書の第 6 章で展開しています。

組む。また、データ品質の改善プロセスと管理手順を文書化し、関係者のトレーニングに利用する。

4.4.2 データの取扱いに関する法令

- 個人情報などのデータを取り扱う際には、関連する法令や倫理規定にしたがって、慎重に取り扱う必要がある。

図 4.1 のように私たちは日常的に多くのデータを利用し、逆に、多くのデータを提供しています。このような活動の中で、データを提供する場合も収集する場合も、その取扱いに注意する点があります。提供する場面としてたとえば、SNS の利用では、自分の興味や関心、さらには自分や友人に関わる個人情報やプライバシーに関する情報を書き込んだりしている場合があります。また、パーソナライゼーションで説明したように、オンラインショッピングの利用では、ユーザは自分の個人情報や消費行動といったデータをショッピングサイトに提供しており、そのデータを使えばユーザの特性を分析することができます。

このように、私たちはあまり意識しないで多くの個人に関わる情報を提供していますが、その情報が勝手に利用されてしまう危険性があります。そのため提供する際には、提供したサイトを運営する組織が**個人情報保護**や**プライバシー保護**を適切に行っているかという意識をもつことが重要です。逆に、アンケート調査などで個人情報を収集する際には、他人の個人情報を適切に取り扱うという配慮が必要になります。具体的には、次の点が挙げられます。

- 利用目的の明示：提供者に対して、データの利用目的について明示して取得する。
- 最小限のデータ収集：利用目的の範囲内での必要最低限の個人情報のみを収集し、不必要な情報は収集しない。
- データの安全な管理：収集したデータに対して、不正アクセス、紛失、破壊・改ざん、漏えいが発生しないように、適切なセキュリティ対策を講じる。
- 情報提供と透明性：提供者に対して、データに関する問合せ先を示し、本人のデータについての開示、訂正、利用停止などの請求があれば対応する。

上記に示した点は**個人情報保護法**によって決められています。個人データや著作物といった情報の取扱いに関する法令には、主に次のものがあります。

①個人情報保護法（個人情報の保護に関する法律）

②マイナンバー法（行政手続きにおける特定の個人を識別するための番号の利用等に関する法律）

③著作権法

また、情報の不正な取得に関しては、次のような法令があります。

④刑法の不正指令電磁的記録取得等罪 [71]

⑤不正アクセス禁止法（不正アクセス行為の禁止等に関する法律）[72]

---

[71] 正当な理由がなく、人の電子計算機（コンピュータ）における実行の用に供する目的で、電磁的記録やその他の記録を取得・保管する行は犯罪です。

[72] 不正アクセスや、不正アクセスにつながる識別符号（ID やパスワード）の不正取得・保管行為、不正アクセスを助長する行為等を禁止する法律です。

⑥不正競争防止法[73]

　さらに、データの取得と取扱いに関しては、「特定デジタルプラットフォームの透明性及び公正性の向上に関する法律」や「独占禁止法（私的独占の禁止及び公正取引の確保に関する法律）」という法律があります。データ駆動型社会において、ビックデータは新たな競争の資源となり、企業が市場における優位性を確立するための重要な手段となっています。そのため、データを独占的にコントロールする企業は、市場において支配的な地位を確立しやすくなり、新しい企業の参入が難しくなる可能性があります。また、一部の企業だけが不公正な手段で大量のデータを独占し、情報操作を行うようなことがあれば、他の企業の情報が排除されたり、消費者に届く商品やサービスの情報が限られたりするといったおそれがあります。したがって、これらの問題を規制し、企業と消費者双方の利益を守り、デジタル経済の健全な発展を促すために、上記の法律が重要になっています。

73　事業者間の公正な競争及びこれに関する国際的な決まりの履行を確保するため、不正競争の防止及び不正競争に係る損害賠償に関する措置などを講じ、国民経済の健全な発展に寄与することを目的とする法律です。

この章のまとめ

1　日常生活の様々なシーンでデータが生成・収集されている。これらのデータは、私たちの生活をより便利で快適にするためのサービスの開発や改善に不可欠である。

2　質的データは、地域、職業、専門分野などの分類や種類を区別するためのデータや、学年、受賞の等級などの順序に意味があるデータである。量的データは、売上高や販売数量などの具体的な数字で表現され、算術演算のできるデータである。

3　調査データは、国勢調査などの統計調査やマーケティング調査のように、明確な意図をもった調査を通じて収集されるデータである。実験データは、実験での条件や操作と、そのときの反応や結果を記録したデータのことで、科学的な仮説の検証や理論の構築、製品の開発などに活用される。観測データは、自然界の現象を観察することを通して得られたデータのことで、天文学や気象学などの科学的研究で基本的な情報源として利用される。

4　ログデータはコンピュータシステムなどでその動作中に行った処理等の事象の情報を記録したデータである。アクセスログ、検索ログ、購買ログ、人の行動ログ、プローブデータ、機械の稼働ログなど種類がある。

5　1次データは、特定の目的のために、自らがアンケート調査や売上記録などによって収集し、所有する内部データである。2次データとは、国や自治体の統計データや報告書など、既に存在するデータを自らの目的に利用するために収集した外部データである。

6　メタデータとは、「データを説明するためのデータ」のことで、データやコンテンツ本体の属性や付帯情報を記述・説明するためのデータである。データの品質は、データが、利用する目的やタスクにとって適切か、また、信頼できるものであるかを示す尺度である。個人情報などのデータを取り扱う際には、関連する法令や倫理規定にしたがって、慎重に取り扱う必要がある。

｜練｜習｜問｜題｜

問題1　質的データと量的データの違いを簡潔に説明しなさい。

問題2　実験データとはどのようなもので、どの目的で活用されるかを簡潔に述べなさい。

問題3　ログデータとはどのようなものかを簡潔に述べ、その種類を六つ挙げなさい。

問題4　1次データと2次データの違いについて簡潔に説明しなさい。

問題5　メタデータの役割について簡潔に説明しなさい。

問題6　データの取得と取扱いに関して独占禁止法などによる規制の必要性について簡潔に説明しなさい。

問題7　データ品質を評価する主な尺度を挙げなさい。

Active Learning　**ログデータの活用事例**

・ログデータがもつ情報の価値と、それをビジネスや運用の改善にどのように活かすことができるか、実際の事例を調べて説明してみよう。また、新たな利用法についても検討してみよう。

データ分析の基礎

学生　先生、バイトしている塾で、生徒の成績データを分析することに
　　　なったのですが、ぜひ、データ分析の方法を教えてください！

教師　グッジョブ！　やる気十分でいいね。

教師　それでは、データの特徴をつかむところからスタートしよう。そ
　　　の塾の生徒の成績はどんな感じだったか、一言で教えてくれる？

学生　えっ？　えーと、生徒数は 30 人で、結構、成績はバラバラですが... 一言でとい
　　　われても、どう答えればいいですか？

教師　ハハハ... では、たとえば、「生徒の平均点は 80 点です。最高点は 98 点で、最低
　　　点は 35 点でした」と答えたらどうでしょうか？

学生　あっ、分かりやすい。いいですね！　一言で、このクラスの成績の様子が大体分
　　　かります‼

教師　今の説明に使った平均値は、「代表値」と呼ばれるもので、最大値や最小値となら
　　　んで、データの特性や傾向を要約する際によく使われます。他にも、最頻値や標
　　　準偏差などは統計の基礎だから頑張って身に付けましょう！

この章で学ぶこと

1　代表値や分散、標準偏差などの記述統計量を計算する。

2　基本統計量を確認することでデータの基本的な特徴を説明する。

3　データのばらつきと標準偏差の関係、正規分布の概念と性質を理解する。

4　データサイエンスによる問題解決のプロセスを説明する。

5　データ分析の目的の明確化とデータクレンジングの重要性を理解する。

5.1 データの特徴をつかむ（記述統計量）

5.1.1 データの集計と代表値

- ・データ集計とは、データを収集したり、合計したりして、その結果を見やすくまとめることである。
- ・代表値とは、データ全体の特徴を一つの数値で代表させて表す場合に用いられる数値のことである。よく用いられる代表値には平均値、中央値、最頻値などがある。

　データ解析ではまず、データ全体の特徴を把握することから始めます。たとえば、表 5.1 はあるクラスの生徒の数学の得点を表しています。もし「このクラスの数学の成績はどんな感じだったか教えてください」と聞かれた場合、個々の生徒の点数を一つずつ読み上げるよりも「このクラスの数学の平均点は 85 点です」と答える方がクラス全体の得点の特徴を相手に素早く伝えることができます。

　このように人量のデータの特徴を素早くに説明するために**代表値**がよく使われます。平均点はその代表値の一つです。**代表値**とは、データ全体の様子を一つの数値に代表させて表すときに用いられる値で、他に、**中央値**、**最頻値**などがあります。代表値のほかに、合計値、最大値や最小値などは統計の基礎である**記述統計量**[74]に含まれており、データの基本的な性質を知ることができるため、データ分析する際によく使われます。

表 5.1　あるクラスの数学の得点

田中	山田	鈴木	佐藤	高橋	斎藤	松井	林
85	92	78	88	74	88	95	80

(1) 合計

　合計は、データセット内の数値をすべて足し合わせる操作を指します。表 5.1 の例では、

$$85+92+78+88+74+88+95+80 = 680$$

となり、この値によりデータ全体（グループ）の総量を把握することができます。ただ、データの数が多いと計算も大変なので、代表値を求める場合、表計算ソフトを使うと便利です。

　Excel の場合、図 5.1 のように **SUM 関数**を使えば、簡単に合計を求めることができます。

	A	B	C	D	E	F	G	H
1	田中	山田	鈴木	佐藤	高橋	斎藤	松井	林
2	85	92	78	88	74	88	95	80
3	合計	=SUM(A2:H2)		結果：	680			

図 5.1　SUM 関数による合計の計算

74　**記述統計量**は、**基本統計量**とも呼ばれ、データの特性や傾向を記述したり、要約したりするために使用される統計的指標の総称です。記述統計量には平均値、中央値、最頻値などの代表値のほかに、最大値、最小値、分散や標準偏差（次節 5.2 で説明）、相関係数など変数間の関連性や相関を示す指標（第 6 章で説明）も含まれます。

(1) 平均（算術平均 / 相加平均）

　平均値はデータのグループ内で中心的な位置を示す重要な指標の一つです。平均値は、合計値をデータ数で割った値です。表 5.1 の例では、データの数は 8 なので、平均値は、

$$(85+92+78+88+95+80) \div 8 = 85$$

となり、このデータの集まり（**データセット**）の中心的な値は 85 であることが分かります。この平均はデータを加算して求めているので、**相加平均（算術平均）**[75] ともいいます。

　平均を求める場合も、Excel の **AVERAGE 関数**を使えば、図 5.2 のように簡単に求めることができます。

	A	B	C	D	E	F	G	H
1	田中	山田	鈴木	佐藤	高橋	斎藤	松井	林
2	85	92	78	88	74	88	95	80
3	平均	=AVERAGE(A2:H2)		結果：		85		

図 5.2　AVERAGE 関数による平均の計算

💡 Tips　平均を求める公式

・データセットを $\{x_1, x_2, \cdots, x_n\}$ とした場合、平均値（$\bar{x}$、エックス・バーと読む）の計算は、次の公式 (5.1) で求められます。ここで、n はデータの個数を表し、記号 Σ（シグマと読む）は総和（合計）を表します。なお、公式の $\sum_{i=1}^{n} x_i$ という表記は、$i=1$ から $i=n$ まで、すなわち、データセット内の各値 $x_1 \sim x_n$ をすべて足し合わせることを表します。

$$\bar{x} = \frac{x_1 + x_2 + \cdots + x_n}{n} = \frac{1}{n} \sum_{i=1}^{n} x_i \tag{5.1}$$

---

(2) 最大値と最小値

　最大値はデータの中で最も大きな値です。**最小値**はデータの中で最も小さな値です。表 5.1 の数学の得点の中では、最大値は 95 で最小値は 74 です。最大値と最小値はグループ内での両極端の値を示しており、この二つの値からデータがどの範囲に含まれているかを把握することができます。

　Excel では、図 5.3 のように、**MAX 関数**と **MIN 関数**を使うことで、最大値と最小値を求めることができます。

	A	B	C	D	E	F	G	H
1	田中	山田	鈴木	佐藤	高橋	斎藤	松井	林
2	85	92	78	88	74	88	95	80
3	最大値	=MAX(A2:H2)		結果：		95		
4								
5	最小値	=MIN(A2:H2)		結果：		74		

図 5.3　MAX と MIN 関数による最大値、最小値の計算

75　本書では、以降、断りなく平均、平均値と書いた場合は、相加平均、相加平均値を指しています。

(3) 中央値

　データセット（グループ）の中の値を小さい順（**昇順**）に、または大きい順（**降順**）に並べ替えたとき、並びの中央に位置する値を**中央値**または**メジアン**（Median）といいます。図 5.4 は、数値を昇順に並べたとき、図の左側のように、データの個数が奇数の場合は、中央値は並びの真ん中の値で、中央値は 64 となります。図の右側のように、データの個数が偶数の場合は、中央が二つの値に挟まれた位置となるので、中央値は二つの値の平均 "(64+80) ÷ 2" である 72 となります。ところで、データセットに異常な値（たとえば、他と比べて極端に大きな値や小さい値）が含まれていた場合、平均値はその極端な値も加算してしまいますが、中央値は単に並んだ値の真ん中なので影響を受けにくいといえます。

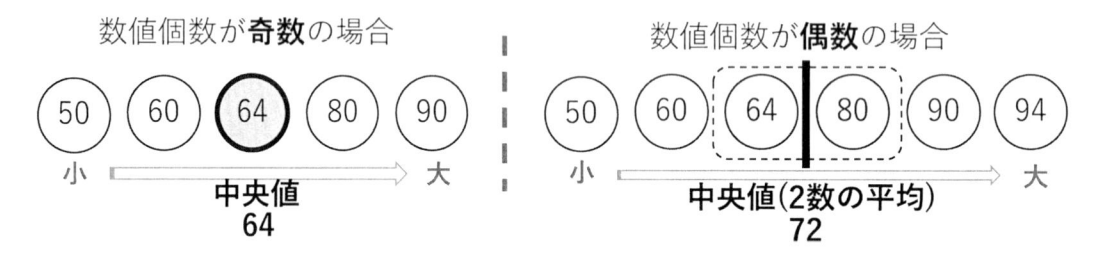

図 5.4　中央値の計算

　Excel では、図 5.5 のように、**MEDIAN 関数**を使って、グループの中の中央値を求めることができます。

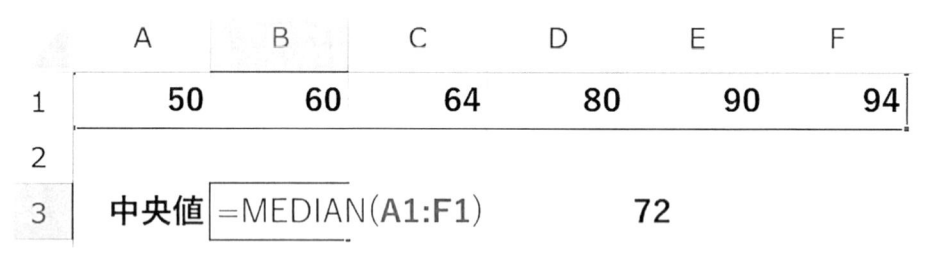

図 5.5　MEDIAN 関数による中央値の計算

(4) 最頻値

　最頻値は、グループの中で最も頻繁に表れる値を指し、**モード**（Mode）と呼ばれることがあります。最も頻繁に現れる値が最頻値ですから、たとえば、あるクラスの数学の得点を表す次のデータセットが与えられた場合、

$$55, 63, 70, 70, 85, 85, 85, 92$$

85 が 3 回現れ、他のどの値よりも現れる頻度（**出現頻度**または**出現回数**）が多いので、このデータセットの最頻値は 85 となります。最頻値は、中央値や平均値とともにデータ全体を要約するための代表値であり、データ分布の中心を表現する指標です。なお、データによって最頻値は複数個現れる場合があります。

たとえば、次のデータセットでは、

$$55, 70, 70, 70, 85, 85, 85, 92$$

数字 70 と数字 85 はともに 3 回現れているため、最頻値は 70 と 85 となります。

Excel では、図 5.6 のように、**MODE.MULT 関数**でグループの最頻値を求めることができます。

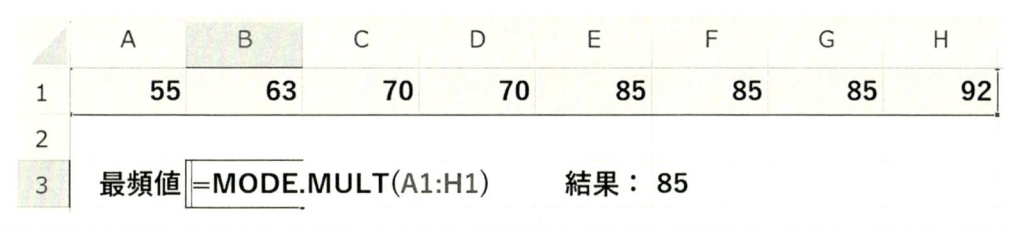

図 5.6　MODE.MULT 関数による最頻値の計算

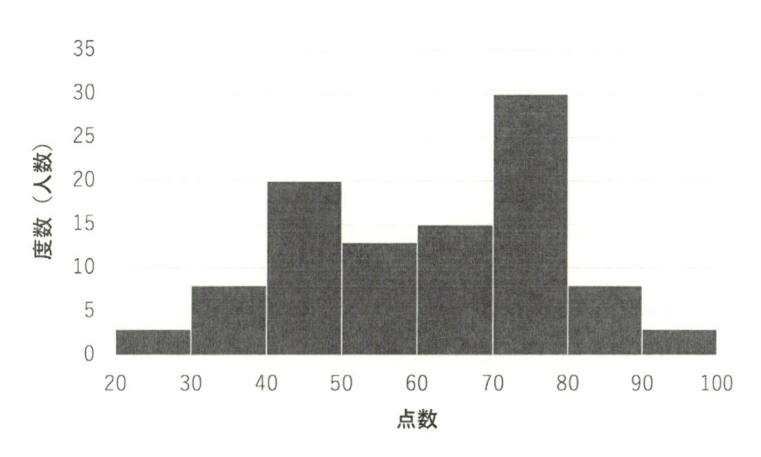

図 5.7　ヒストグラムの例

図 5.7 は、100 人に対して行ったテストの点数データの**ヒストグラム**だとします。20 点以上 30 点未満というように 10 点間隔で階級が構成されています。このように、具体的なデータの値がなく、ヒストグラムだけ与えられたときのデータの最頻値は、最も度数の大きい階級の階級値（階級の中央の値）75 とすることがあります。

ここで、図 5.7 を見ると、このヒストグラムには 40 点以上 50 点未満と 70 点以上 80 点未満の位置に峰が見られます。このように、ヒストグラムに複数のピークが存在する状態を多峰性といいます。

💡 Tips　平均値、中央値、最頻値

・毎年、政府は国民生活基礎調査の中で各世帯の所得金額を調べており、2022 年のデータを使ってヒストグラムを作ると下の図のようになります。このグラフは所得金額のデータを 100 万未満、100 万以上〜 200 万未満、200 万以上〜 300 万未満というようにある**区間（階級）**に区切って数えた出現頻度を使っており、このグラフのもととなる、区間に区切ってデータを集計した表のことを**度数分布表**といいます。

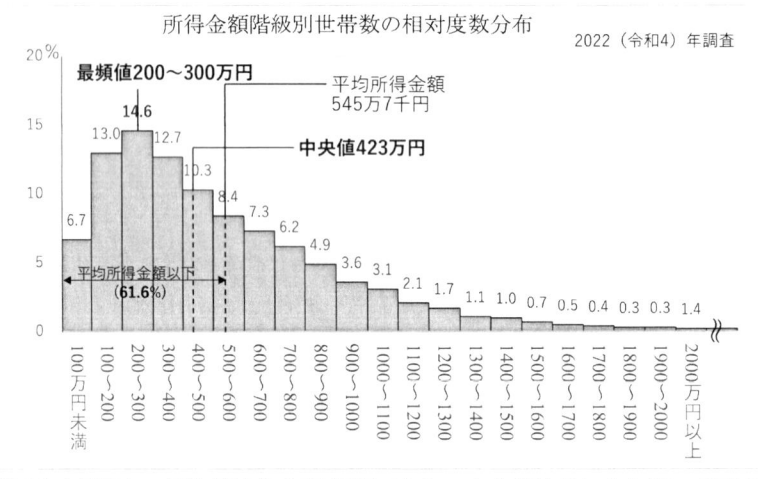

所得金額階級別世帯数の相対度数分布　2022（令和 4）年調査

・ヒストグラムを見ると、平均値は約 545 万円であり、中央値はそれより低い 423 万円であり、最頻値は最も低い 200 〜 300 万円の階級となっています。全世帯の中心的な所得金額を示す場合、平均所得よりも金額が少ない世帯が 61.6% もいることを考えると、実態に合っているのは、平均値よりも、所得金額の階級の中で最も世帯数が多い最頻値や、所得金額データの中央値の方かもしれません。このように、中心的な値を示す指標であっても、データの属性や実態に合わせて、平均値、中央値、最頻値を使い分ける必要があります。

出典：厚生労働省（2022）「2022（令和 4）年 国民生活基礎調査の概況」の図 9 を参考に筆者作成、https://www.mhlw.go.jp/toukei/saikin/hw/k-tyosa/k-tyosa22/index.html

5.2　データのばらつき

5.2.1　分散と標準偏差

・**分散（Variance）**は、データセット内の数値が平均からどれだけばらついているかを示す尺度であり、その数値が大きいほどデータが散らばっていることを表す。
・**標準偏差（SD：Standard Deviation）**は分散の正の平方根の値である。

ここまで、代表値を使うことでデータの傾向を把握できることが分かりました。ただ、これまで学んだ代表値だけでは、データの全体像を理解することはできません。

　たとえば、身長を表す次のデータセット（単位 cm）を見てください。これら三つのグループでは、図 5.8 のように、平均値と中央値はどちらも 150cm となりますが、データのばらつきが大きく異なっていることが分かります。

$$150, 150, 150, 150, 150 （A \ グループ）$$
$$130, 140, 150, 160, 170 （B \ グループ）$$
$$50, 120, 150, 210, 220 （C \ グループ）$$

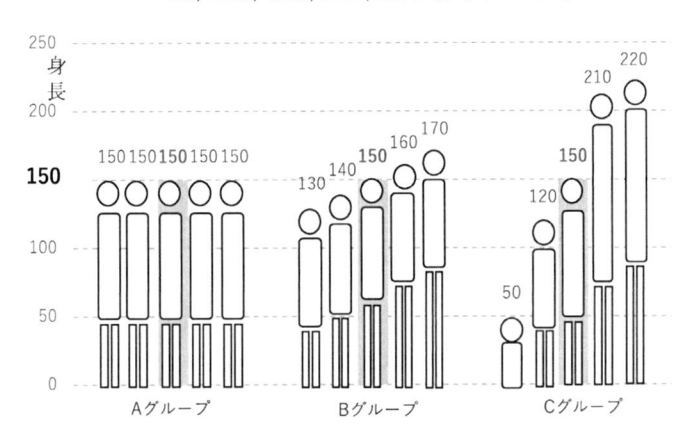

図 5.8　同じ代表値のデータでもデータの性質は大きく異なる事例

　このように、平均値と中央値だけで表すと三つとも同じデータのように見えてしまいますが、データのばらつきの違いを、代表値だけで示すことが難しいということが分かります。そこで、データのばらつきの傾向を知るために**分散**と**標準偏差**という尺度（指標）を使います。分散はデータセットに含まれる値の平均値を求め、そこに含まれる各値が平均値よりどれだけ離れているかを計算することで、データのばらつき具合を数値で表したものです。

　具体的には、各データと平均値との差（この差を**偏差**という）を求め、各偏差の平方の合計を求めてデータの個数で割った値が分散です。たとえば、上の B グループの場合はデータ数が 5 で、平均値は 150 ですから、

$$\frac{(130-150)^2+(140-150)^2+(150-150)^2+(160-150)^2+(170-150)^2}{5}=200 \ (cm^2)^{76}$$

により、分散が $200 \, cm^2$ となることが分かります。

　C グループの場合も、データ数が 5 で、平均値は 150 で同じですから、

$$\frac{(50-150)^2+(120-150)^2+(150-150)^2+(210-150)^2+(220-150)^2}{5}=3880 \ (cm^2)$$

により、分散が $3880 \, cm^2$ となることが分かります。

　分散や標準偏差は、データのばらつきが大きいほど大きな値になり、ばらつきが小さいほど小さな値になるので、B グループ（分散 200）より C グループ（分散 3880）の方が、ばらつきが大きいことが分かります。

76　分散につけた（cm²）は、面積ということではなく平均身長との高さの差を 2 乗で扱っているということです。

　分散は単位が元の単位の平方（本例の場合は cm^2）となっているから、分散の値を見ても実際のばらつきがどの程度のものなのかを直感的に理解しにくくなってしまっています。そこで、分散を標準偏差に変換することで、この問題を解決できます。

　標準偏差（σ、シグマと読む）は、分散の平方根 [77] であり、元のデータと同じ単位をもちます。すなわち、

$$B \text{ グループの標準偏差：} \sqrt{200} \approx 14.1 \ (cm)$$
$$C \text{ グループの標準偏差：} \sqrt{3880} \approx 62.3 \ (cm)$$

となります。

　Excel では、図 5.9 のように、**VAR.P 関数**と **STDEV.P 関数**により、それぞれ分散と標準偏差を求めることができます。

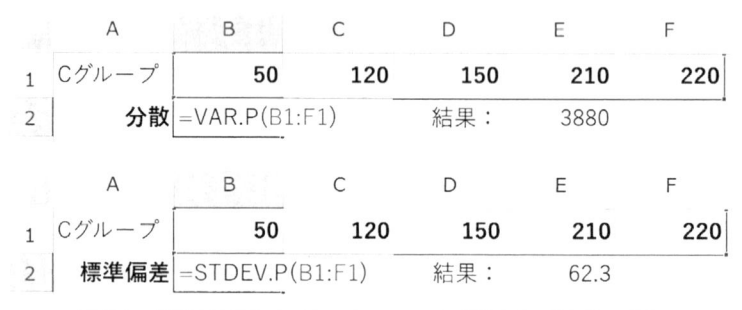

	A	B	C	D	E	F
1	Cグループ	50	120	150	210	220
2	分散	=VAR.P(B1:F1)		結果：	3880	

	A	B	C	D	E	F
1	Cグループ	50	120	150	210	220
2	標準偏差	=STDEV.P(B1:F1)		結果：	62.3	

図 5.9　関数 VAR.P と STDEV.P による分散と標準偏差の計算

> ### 🔆 Tips　分散と標準偏差を求める公式
>
> ・データセットを $\{x_1, x_2, \cdots, x_n\}$ で、データの個数が n で、平均値が $\bar{x}$ とするとき、分散を s^2 という記号で表すと、分散は次の公式（5.2）で求められます。
>
> $$S^2 = \frac{(x_1-\bar{x})^2 + (x_2-\bar{x})^2 + \cdots + (x_n-\bar{x})^2}{n} = \frac{1}{n}\sum_{n=1}^{n}(x_i-\bar{x})^2 \tag{5.2}$$
>
> ・標準偏差の記号を σ（シグマ）という記号で表すと、標準偏差は次の公式（5.3）で求められます。
>
> $$\sigma = \sqrt{s^2} = \sqrt{\frac{\Sigma (x_i-\bar{x})^2}{n}} \tag{5.3}$$

5.2.2　正規分布

> ・正規分布は、データの平均値、最頻値及び中央値が一致し、左右対称の釣り鐘状に広がる分布の一種である。

　分散や標準偏差を使うことで、データのばらつきの程度を数値で示すことができました。また、ヒストグラムを使うと、先の各世帯の所得金額のグラフのように、データセットのばらつきを視覚

77　平方根を計算すると正と負の値が求まりますが、標準偏差では正の値を使います。

的に表現することができました。このように、データがどのように散らばっているかを表現する言葉として、**分布**（または確率分布）を使います。分布には色々な形をした分布[78]があり、その代表的なものに**正規分布**と呼ばれるものがあります。

　図 5.10 は、文部科学省が毎年行っている学校保統計健調査（2022 年度）の 17 歳男子の身長の分布をヒストグラムで表したものです。このグラフを見ると 17 歳男子の平均身長である約171cm（正確には 170.8cm）が最頻値で、それを中心にほぼ左右対称にデータが分布していることが分かります。図 5.11 は、この分布に山型の連続的な曲線を重ねたものです。17 歳男子身長の分布と山型（釣り鐘型ということが多い）の曲線で表した分布とがほぼ同じような形になっていることが分かります。この山型の分布を正規分布といい、正規分布は平均値と中央値、最頻値が一致し、その値を中心にデータが左右均等に釣り鐘型に広がるという特徴をもった分布です。身長や体重、製品の品質のばらつきなど自然現象や社会現象に関するデータの分布を調べると正規分布に近いことが多いといわれています。

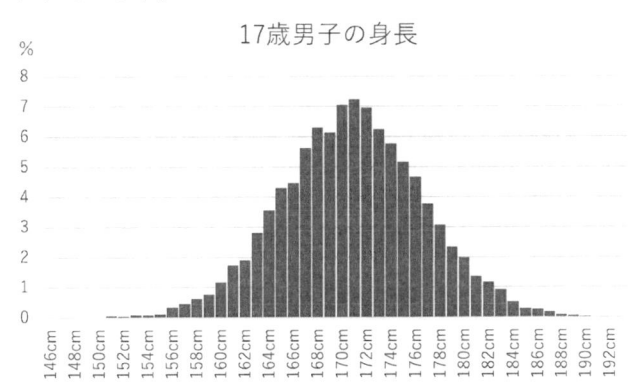

図 5.10　日本の 17 歳男子身長のヒストグラム（2022 年）

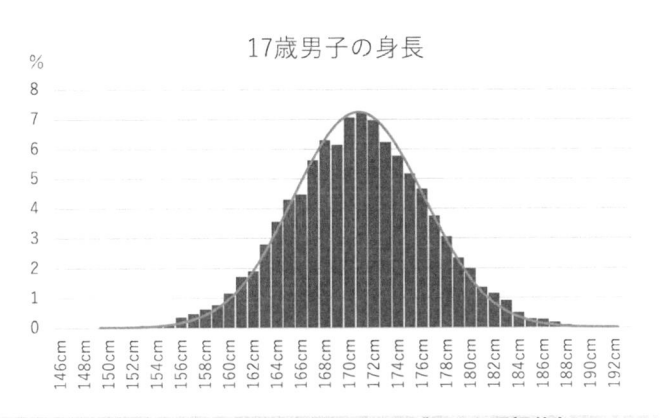

図 5.11　17 歳男子身長のヒストグラムと正規分布

78　分布には、データが飛び飛びに分布する**離散型分布**と、データがつながって分布する**連続型分布**の 2 種類に分けることができ、離散型分布には二項分布、ポワソン分布、幾何分布、多項分布と呼ばれるものがあり、連続型分布には正規分布、カイ二乗分布、t 分布、F 分布と呼ばれるものがあります。

　正規分布の特徴を、平均（μ、ミューと読む）と標準偏差（σ）の2つの指標で表すと図 5.12[79]
のようになります。

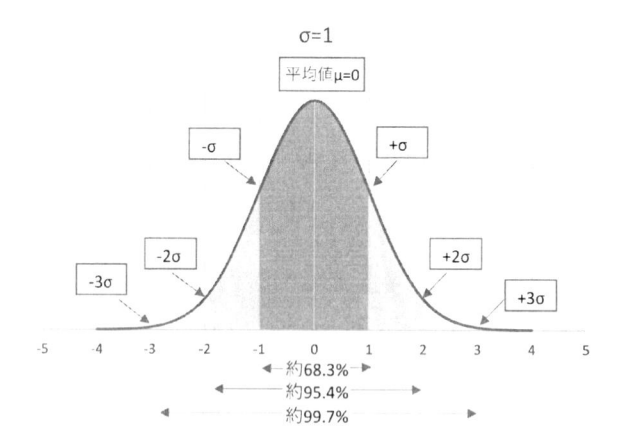

図 5.12　標準正規分布（平均が 0、標準偏差が 1）

　中心にある平均値から標準偏差の値だけ離れた範囲（図では -σ 〜 +σ）に含まれるデータは約
68.3％であり、標準偏差の2倍の範囲（図では -2σ 〜 +2σ）に含まれるデータは約95.4％であ
り、3倍の範囲（図では -3σ 〜 +3σ）に含まれるデータは約99.7％となります。これを統計学で
68-95-99.7 ルールと言います。先の 17 歳男子身長の場合、平均値が 170.8 で標準偏差が 5.82
なので、正規分布に当てはめて考え、170.8 ± 5.82 である 164.98cm 〜 176.62cm の範囲に約
68.3％の男子が入るといえます。

　このように、データセットの分布が正規分布に近い場合、この分布に当てはめることで、分析が
しやすくなります。模擬試験などで良く使われている**偏差値**（T スコアー）と呼ばれている指標は、
成績の分布を正規分布に当てはめて求めた値です。また、平均値から標準偏差の3倍を超える範
囲（図 5.12 では -3σ 〜 +3σ）のデータは、約00.3％（100％ -99.7％）と非常に特殊な値とい
えます。そこで、たとえばお菓子の商品検査をするとき、機械で作ってもお菓子の重さには若干の
違いが生じるので、その重さが平均値から標準偏差の3倍を超える製品は、他の物と比べて極端
に外れた値（**異常値**または**外れ値**）ということになるので、商品として出荷しないといった検査で
利用することができます。

79　図 5.12 の正規分布は平均が 0、標準偏差が 1 の場合の例で、特に、この正規分布を**標準正規分布**と呼びます。

5.3　データサイエンスによる問題解決のプロセス

5.3.1　問題解決のプロセス

・PPDAC メソッドは、問題の発見（Problem）、調査の計画（Plan）、データの収集（Data）、分析（Analysis）、結論（Conclusion）の頭文字をとったもので、データに基づく問題解決のプロセスとして提案されている。

　代表値や分散、標準偏差などの記述統計量が、データを分析するために役立つものであることを学んできました。そして、このデータ分析は、たとえば、商品の売れ行きが悪くなったときなどに、商品の売れ行きを高めるためにどのような商品改善を行うかといった問題解決において、有効な手段として利用できます。

　問題解決の流れは、一般的に図 5.13 [80] のように、まずは問題（Problem）を把握して明確化し、明確にした問題をどのように調査・分析するかを計画（Plan）し、作成した計画に基づいて調査・分析するためのデータ（Data）を収集し、集めたデータに対して統計量やグラフを使って分析（Analysis）し、分析した結果を基に結論（Conclusion）を導き出すといった工程を順に行います。この問題解決の流れのことを、Problem（問題）、Plan（計画）、Data（データ）、Analysis（分析）、Conclusion（結論）のそれぞれの頭文字をとって **PPDAC メソッド** [81] と呼びます。そして、商品改善は一度で終わるものではなく、どんどんと改善を進めていくように、問題解決は繰り返し行うサイクル構造なので **PPDAC サイクル** と呼ばれることもあります。

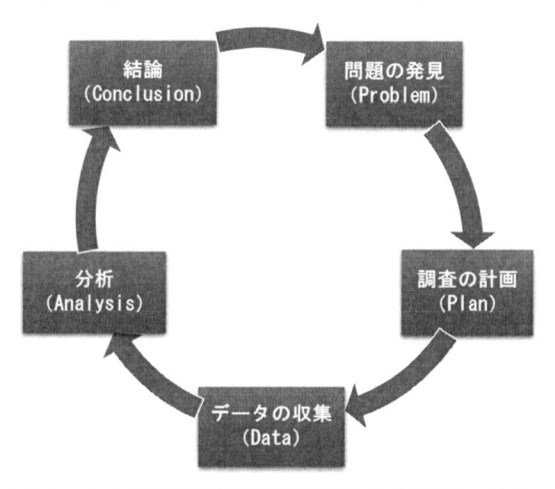

図 5.13　PPDAC メソッドの流れ

80　「なるほど統計学園」を参照、https://www.stat.go.jp/naruhodo/12_ppdac/index.html
81　PPDAC メソッドとは、カナダ・米国・ニュージーランドなどの学校教育で使用されている科学的探究の手順を示したものです。

5.3.2　PPDAC メソッドでのポイント

・データ分析の目標やゴールを決めることで、本来必要のない作業やデータの収集などの無駄を省くことができる。
・データの整形は、データセットを適切な形式に整えることであり、データの欠損値処理や、異常値の除去または修正（データクレンジング）、データの標準化・正規化などが含まれる。

図 5.13 で示した PPDAC メソッドの各工程では、次の (1) 〜 (5) のような作業を行います。

(1) 問題の発見

問題を把握して明確化することを行います。たとえば、ある会社が販売していたノート PC の売れ行きが悪くなった場合、その問題の理由と思われることを明確にしておかないと、問題の真の原因を突き止めることができません。そもそも、ノート PC 全体の売れ行きが悪くなっているのかもしれません。または、他社で競合するノート PC が販売されたからなのか、それとも、販売しているノート PC が時代遅れになってきたのかといった色々な理由が考えられるので、可能性が高い理由を明確にしておく必要があります。

すなわち、図 5.14 のように、データ分析の目的が不明確なまま分析を進めると、無駄な分析を行い、業務効率が低下し、さらには、何の成果も得られない可能性があります。目標を明確にすれば、データの収集方法や分析方法が決まり、そのための予算や人員、期間も想定でき、効率的に問題解決を進めることができます。

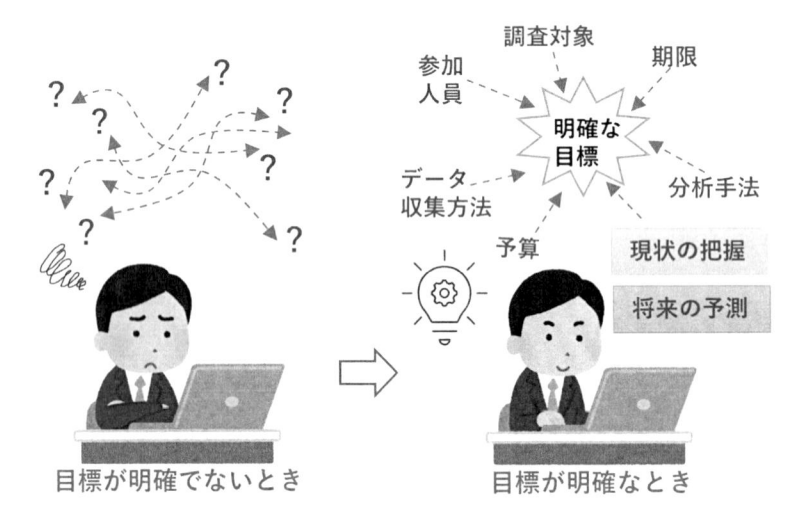

図 5.14　データ分析の目的を明確にすることの意義

(2) 調査の計画

明確にした問題をどのように調査・分析するかの計画を行います。たとえば、売れ行きが悪くなった理由として、他社で競合するノート PC が販売されたことと、販売しているノート PC が時代遅

れになったことの二つが想定されるとします。このような場合、他社のノート PC との比較の他に、最近ノート PC を買った人へのアンケートや、自社のノート PC を買った人が買い換え時に望むことなどのアンケートを行い、原因を追及する方法が考えられます。そして、アンケートを行う場合には、どのようなアンケート項目を作ると良いかや、どのように回答者を集めると良いかなどを適切に決めておかないと、正確な情報を得ることができません。

(3) データの収集

作成した計画に基づいて調査・分析するためのデータを収集して、そのデータを整理します。アンケート結果が集まってきたら、まずは、各回答データに整理番号を付けたり、○×といった回答は数値に変換して PC のデータとして取り扱いやすい形式に加工したりといった、データ集計がしやすい形式に統一する**データの整形**を行います。

このとき、回答漏れや、間違った回答がされているデータが混ざっていることが多いので、図 5.15 の作業イメージで示すように、欠けているデータを補完（**欠損値の処理**）したり、使えないデータを取り除いたりする**データクレンジング**と呼ばれる作業を行います。これらのデータを利用する準備作業（**データの前処理**）を行うことで、収集したデータセット内の情報の品質を向上させます。データクレンジングとは、誤記入や重複記入、記入のゆれ（たとえば、英語表記が大文字だったり小文字だったりといった表記の違い）、情報の欠如（欠損値）などを修正することです。たとえば、ノート PC の重さの回答で 15kg と書かれていたら、それは誤記入と判断できるので 1.5kg というように修正したり、ノート PC の購入年の回答が書かれていなかったとき、購入した PC の機種名から購入年が想定できる場合、それを基にデータを埋めたりするといった処理のことを指します。このデータの前処理は、かなりの時間がかかり、PPDAC メソッド作業全体の 60％〜 80％の時間が費やされているという報告もあります [82]。

不適切な
データの除去

欠損値の処理

データの標準化

データ
クレンジング

異常値、外れ値
の処理

図 5.15 データクレンジングのイメージ

---

82 Kelleher, J. D., & Tierney, B. (2018). *Data science*. MIT Press.

(4) 分析

　集めて整理されたデータに対して**データ解析**を行います。データ解析の方法には、記述統計量（代表値や分散、標準偏差など）を使ってデータの特性を把握する方法や、グラフを使って分布を視覚化する方法、さらにはアンケートで回答した異なる項目の関連性を調査する方法（これについては、第 7 章で学びます）などがあります。たとえば、関連性の調査では、男性と女性では、ノート PC に求める機能が違っていることが発見できれば、新たな製品開発のヒントとなります。このように，記述統計量及びグラフ化ツールを使用して、データを色々な面から分析して問題点や結果を導き出すことを、**探索的データ分析**（**EDA**：Exploratory Data Analysis）といいます。

　また、アンケートに自由記述などがあれば、そこに登場する問題に関係する用語を取り出して、頻度や用語間の関連などを分析することもあります。さらに、統計的手法を用いて**推論**を行う手法もあります。推論とは、データから得られた情報を基に、未知のことについて予測や推測を行うことです。たとえば、男性が女性よりも、高価なノート PC を買う傾向があるという仮説を立て、統計的検定を用いてその仮説が成立するかどうかを検証し、結論を出します。

(5) 結論

　分析した結果を基に結論を導き出します。分析から導き出された結果、たとえば、他社のノート PC を購入した理由の中で、自社のノート PC に欠けている点が明確になった場合、それは、自社の製品の改善目標になります。

　以降の第 6 章からはこの PPDAC メソッドにしたがい、事例を通して、データサイエンスによる問題解決の工程を具体的に学んでいきます。

この章のまとめ

1 データ集計とは、データを収集したり、合計したりして、その結果を見やすくまとめることである。

2 代表値は、データ全体の特徴を一つの数値で代表させて表す場合に用いられる数値のことである。よく用いられる代表値には平均値、中央値、最頻値などがある。

3 分散は、データセット内の数値が平均からどれだけばらついているかを示す尺度であり、その数値が大きいほどデータが散らばっていることを表す。

4 標準偏差は分散の正の平方根の値である。

5 正規分布は、データの平均値、最頻値及び中央値が一致し、左右対称の釣り鐘状に広がる分布である。様々の自然現象や社会現象のデータがこの分布にしたがうとされるため、多くの統計的手法で基盤となっている。

6 PPDAC メソッドは、問題の発見（Problem）、調査の計画（Plan）、データの収集（Data）、分析（Analysis）、結論（Conclusion）の頭文字をとったもので、データに基づく問題解決のプロセスとして提案されている。

7 データ分析の目標やゴールを決めることで、本来必要ない作業やデータの収集などの無駄を省くことができる。

8 データの整形は、データセットを適切な形式に整えることであり、データの欠損値処理や、異常値の除去または修正（データクレンジング）、データの標準化・正規化などが含まれる。

練|習|問|題

問題1　次はあるクラスの国語科目の成績である。このデータの合計、平均、最大値、最小値、中央値、最頻値をそれぞれ求めなさい。

| 90 | 65 | 75 | 95 | 45 | 75 | 80 |

問題2　ある5人の学生の体重データが以下の通りである（単位：kg）。平均体重、分散、標準偏差をそれぞれ計算しなさい。

| 57 | 59 | 60 | 61 | 63 |

問題3　平均値が60点、標準偏差が10の正規分布にしたがう数学科成績のデータがあるとする。以下の問いに答えなさい。

　(1) データの中で50点以上70未満の範囲に含まれるデータの割合は全体で何％か答えなさい。

　(2) データの中で平均値から標準偏差の2倍以上離れた値の範囲は、何点から何点までか、またその範囲に含まれるデータの割合は何％か答えなさい。

問題4　データサイエンスによる問題解決のプロセスPPDACについて説明しなさい。

問題5　データ分析を開始する際に、目的を明確化する理由を述べなさい。

問題6　データの欠損値と異常値の違いについて説明しなさい。

Active Learning　**クラスの平均点とクラス間の成績比較の方法**

・この章で学んだ記述統計量の知識を生かし、クラス間での成績を比較してクラス間の成績の差を改善させる方法について、①〜③の観点でディスカッションし、グループで発表してください。

①平均点と成績の関係性の掘り下げ：クラス間の成績を平均点だけで比較するのは適切か？　平均点だけでなく中央値や標準偏差も考慮すべき原因は何か？

②成績の分布に関する掘り下げ：クラス間の比較で学生の成績のばらつきを考慮する必要はあるか？　クラス間で成績を比較する際に注意すべき点はあるか？

③クラス間の成績比較のための新提案：①及び②からクラス間の成績をより科学的に評価するにはどのような比較方法があるかを考え、提案しよう。

第**6**章

データを比較する

学生 先生、東京へ旅行に来た沖縄の友人が「東京の夏は沖縄より暑いかも！」と言っていたのですが、それが本当なのか気になっていて、東京と沖縄の気温を比較してみようと思っています。

教師 面白いアイデアだね！　ただ、データを比較する際には、適切な比較対象を選び、比較の条件をそろえることが大切だよ。

学生 比較の対象と条件をそろえることですか…どのように条件をそろえればいいんでしょうか？

教師 たとえば、同じ月の気温を比較することとか、同じ尺度で同じデータ項目（最高気温、平均気温）で比較を行うことなど。比較の視点もしっかりと定めましょう。

学生 気温のデータはどこで手に入れることができますか？

教師 気象庁のウェブサイトで公開されている気象データを利用できますよ！

学生 よっし、データを取得して東京と沖縄の気温を比較してみたいです。先生、それでは、データの取得から分析までのプロセスを学びたいので、教えてください！

この章で学ぶこと

1 データを比較する際に、適切な比較対象の設定の重要性を理解する。

2 適切な比較対象を選定する方法を説明する。

3 データを標準化する手法を理解し、換算を行う。

4 データを比較する際の視点を説明する。

5 実際のデータから問題解決を行うまでのアプローチを理解する。

6.1 データの比較

6.1.1 比較分析

- 比較分析（Comparative Analysis）は、異なるデータを比較して、類似点や相違点を明らかにし、洞察を得るための手法である。

　記述統計量を用いた前章での代表値や分散、標準偏差による分析は、データセットの特性や傾向を理解するのに役立ちました。ただ、個別の統計量を用いた分析だけでは、データの隠れた意味や背後にある原因、他のデータとの関係性を理解するのは難しいです。たとえば、図6.1のように、ある店舗での月単位の売上を分析する場合、他の月の売上との比較がなければ、その月の売上が高いのか低いのかを評価することができません。すなわち、図の右側のグラフに示すように、先月の売上データと比較すると、今月の売上が減少していることが分かり、減少の原因を探る手がかりとなります。

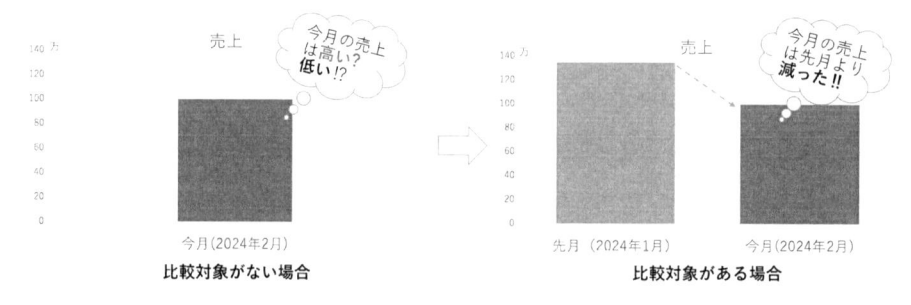

図6.1　データを比較する意味

　このように、データを比較することにより、データが示す事象（図6.1では売上）の優劣や差異、目標値（たとえば、売上目標）に対する達成状況などを確認できます。ある商品の売上や類似するビジネスといった特定の事象や領域に焦点を当て、二つ以上の具体的な例を比較することで、それらの類似点や相違点を探る研究手法を**比較分析**といいます。特にビジネスでは、競合他社や市場の動向など様々なデータを比較し、それらから導き出される原因を注意深く考察することが、会社の経営にとって重要な情報になります。データ解析の出発点ともいえるこの「比較」の考え方により、データに基づいて客観的な判断を行うことが可能になります。

6.1.2 適切な比較対象の設定

- データを比較する際には、条件をそろえたもの同士を比較対象として正しく設定する必要がある。

　比較分析を正しく行うためには、適切な比較対象を選定することが重要です。適切な比較対象を選ぶためには、次のポイントに注意する必要があります。

(1) 目標を設定する

　目標を設定するには、適切な比較対象を見つけることが重要です。たとえば、英語の成績を上げる目標がある場合、自身の英語の実力を知るためには、同じクラスの他の学生と比較することで客観的な実力が分かり、次の目標を設定することができます。また、自分の英語の進歩を知るためには、自身の過去の英語のテストの成績と比較することで、勉強の効果が確認でき、勉強方法を見直すことができます。ビジネスの世界でも同様で、売上を向上させることを目標とする場合は、競合他社との比較を行うことが重要です。一方、顧客の満足度を向上させたい場合は、顧客アンケートの結果を過去のデータと比較することが有効です。このように、目標が明確になれば、どのような比較を行う必要があるかが分かり、適切な比較対象の選定につながります。

(2) 比較対象の選定：Apple to Apple の比較

　適切な比較対象を設定するためには、**Apple to Apple の比較**というルールがあります。同じ性質をもつリンゴ同士を比較することから派生して、同じ性質や同じ条件をもつもの同士を比較することを指します[83]。一方で、**Apple to Orange の比較**とは、異なる性質をもつもの同士の誤った比較を意味します。たとえば、英語のテストで自分の成績をクラスメイトと比較することで、自分の英語力を客観的に評価することができます。なぜなら、同じ授業を受けて同じ教科書を使用しており、成績の比較は公平であり、同じ条件に基づいているので評価として有益な情報源になります。したがって、「Apple to Apple の比較」といえます。一方、他の科目の成績と英語の成績をそのまま比較しても、科目や試験の難易度が異なるため、公正な評価にはなりません[84]。したがって、「Apple to Orange の比較」といえます。また、比較の対象を選ぶ際には、**比較の正当性**に十分に留意する必要があります。

　たとえば、ある自動車メーカーの複数の工場の生産効率を比較するとしましょう。

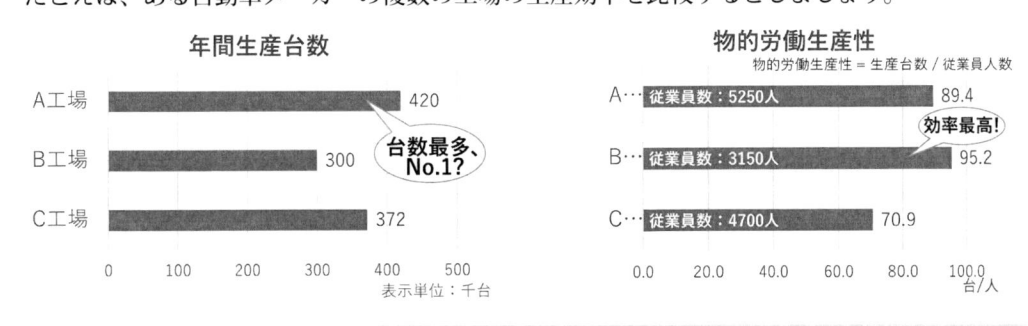

図 6.2　条件をそろえた比較

　図 6.2 に示した左側のグラフでは、工場 A と工場 B、工場 C のある年の年間生産量を単純で比較すると、工場 A の生産量が 42 万台で最大です。しかし、この生産量を単純に比較しただけでは生産効率は分かりません。なぜなら、生産量だけでは、工場の規模や従業員数の違いが反映されていないので、同一条件での比較になっていないからです。

83　孝忠大輔・川地章夫・河野俊輔・鈴木海理・長城沙樹・中野淳一（2022）『紙と鉛筆で身につける データサイエンティストの仮説思考』翔泳社
84　厳密にいうと、そのままの点数で比較することができませんが、科目間の点数を標準化（たとえば、偏差値）できれば比較ができるようになります。「データの標準化」に関しては本章の次の節で紹介します。

　生産効率を正しく比較するためには、生産効率を測るための適切な尺度や基準を選択する必要があります。図の右側のグラフのように、3 つの工場を年間の**物的労働生産性**（物的労働生産性 = 生産量 ÷ 労働者数）に換算してから比較すれば、規模の異なる工場であっても同じ尺度（物的労働生産性）で比較することが可能となります。この比較から、最も生産効率が高いのは、工場 A ではなく、工場 B であることが分かります。このように、比較の正当性を確保するためには、データを同じ条件や基準で収集し、同じ尺度や単位をもつデータで比較することが重要です。

6.1.3　データの標準化と正規化

> ・異なる尺度や単位をもつデータを同じ基準で比較するためには、データを標準化または正規化する必要がある。

　比較の正当性の確保では、同じ基準や条件での比較の重要性を説明しましたが、同一条件であるとは、**条件をそろえた比較**のことで、次の観点が満たされていれば条件がそろっているといえます。

① **一貫性の確保**：比較するデータセットや項目は、同じ基準で収集され、整理されている必要があります。異なる基準で収集されたデータでは正確な比較ができません。

② **データの標準化や正規化**：異なる尺度や単位をもつデータを比較する場合、標準化や正規化を行い、同じ基準でデータを評価することが必要です。

　データの標準化や正規化は、異なる尺度や単位をもつデータを同じ基準で比較するために利用されます。

　標準化とは、違った尺度（スケール）を合わせることであり、データの値が平均からどれだけ離れているかを標準的な単位で表現する手法です。その方法には、平均を 0、分散を 1 とするスケーリング手法[85] があります。具体的には、データの平均値を引いてから、標準偏差で割ることで、元のデータを新しいスケールに変換します。すなわち、元のデータと平均値の偏差を標準偏差で割ることで、データの分布を平均 0、分散 1 の形に合わせることができます。

　正規化とは、データのばらつきの異なる範囲を合わせることで、その方法には、最小値を 0、最大値を 1 の範囲にスケーリングする手法があります。具体的には、各データから最小値を引き、その結果を最大値と最小値の差で割ることで、データを 0 から 1 の範囲にスケーリングします。この変換により、異なる範囲のデータセットに対して、データ間の相対的な位置関係を保ったまま、統一した範囲で比較することができます。

　たとえば、学生の A さん、B さん、C さんが数学と国語のテストを受け、その成績が表 6.1 に示した点数だったとします。ここで、表の右側に示す Q1 と Q2 の問題を分析により解決することを考えてみましょう。

85　スケーリングとは、データの値の範囲や大きさを調整する方法です。

表6.1 異なる科目間の成績の比較

学生	数学 (100 点満点)	国語 (200 点満点)	合計点
A さん	88	169	257
B さん	68	173	241
C さん	54	177	231
科目平均点	70	173	

Q1:A さんの中で、数学と国語のどちらの科目の成績がより優れているか？

Q2: 三人のうち、二つの科目総合で成績が一番良いのは誰？

数学と国語の評価基準や難易度が、すなわち尺度が異なるため、素点のままでは A さんの数学と国語のどちらの科目の成績がより優れているかを比較することが難しいです（Apple to Orange の比較になってしまいます）。

また、数学が満点 100 点に対し、国語は 200 点満点であるため、点数の範囲が異なります。そのため、学生の 2 科目の成績を比較するのに、2 科目の得点を単純に合計して比較するのは適切ではありません。

そこで、標準化を行えば、尺度（評価基準や難易度）と満点の両方の違いをそろえることができるようになり、Apple to Apple での比較が可能になります。

> ## 💡 Tips　標準化の公式
>
> ・標準化変数（または標準得点と呼ばれる値）は通常 z で表され、標準化は次の公式 (6.1) から行います。ここで、元のデータを x_i、平均値を μ、標準偏差を σ とし、求められた z_i が、新しいスケールに標準化したデータとなります。
>
> $$z_i = \frac{x_i - \mu}{\sigma} \tag{6.1}$$

それでは、標準化を使った Q1 と Q2 の分析を行ってみましょう。表6.1 では、数学の平均は 70 であり、国語の平均は 173 です（第 5 章の式 (5.1) を参照）。

数学と国語の標準偏差 σ_1 と σ_2 はそれぞれ式 (6.1) 〜 (6.2) で求められます（式 (5.3) を参照）。

$$\sigma_1 = \sqrt{\frac{(88-70)^2 + (68-70)^2 + (54-70)^2}{3}} \approx 13.95 \tag{6.2}$$

$$\sigma_2 = \sqrt{\frac{(169-173)^2 + (173-173)^2 + (177-173)^2}{3}} \approx 3.27 \tag{6.3}$$

数学と国語の平均点と標準偏差の値を、標準化の公式 (6.1) に当てはめて計算すると、A さん、B さんと C さんの数学の標準化変数 z_1, z_2, z_3 及び国語の標準化変数 z_4, z_5, z_6 の値は、式 (6.4) と (6.5) のように計算されます。

表6.2 は、表6.1 の成績を標準化した後の z の一覧を示しています。

表 6.2　標準得点 z 値の比較

学生	数学（標準化した得点 z）	国語（標準化した得点 z）	得点 z の合計
A さん	1.29	-1.22	0.07
B さん	-0.14	0	-0.14
C さん	-1.15	1.22	0.08

$$z_1 = \frac{88-70}{13.95} \approx 1.29 \qquad z_2 = \frac{68-70}{13.95} \approx -0.14 \qquad z_3 = \frac{54-70}{13.95} \approx -1.15 \tag{6.4}$$

$$z_4 = \frac{169-173}{13.95} \approx -1.22 \qquad z_5 = \frac{173-173}{13.95} = 0 \qquad z_6 = \frac{177-173}{13.95} \approx 1.22 \tag{6.5}$$

表 6.2 より、A さんの数学の得点 z は 1.29 で、六つの標準化した得点の中で最も高い得点であり、A さんの国語の得点 z は -1.22 で、六つの標準化した得点の中で最も低い得点となっています。これにより、問題 Q1（A さんの中で、数学と国語のどちらの科目の成績がより優れているか？）の結果は、数学の方が優れているとなります。

もう一つの問題 Q2（三人のうち、二つの科目総合で成績が一番良いのは誰？）の結果は、2 科目の成績の得点 z を合計した最高点は、C さんの 2 科目の得点 z の合計 0.08 なので、僅差ですが、三人の中で成績が一番良いのは C さんとなります。

💡 Tips　偏差値の計算

・実は、今の点数の標準化の計算は、模擬試験や受験などで良く使われている偏差値の計算にも応用できます。偏差値は下記公式 (6.6) で求められます。

$$偏差値 = \overbrace{\frac{(得点 - 平均点)}{標準偏差}}^{標準得点 z 値} \times 10 + 50 \tag{6.6}$$

・たとえば、表 6.3 における A さんの数学の標準得点 z 値は 1.29 です。この数値を公式 (6.6) に代入し、下記の式 (6.7) で計算すると、A さんの数学の偏差値は 62.9 と求められます。

$$A さんの数学の偏差値 = \overbrace{\frac{(得点 - 平均点)}{標準偏差}}^{標準得点 z 値} \times 10 + 50 = 1.29 \times 10 + 50 = 62.9 \tag{6.7}$$

注記：偏差値は 50 を基準として、テストを受けた集団の中で自分の得点が平均点からどれくらいの差があるかを表した数値です。偏差値が 50 より高ければ平均点以上に位置していることを意味します。

6.1.4　データを比較するときの視点

・データを比較する際には、時間を軸にした視点、計画値との比較の視点、他者との比較の視点、全体との比較の視点などの視点から多角的に比較分析することが重要である。

データを比較するときには、単一の視点ではなく異なる視点から分析することが重要です。次に、

データを比較する際に重要な四つの視点について説明します[86]。

(1) 時間を軸にした視点

　ある時間を基点として時間の流れに沿ってデータを比較することで特定の期間内での変化の傾向が分かります。たとえば、過去数年間の月単位の売上データに対して、同じ月ごとの売上と他の月の売上との増減を比較するといったように、データを時系列に追跡することで特定の期間での売上や業績の理解を深め、将来的な予測や計画に役立てることができます。

(2) 計画値との比較の視点

　事前に設定された計画値や目標値と、実際の成果を比較することで、目標達成度が分かります。これにより、計画の達成度合い（**達成率**）が確認でき、設定した計画値の実現可能性を評価することができます。たとえば、新製品の売上目標に対して、定期的に売上データと比較することで、目標の達成率が分かり、もし目標に届かないことが予測された場合には、販売戦略の見直しやマーケティング活動の改善が必要になります。

(3) 他者との比較の視点

　業界内の他の企業とのデータ比較を通じて、自社の立ち位置や競争力を評価します。たとえば、自社製品の市場シェアを競合他社と比較することで自社の強みや弱みを把握し、改善点や機会を特定できます。この情報は製品開発やマーケティング戦略を練る際に役立ちます。

(4) 全体との比較の視点

　分析対象の全体に占める割合（**市場占有率**など）を分析したり、全体の平均などの指標と比較したりすることで、全体における位置付けを知ることができます。たとえば、特定の製品の売上を市場全体の売上と比較し、その製品が市場にどれだけ貢献しているか、または市場占有率がどの程度かを把握します。この視点からの分析は、市場戦略の策定や新しいビジネスチャンスの発見に有効となります。

6.2　オープンデータを使って比較してみる

6.2.1　問題の設定と比較対象の選定

・問題の対象を明確化し、対象となるデータをオープンデータの中から選択して、ダウンロードする。

(1) 問題の設定

　6.1 で学んだことを使って、具体的な事例のデータを比較し分析してみましょう。次に示す主張が、データに基づいたものであるかを比較して検証してみます。「地球温暖化の影響か、近年、東京の暑さが沖縄を上回っているといえるか」。このような気象に関する問題では、気象庁が提供しているデータが利用できます。それでは、このオープンデータを用いて、東京と沖縄の夏の気温に

86　孝忠大輔・川地章夫・河野俊輔・鈴木海理・長城沙樹・中野淳一（2022）『紙と鉛筆で身につける データサイエンティストの仮説思考』翔泳社

ついて実際のところどちらが暑いのか、記述統計量やデータの比較を通して問題解決を行っていきましょう。

(2) 比較対象の選定

東京都や沖縄県といっても範囲が広いので、分析の目的を明確にし、条件をそろえた比較を行うという観点から、気温観測地点を東京都心と那覇市内に限定し、比較の期間は一年で最も暑い月とされる 8 月に絞ります。これにより、分析の目標が、「東京都心と那覇市内の 8 月はどちらがより暑いのか」という、明確なものになりました。

(3) データの取得

行政や公的機関が保持する豊富なデータが、**オープンデータ**として利用しやすい形で公開され、多くの種類が提供されています。気象データについては、気象庁の Web サイトから、過去何十年間にわたる各地点の気温及び、降水量、湿度、天気などの気象情報を **CSV ファイル** [87] の形式でダウンロードでき、活用することが可能です。それでは、気温データを次の手順でダウンロードしてみましょう。気象庁 Web サイトのホームページ [88] にアクセスし、ページ上部にあるメニューから「各種データ・資料」を選択し、開いたページの「気象」のカテゴリーの中にある「過去の地点気象データ・ダウンロード」をクリックすると図 6.3 に示す日本地図のページが現れます。次の①～④の手順で希望するデータを選択し、選択し終えたら画面の右端にある「CSV ファイルをダウンロード」をクリックしましょう。

① 「地点を選ぶ」では、a に示すように、都道府県地図から「東京」をクリックして、東京都全地点から「東京」を選びます。次に、「他の都道府県を選ぶ」をクリックして都道府県地図に戻り、那覇のデータについても、b に示すように、「沖縄」をクリックして、地図から「那覇」を選びます。

② 「項目を選ぶ」では、「データの種類」の箇所は「日別値」を選びます。「項目」の箇所はメニューの「気温」の中にある「日平均気温」、「日最高気温」、「日最低気温」にチェックを入れて選択します。

③ 「期間を選ぶ」では、「特定の期間を複数年分、表示する」を選び、ここでは、「8 月 1 日から 8 月 31 日の値を、2015 年から 2023 年まで表示」と期間の年月日を設定し、2015 年から 2023 年までの 7 年間にわたる 8 月の気温を抽出します [89]。

④ 「表示オプションを選ぶ」では、次のように指定します。

・「利用上注意が必要なデータの扱い」では、「値を表示 (格納) する。ただし利用上注意が必要なことを示す情報をつける。」と指定します。

・「観測環境などの変化の前後で、値が不均質となったデータの扱い」では、「観測環境などの変化にかかわらず、すべての期間の値を表示 (格納) する。ただしデータの不均質を示す情報をつける。」と指定します。

---

87 CSV は「Comma-Separated Values」（カンマ区切り値）の略で、各項目間がカンマ（,）で区切られたデータのことです。ファイルの拡張子は「.csv」となり、様々なソフトで開くことができます。

88 気象庁ウェブサイトのホームページ：https://www.jma.go.jp

89 気象の変動を観察するにあたって、なるべく長い期間のデータを用いる方が望ましいので、東京の気象観測地点（2014 年 12 月に千代田区大手町から北の丸公園に移転）が同じ 2015 以降のデータを抽出しています。

- 「ダウンロード CSV ファイルのデータ仕様」では、「すべて数値で格納 (現象あり・なし情報、品質情報は数値で格納)」と指定し、その中の「日付リテラルで格納」を指定します。
- 「その他」では、「都道府県名を格納（CSV ファイルダウンロード実行時）」にチェックします。

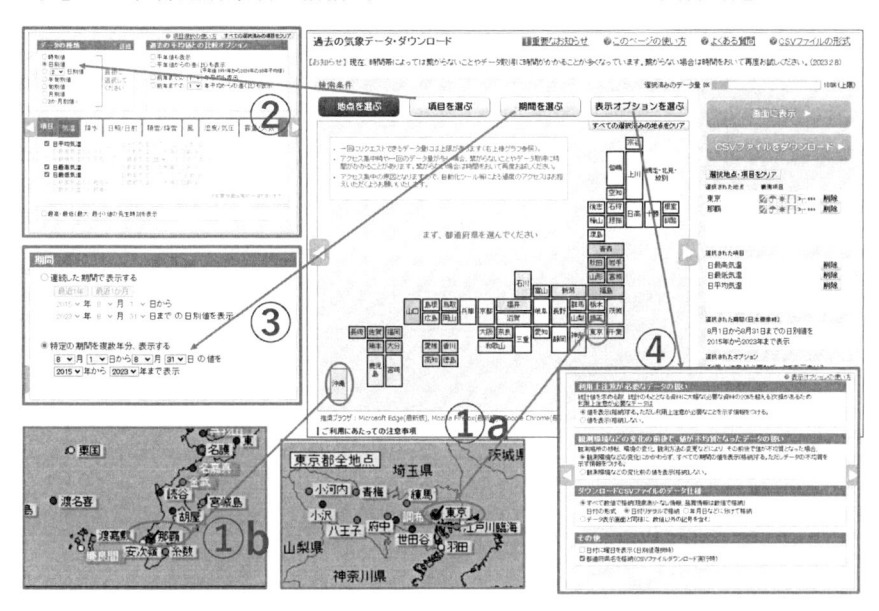

図 6.3 気象庁ウェブサイトからデータのダウンロード

6.2.2 データの前処理

- ダウンロードした CSV データファイルを Excel で開いて、欠損値や異常値があるかをチェックし、分析できるようにデータを整理する。

ダウンロードした CSV データファイルを Excel で開くと、図 6.4 のように東京と那覇の地点ごとに、7 年分の 8 月 1 日〜 8 月 31 日の最高気温と最低気温、平均気温のデータが表示されていることが分かります。

	A	B	C	D	E	F	G	H	I	J	K	L	M	N	O	P	Q	R	S
1	ダウンロードした時刻	2024/01/27 12:30:02																	
2																			
3		東京	東京	東京	東京	東京	東京	東京	東京	東京	沖縄	沖縄	沖縄	沖縄	沖縄	沖縄	沖縄	沖縄	沖縄
4		東京	東京	東京	東京	東京	東京	東京	東京	東京	那覇	那覇	那覇	那覇	那覇	那覇	那覇	那覇	那覇
5	年月日	最高気温	最高気温(	最高気温(	最低気温(	最低気温(	最低気温	平均気温(	平均気温(	平均気温(	最高気温(	最高気温(	最高気温(	最低気温(	最低気温(	最低気温(	平均気温(	平均気温(	平均気温(℃)
6																			
7			品質情報	均質番号		品質情報	均質番号		品質情報	均質番号		品質情報	均質番号		品質情報	均質番号		品質情報	均質番号
8	2015/8/1	35.3	8	1	26.6	8	1	30.5	8	1	31.9	8	1	27.6	8	1	29.3	8	1
9	2015/8/2	35.1	8	1	26.1	8	1	30.2	8	1	31.7	8	1	26.6	8	1	28.8	8	1
10	2015/8/3	35	8	1	26.1	8	1	29.8	8	1	31.7	8	1	26.9	8	1	28.7	8	1
11	2015/8/4	35.1	8	1	26.5	8	1	30	8	1	32.3	8	1	26.8	8	1	29.2	8	1
12	2015/8/5	35.2	8	1	25.7	8	1	30.2	8	1	32.8	8	1	27.5	8	1	29.7	8	1
13	2015/8/6	35.9	8	1	26.8	8	1	30.9	8	1	31.8	8	1	28.2	8	1	29.6	8	1
14	2015/8/7	37.7	8	1	26.8	8	1	31.5	8	1	30.4	8	1	28.5	8	1	29.1	8	1
15	2015/8/8	32.6	8	1	24.9	8	1	27.6	8	1	31.1	8	1	27.7	8	1	28.9	8	1
16	2015/8/9	33.4	8	1	24.7	8	1	31.5	8	1	31.5	8	1	26.9	8	1	27.9	8	1

図 6.4 ダウンロードした CSV データを Excel で開いたときの画面

次に、東京と那覇の気温データに**欠損値**や**異常値**があるかをチェックしましょう。ここで、図 6.4

の枠で囲っている箇所を見ると、各気温の列の隣に、「品質情報」と「均質番号」という列が付加されていることが分かります。「品質情報」と「均質番号」については、気象庁のヘルプページ[90]に説明されており、この二つの値の組み合わせによってデータが正常値または準正常値なのか、資料が不足した値なのか、疑問値なのか、欠測（値が測れていない欠損値）なのかを示しています。「品質情報」が 8 で「均質番号」1 は正常値なので、今回のデータはすべて正常値となっており、欠損値や異常値がないことが確認できます。したがって、今回はデータクレンジングなどの前処理工程を省略できましたが、この工程は分析結果の質に大きく影響するので必ず確認しましょう。

　ところで、データ分析をする際には、図 6.3 の「品質情報」と「均質番号」や、6 と 7 行目は必要ないので、不要な列や行を削除し、列のタイトルなども整理します。これらの前処理を終えた Excel は、図 6.5 のようになります。

	A	B	C	D	E	F	G
1	ダウンロードした時刻：2024/01/27 12:30:02						
2							
3							
4	年月日	東京最高気温(℃)	東京最低気温(℃)	東京平均気温(℃)	那覇最高気温(℃)	那覇最低気温(℃)	那覇平均気温(℃)
5	2015/8/1	35.3	26.6	30.5	31.9	27.6	29.3
6	2015/8/2	35.1	26.3	30.2	31.7	26.6	28.6
7	2015/8/3	35	26.1	29.8	31.7	26.9	28.7
8	2015/8/4	35.1	26.5	30	32.3	26.8	29.2
9	2015/8/5	35.2	25.7	30.2	32.8	27.5	29.7
10	2015/8/6	35.9	26.8	30.9	31.8	28.2	29.6
11	2015/8/7	37.7	26.8	31.5	30.4	28.5	29.1
12	2015/8/8	32.6	24.9	27.6	31.1	27.7	28.9
278	2023/8/26				28.7	33	
279	2023/8/27	32.4	25.5	28	32.1	26.8	29.2
280	2023/8/28	34.6	25.3	29.2	32.8	27	29.3
281	2023/8/29	35	26.1	29.4	33.1	27.8	29.8
282	2023/8/30	34.6	25.7	29.6	33.2	28.3	30.2
283	2023/8/31	34.1	26	29	32.8	28.5	30.2
284							
285							

図 6.5　データ前処理後の Excel 画面（一部省略）

6.2.3　データの可視化と記述統計による分析

・データをグラフで可視化してデータの傾向を把握し、記述統計量を計算して箱ひげ図を使って比較し、複数の着眼点からデータの特徴を読み取り、問題を解決する。

(1) データの可視化による分析

　データの前処理が終了したら、グラフなどを用いて視覚的に表現することを試み、データの傾向を把握します。データをグラフ化することで、膨大な情報が視覚的に分かりやすくなり、変化のパターンや傾向を把握するのに有効です。それでは、今回の問題である「東京都心と那覇市内の 8 月はどちらがより暑いのか」という「暑さ」について、それが最高気温を指すのか、平均気温を指すのかは限定するのが難しいので、まず最高気温と平均気温の両方を見て、全体の傾向をつかむことから始めます。最高気温をグラフ化した図 6.6 を見ると、最高気温では東京が那覇よりも高い日が多くあることが分かります。次に、平均気温をグラフ化した図 6.7 を見ると、那覇の方が東京よ

90　気象庁のヘルプページ https://www.data.jma.go.jp/risk/obsdl/top/help3.html

りも暑い日が多くあることが分かります。したがって、この2つのグラフの比較だけでは、東京と那覇のどちらが暑いかは答えられそうにありません。また、時間軸にそって2つのグラフの気温の変動を見ると、東京の気温を示す折れ線が上下に大きく振れているのに対して、那覇の気温を示す折れ線は比較的に振れ幅が小さいことが見て取れます。

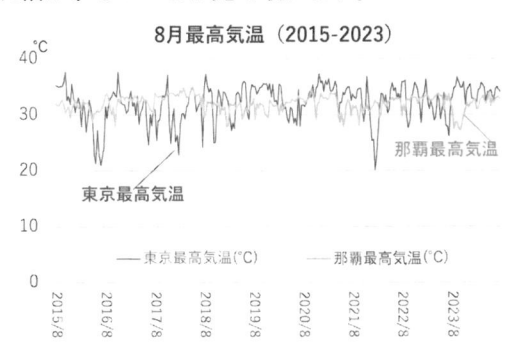

図 6.6　東京・那覇 8 月最高気温（2015-2023）

図 6.7　東京・那覇 8 月平均気温（2015-2023）

さらに分析するため、年ごとにグラフを作ってみます。ここでは、図 6.8 の 2023 年 8 月の東京と那覇の最高気温、平均気温、最低気温を一つにまとめたグラフを例に見てみましょう。

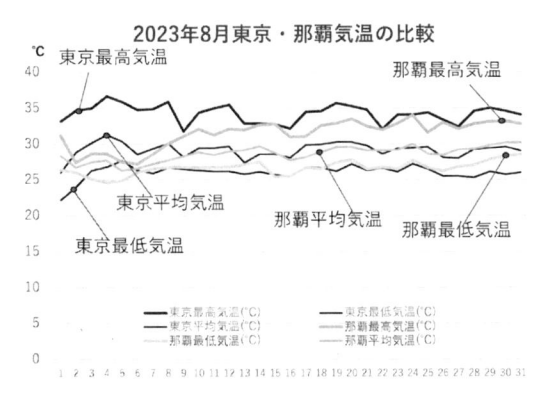

図 6.8　2023 年 8 月東京・那覇気温の比較

　このグラフから、両地点の気温の詳細な違いが分かります。図 6.8 のグラフから、2023 年 8 月のほとんどの日において東京の最高気温が那覇の最高気温を超えており、特に気温が 35℃を超えるような暑い日には、その差が顕著であることも分かります。2023 年 8 月においては、平均気温においても、月間半数以上の日で那覇より東京の方が高くなっており、このことから、2023 年 8 月の東京は非常に暑かったことが分かります。

(2) 記述統計量と箱ひげ図による分析

　記述統計量はデータの特徴を理解するための重要な手段なので、記述統計量を使った分析も不可欠です。2015 年から 2023 年の 8 月における東京と那覇の気温データの記述統計量から、両地点の気温を比較してみましょう。表 6.3 は、2015 年〜 2023 年の 8 月における東京と那覇の気温データを基に計算した記述統計量を記載したものです。両地点の 2015 年〜 2023 年の各年の 8 月の平均気温、最高気温、最低気温のデータに対してそれぞれの代表値を計算した結果であり、この結果は、7 年間の気温変動の概要を捉えるのに役立ちます。

表 6.3　東京・那覇 8 月気温データの記述統計 (2015 〜 2023)[91]

記述統計量	東京			那覇		
	最高気温 (℃)	最低気温 (℃)	平均気温 (℃)	最高気温 (℃)	最低気温 (℃)	平均気温 (℃)
平均値 AVERAGE	32.2	24.6	27.8	32.0	27.1	29.2
最大値 MAX	37.7	28.2	31.9	34.9	29.7	31.1
中央値 MEDIAN	32.9	24.9	28.3	32.2	27.2	29.3
最小値 MIN	20.2	17.9	19.3	27.2	23.9	26.3
最頻値 MODE.SNGL	35	26.3	29.4	32.9	26.5	29.2
標準偏差 STDEV.P	3.31	2.15	2.45	1.44	1.14	1.01

　ただ、表 6.3 の数値を眺めていても有益な情報を読み取るのが難しいので、そこで、**箱ひげ図**（Box Plot）を使って、データを可視化してみましょう。箱ひげ図とは、図 6.9 のように中央値、平均値、四分位数、最小値、最大値という統計量とデータの分布を視覚的に表現するグラフで、データの要約や傾向を伝えるのに便利です。また、これを使って複数のデータセットを比較することで、各データセットの分布の違いを確認することができます。

　図中の**第 1 四分位数** (Q1)、**第 3 四分位数** (Q3) とは、データセットに含まれるデータを下から小さい順に並べて下から 1/4 のところに位置するデータが第 1 四分位数で、下から 3/4 のところに位置するデータが第 3 四分位数となります。下から 2/4 のところに位置するデータは第 2 四分位数 (Q2) となるのですが、それは、すなわち中央値です。また、最大値〜第 3 四分位数に伸びた線と、第 1 四分位数〜最小値に伸びた線を、それぞれ**ひげ**といいます。

91　6.4 に示された記述統計量の計算方法は第 5 章で紹介されたため、ここでは詳しい解法を省略します。「平均値 AVERAGE」のように、統計量名の後の英字（たとえば、AVERAGE）は Excel 関数名です。これを使って Excel で解を求められます。

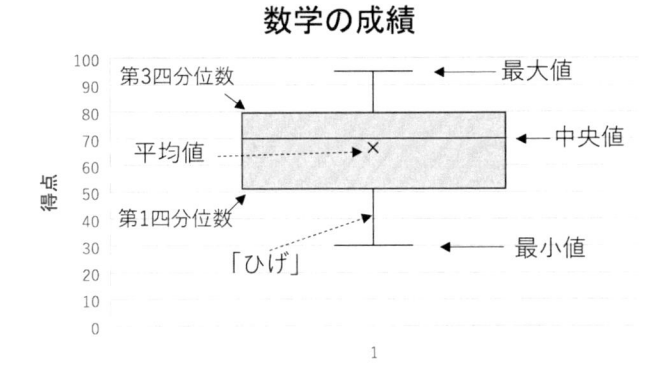

図 6.9　箱ひげ図のイメージ図

　一方で、外れ値を含めて表示する箱ひげ図もあります。このタイプの箱ひげ図を描く際には、**テューキー方式**がよく使われます [92]。その方式による箱ひげ図では、ひげの長さを箱の高さ（第 3 四分位数から第 1 四分位数を引いた値）の 1.5 倍以内に設定し、その範囲を越えて離れたデータを外れ値とみなし、「○」などの点で描きます。そして、上下のひげの範囲内で最も末端に位置するデータを、それぞれ外れ値を除くデータの最大値と最小値と定義します。東京の気温変動幅が那覇の気温に比べて大きいことを踏まえ、今回は外れ値を含む箱ひげ図を利用して東京と那覇の気温を比較することにしました。

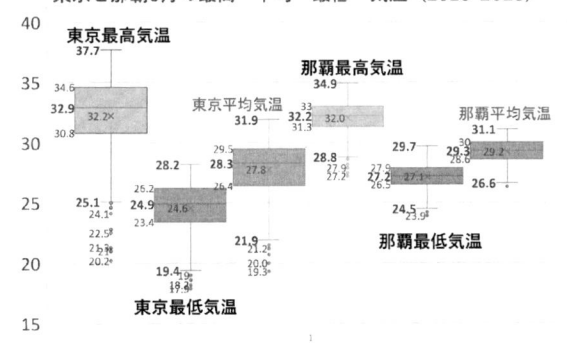

図 6.10 [93]　東京・那覇最高・平均・最低気温 (2015-2023) の箱ひげ図

　図 6.10 はテューキー方式を用いて 2015 年〜 2023 年 8 月の東京と那覇の平均気温、最高気温、最低気温のデータから作成した箱ひげ図です。この図では最大値と最小値が 1.5 倍のひげの長さのルールに基づいて決定しています。たとえば、表 6.3 の東京最高気温の最低温度の 20.2 は図 6.9 では外れ値として表示されています。図 6.10 から分かるように、箱ひげ図を使うことで表 6.3 の記述統計量を視覚的に表示させることによりデータの差異をより直感的かつ明瞭に把握できます。

92　竹村彰通ほか編・和泉志津恵ほか著（2021）『データサイエンス入門 第2版（データサイエンス大系）』学術
　　図書出版社, p.53.
93　図 6.10 は Excel を使用して箱ひげ図を作成したもので、Excel の場合も、上記の 1.5 倍のルールが適用されて、
　　機械的に外れ値を設定します。

(3) 考察と結果

　これまでの分析から両地点の 8 月の気温の傾向と特徴として次の①～③のことが分かります。なお、両地点とも図 6.10 に外れ値が見られ、特に東京の気温は外れ値により影響を受けています。したがって、今回の両地点の比較では外れ値を含んだ平均値ではなく中央値で比較することにします。

① 最高気温の比較：最高気温については、東京の中央値は 32.9℃で、那覇は 32.0℃ですから、東京の方がわずかに高いという結果となります [94]。また、最大値は東京 37.7℃で、那覇 34.9℃ですから、東京の方が高温を記録しています。図 6.5 の 8 月の気温データを見ても、東京の最高気温が那覇と比べて高い日が多いことが分かります。

② 最低・平均気温の比較：最低気温については、東京の中央値は 24.9℃で、那覇は 27.2℃ですから、那覇の方が暖かいといえます。平均気温については、東京の中央値は 28.3℃で、那覇は 29.3℃ですから、那覇の方が高いといえます。

③ 気温変動の比較：箱ひげ図のひげの長さ（最小値～最大値の範囲）から、東京の気温変動が大きく、那覇の変化は小さいことが分かります。同じく箱の高さ（第 3 四分位数 (Q3) − 第 1 四分位数 (Q1)）からも分かります。したがって、東京の気温変化は那覇よりも大きいといえます。

　以上の考察から、東京の気温変化は那覇と比べて期間内での変動が大きく、最高気温については、東京の最高値は那覇よりも僅かに高く、かつ那覇よりも高い日が多いといえました。したがって、最初の「東京都心と那覇市内の 8 月はどちらがより暑いのか」という問題については、これまでの考察から考えると、最高気温を基準にすると東京の方が暑く、平均気温や最低気温を基準にすると那覇の方が暑いということになります。

💡Tips　箱ひげ図の作成

・Excel を使用して箱ひげ図を作成するには、右の図に示すように、①対象データ（図の場合は C4:H283）を選択してから、②リボンの「挿入」タブから「おすすめグラフ」をクリックします。③「すべてのグラフ」タブをクリックし、④グラフ種類のオプションから「箱ひげ図」を選択して作成できます。

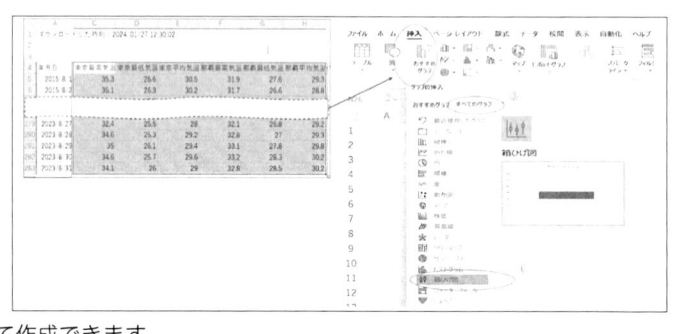

94　ただ、この僅差は統計学的に意味のある差異といえるかどうかを確認するにはさらなる統計解析が必要です。

この章のまとめ

1　比較分析は、異なるデータや要素を比較して、類似点や相違点を明らかにし、洞察を得るための手法である。

2　データを比較する際には、条件をそろえたもの同士を比較対象として正しく設定する必要がある。

3　異なる尺度や単位をもつデータを同じ基準で比較するためには、データを標準化または正規化する必要がある。

4　データを比較する際には、時間を軸にした視点、計画値との比較の視点、他者との比較の視点、全体との比較の視点などの視点から多角的に比較分析することが重要である。

5　問題の対象を明確化し、対象となるデータをオープンデータの中から選択して、ダウンロードする。

6　ダウンロードした CSV データファイルを Excel で開いて、欠損値や異常値があるかをチェックし、分析できるようにデータを整理する。

7　データをグラフで可視化してデータの傾向を把握し、記述統計量を計算して箱ひげ図を使って比較し、複数の着眼点からデータの特徴を読み取り、問題を解決する。

練 習 問 題

問題1 データを比較する際に、適切な比較対象の設定がなぜ重要かを説明しなさい。

問題2 「Apple to Apple の比較」とは、どんな意味なのかを説明しなさい。

問題3 条件をそろえた比較がなぜ重要であり、比較の正当性を確保するために考慮すべき要素は何かを説明しなさい。

問題4 データを標準化または正規化する目的について説明しなさい。

問題5 ある都市の気温と降水量のデータがある。気温は摂氏で、降水量はミリメートルで表されている。これらのデータを同じ尺度で比較するために、気温と降水量を標準化しなさい。なお、標準化は本章の公式（6.1）の方法で行いなさい。

気温 （℃）	25	28	22	30	26
降水量 （mm）	50	65	40	80	60

Active Learning オープンデータを活用したデータ比較

・ 興味のあるテーマを決め、①〜⑥を意識して、問題の設定から、データの入手方法や分析手法、結果の分析について、一連の体験をしてみましょう。

①分析の目的は何にするか、②データのどこから入手できるのか（e-Stat（https://www.e-stat.go.jp/）などのオープンデータ活用）、③分析の目的に応じて適切な比較対象をどのように選定するか、④比較の条件は適切か、⑤比較の視点は何にするか、⑥どのような分析ができるか。

第 7 章

データ間の関係を分析する

学生　先生、ネットで見たんですけど、「アイスクリームがたくさん売れるときは、なぜか水難事故も多くなる?!」というデータがあるようなんですが、本当ですか？

教師　おお、それは興味深い話だね。

教師　これ、データからは表面的につながっているように見えるけれど、実は別の理由がある場合のいい例なんだ。

学生　アイスクリームの売上と水難事故ってどうして一緒に増えるんですか？

教師　実は、両方が多くなるのは別の共通のことが起きているからなんだよ。たとえば、夏は暑いからアイスクリームを食べる人が増えると同時に、暑さで海や川で水遊びをする人も増える。その結果、アイスクリームの売上も水難事故の数も同時に増えているように見えるんだ。

学生　なるほど、データを表面的に見るだけじゃなくて、出来事の関係はその理由を調べる必要があるんだ。関係を調べる方法を知りたいです！

教師　その心がけが大事だよ。表面的なつながりだけでなく、もっと深い理由を一緒に考えていくのが学問の醍醐味だからね。さあ、さらに掘り下げてみようか。

学生　はい、もっと教えてください!!

この章で学ぶこと

1　散布図を使って二つの変数間の関係を可視化する方法を身に付ける。

2　相関係数を計算して、変数間の関係性を数値で評価する方法を理解する。

3　相関分析における非線形的関係性の可能性や疑似相関などの留意点を理解する。

4　相関関係と因果関係の違いを理解し疑似相関があるかどうか見極める。

7.1　二つの変数の関係を見つける

7.1.1　散布図と相関関係

・散布図（Scatter Plot）を使うと、二つの変数の間に関係があるかどうかを視覚的に確認できる。
・相関関係（Correlation）は二つの量的変数の間に関連性を示し、相関があるとは、一方が変化するともう一方も変化する傾向があることを意味する。

(1) 変数と散布図

　アンケート調査で人々の「年齢」や「身長」、「体重」などを調べることがあります。このとき、調べたデータの値が 50 であったといっても、それは「年齢」なのか「体重」なのかで意味が異なります。したがって、調べたデータが何であるかが分かるように、「年齢」、「体重」といった属性を示す名札をつけます。そして、これらを**変数**（または**変量**）といいます。これまで、各変数の特性を理解するのに、変数ごとの記述統計量を計算して分析することを学んできました。ただ、記述統計量だけでは変数間の関係は分かりません。ここでは、変数間の関係性を理解するための基本的な考え方と分析方法について学びます。

　二つの変数間の関係を視覚的に把握するためには、**散布図**がよく使われます。散布図については第 3 章で説明したように、横軸（x 軸）に一つの変数、縦軸（y 軸）にもう一つの変数を取り、各データの x と y の値を使って座標平面上に点を打ちます（プロットします）。そして、プロットした位置関係や、点の集まりの具合（ばらつき具合）のパターンを見ることで、変数間の関係を直感的に把握することができます。

　表 7.1 のデータ[95] は、5 歳から 14 歳の女子生徒の平均身長と平均体重を表しています。

表 7.1　5 歳から 14 歳女子の平均身長 (cm) と平均体重 (kg)

変数区分	5 歳	6 歳	7 歳	8 歳	9 歳	10 歳	11 歳	12 歳	13 歳	14 歳
平均身長 (cm)	110.2	116.0	122.0	128.1	134.5	141.4	147.9	152.2	154.9	156.5
平均体重 (kg)	19.0	21.3	24.0	27.3	31.1	35.5	40.5	44.5	47.7	49.9

　すなわち、女子生徒に対する「平均身長」と「平均体重」という二つの変数について、年齢ごとに記録されたデータです。ここで平均身長を x 軸に、平均体重を y 軸にして、各学年のデータをプロットしていくと、図 7.1 に示す散布図が得られます。この散布図から、点が左下から右上にかけて上昇している傾向を読み取ることができます。このことから、「平均身長が大きいと、平均体重も大きい傾向がある」といった関係を、直感的に把握できます。

95　出典：文部科学省（2023）「学校保健統計調査」（令和 4 年度）を基に作成 https://www.e-stat.go.jp/stat-search/files?page=1&toukei=00400002&tstat=000001011648

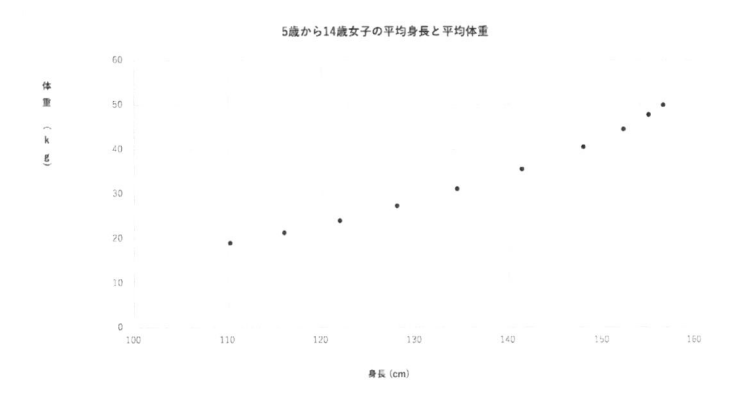

図 7.1　女子の平均身長と平均体重の散布図

　散布図の使い方は他にもあり、たとえば、**異常値**や**外れ値**を検出することにも使えます。なぜなら、異常値や外れ値は、他のデータから大きく外れた位置にあるので、点の集まりの具合（ばらつき具合）が分かる散布図を使えば、視覚的に判断できます。

(2) 相関係数

　相関関係は二つの変数間の直線的関係性を表す概念で、「一方の変数の値が大きいほど、もう一方の変数の値が大きい（または小さい）傾向がある」といった、二つの変数の値の関係性のことです。相関関係は、**負の相関**、**正の相関**と**無相関**の 3 種類に分けることができます。図 7.2 の散布図は、相関関係に関する三つの特徴的なパターンを示しています。

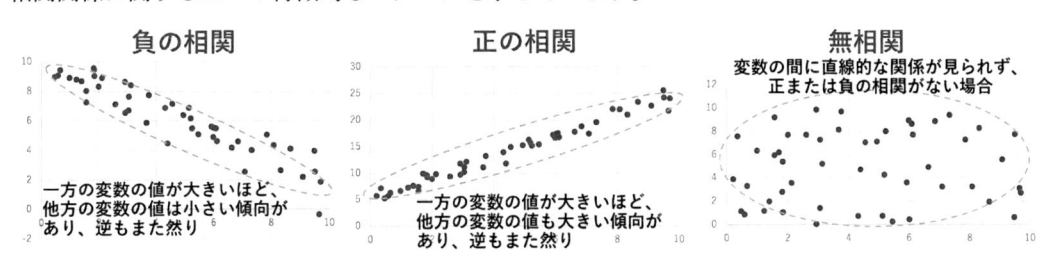

図 7.2　相関関係の主な三つのパターン

・**負の相関**とは、図の左のグラフのように、点の集まりは右肩下がりの形状で、一方の変数の値が大きいほど、他方の変数の値は小さい傾向を指します。

・**正の相関**とは、図の中央のグラフのように、負の相関と逆に点の集まりは右肩上がりの形状で、一方の変数の値が大きいほど、他方の変数の値も大きい傾向を指します。

・**無相関**とは、図の右のグラフのように、二つの変数の間に直線的な関係が見られず、正または負の相関がない場合です。

7.1.2 相関係数

> ・相関係数は、二つの変数の直線的な関係の強さを示す指標のことであり、−1 から 1
> までの範囲の数で表される。

(1) 相関係数とは

図 7.2 に相関関係の三つの特徴的なパターンを示しましたが、図 7.3 の二つの散布図に示すように、負の相関があるといっても、図の左と右では、点の集まり具合が異なっており、左側の方が右肩下がりの関係が強く感じられます。このように、二つの変数の関係性の強さを表す指標に **相関係数** があります[96]。

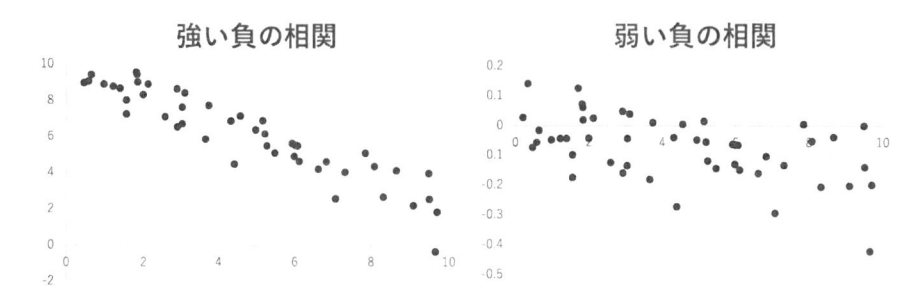

図 7.3 相関には関係性の強弱がある

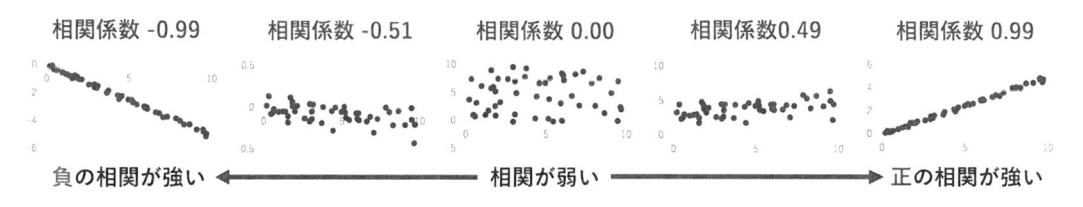

図 7.4 相関係数の絶対値が 1 に近いほど相関が強い

相関係数は、変数間の相関関係の強さを −1 と 1 の範囲で表すもので、図 7.4 に示すように、−1 に近いほど負の相関が強くなり、1 に近いほど正の相関が強くなります。また、0 に近いほど、二つの変数の相関関係は弱くなり、無相関に近づきます。

表 7.2 相関係数 r と判断の基準の目安

相関係数 r の値	相関の判定
$-1 \leq r \leq -0.7$	強い負の相関
$-0.7 < r \leq -0.2$	ほどほどの負の相関
$-0.2 < r < 0.2$	無相関
$0.2 \leq r < 0.7$	ほどほどの正の相関
$0.7 \leq r \leq 1$	強い正の相関

96 上藤一郎（2021）『絵と図でわかるデータサイエンス：難しい数式なしに考え方の基礎が学べる』技術評論社

　負の相関や正の相関、無相関といえるのは、相関係数の値がいくつからいくつの範囲かというと、一般的には表 7.2 に示す基準が目安として使われています。ただ、表に示す相関係数の値と相関の判定は、あくまでも目安であり、統一的な評価基準は確立されていないので注意しましょう。この相関係数は、産業や社会に関する調査で広く利用されています。たとえば、マーケティングの分野では、ある商品の売上と広告費用の間にどの程度の関連があるかを知りたい場合、相関係数を計算して利用することができます。仮に、相関係数が 0.6 だったとすると、広告費用を多くすると、商品の売上もそれなりに向上する可能性があります。この相関係数は、社会科学の分野では、年齢や教育水準、所得などの人口統計学的特徴、投票行動や健康習慣など社会的行動の間の関係を知るために広く利用されています。

(2) 相関係数の求め方

　表 7.3 は、5 歳〜 17 歳の男子の平均身長と平均体重のデータ[97] です。このデータを基に相関係数を計算する手順を説明します。ここでは、身長平均値を表す変数を X、体重平均値を表す変数を Y としましょう。相関係数の計算は、次の①〜⑤の順に行います。

表 7.3　5 歳〜 17 歳男子の身長平均値 (cm) と体重平均値 (kg)

区分	5 歳	6 歳	7 歳	8 歳	9 歳	10 歳	11 歳	12 歳	13 歳	14 歳	15 歳	16 歳	17 歳
身長平均値 (X)	111.1	117.0	122.9	128.5	133.9	139.7	146.1	154.0	160.9	165.8	168.6	169.9	170.7
体重平均値 (Y)	19.3	21.8	24.6	28.0	31.5	35.7	40.0	45.7	50.6	55.0	59.1	60.7	62.5

①各変数の平均値を求める

　まず、式 (7.1) と式 (7.2) に示すように、X の身長平均値の平均値 $\overline{X}$ と Y の体重平均値の平均値 $\overline{Y}$ を計算すると約 145.3 と約 41.1 が求まります。

$$X の平均値 \overline{X} = \frac{111.1+117.0+122.9+\cdots+169.9+170.7}{13} \approx 145.3 \tag{7.1}$$

$$Y の平均値 \overline{Y} = \frac{19.3+21.8+24.6+\cdots+60.7+62.5}{13} \approx 41.1 \tag{7.2}$$

②各変数のデータにおける偏差を求める

　偏差とは、第 5 章の標準偏差のところで説明したように、各データから平均値を引いた差のことでした。ここで X と Y の i 番目のデータを X_i と Y_i と表すことにすると、表 7.3 において、X の 1 番目のデータである 5 歳の身長平均値の偏差は、

$$X_1 - \overline{X} = 111.1 - 145.3 = -34.2$$

になります。同じく、Y の 5 歳の体重平均値の偏差は、

$$Y_1 - \overline{Y} = 19.3 - 41.1 = -21.8$$

になります。このように、表 7.3 のすべての X のデータと Y のデータの偏差をそれぞれ計算すると、表 7.4 のようになります。

97　出典：文部科学省（2023）「学校保健統計調査」（令和 4 年度）を基に作成 https://www.e-stat.go.jp/stat-search/files?page=1&toukei=00400002&tstat=000001011648

表7.4　身長平均値 (X) と体重平均値 (Y) の偏差

区分	5歳	6歳	7歳	8歳	9歳	10歳	11歳	12歳	13歳	14歳	15歳	16歳	17歳
身長平均値 (X) の偏差	-34.2	-28.3	-22.4	-16.8	-11.4	-5.6	0.8	8.7	15.6	20.5	23.3	24.6	25.4
体重平均値 (Y) の偏差	-21.8	-19.3	-16.5	-13.1	-9.6	-5.4	-1.1	4.6	9.5	13.9	18.0	19.6	21.4

③ 2 変数の共分散を求める

　共分散とは、変数 X と Y の各偏差の積 $(X_i-\overline{X})(Y_i-\overline{Y})$ の平均値のことで、X と Y の共分散を s_{XY} で表すと、身長平均値と体重平均値についての s_{XY} は、表7.4で求めた偏差の値を使って、次の式 (7.3) で計算すると約 302.963 になります。

$$s_{XY} = \frac{(-34.2) \times (-21.8) + (-28.3) \times (-19.3) + \cdots + 25.4 \times 21.4}{13} \approx 302.963 \tag{7.3}$$

④各変数の標準偏差を求める

　次に、身長平均値と体重平均値のそれぞれの標準偏差を求めます。標準偏差は第 5 章で紹介したように公式 (5.3) を使って求めます。したがって、X と Y の標準偏差を σ_X と σ_Y とすると、それぞれ次の式 (7.4) と (7.5) の計算により、σ_X と σ_Y は約 20.473 と約 14.897 となります。

$$\sigma_X = \sqrt{\frac{(11.1-145.3)^2 + (117.0-145.3)^2 + \cdots + (170.7-145.3)^2}{13}} = \sqrt{419.15} \approx 20.473 \tag{7.4}$$

$$\sigma_Y = \sqrt{\frac{(19.3-41.1)^2 + (21.8-41.1)^2 + \cdots + (62.5-41.1)^2}{13}} = \sqrt{221.91} \approx 14.897 \tag{7.5}$$

⑤相関係数を求める

　③と④の共分散と標準偏差を使うことで、相関係数を求めることができます。具体的には、次の式 (7.6) に示すように、共分散 s_{XY} を X と Y の標準偏差 σ_X と σ_Y の積で割った結果が、相関係数 r_{XY} となります。よって、表 7.3 で示した男子の平均身長と平均体重の結果は約 0.993 となり、この二つには強い正の相関があることが分かります。

$$r_{XY} = \frac{XY の共分散 s_{XY}}{(X の標準偏差 \sigma_X) \times (Y の標準偏差 \sigma_Y)} = \frac{302.963}{20.473 \times 14.897} \approx 0.993 \tag{7.6}$$

Excel では、図 7.5 のように **CORREL 関数**により、相関係数を求めることができます。ここでは、Excel で CORREL(平均身長のデータ範囲 , 平均体重のデータ範囲) のように指定します。相関係数の計算結果も r =0.993 で、式 (7.6) の計算結果と一致しています。

	A	B	C	D	E	F	G	H	I	J	K	L	M	N
1	区分	5歳	6歳	7歳	8歳	9歳	10歳	11歳	12歳	13歳	14歳	15歳	16歳	17歳
2	身長平均値(X)	111.1	117.0	122.9	128.5	133.9	139.7	146.1	154.0	160.9	165.8	168.6	169.9	170.7
3	体重平均値(Y)	19.3	21.8	24.6	28.0	31.5	35.7	40.0	45.7	50.6	55.0	59.1	60.7	62.5
4	相関係数	=CORREL(配列1,配列2)				=CORREL(B2:N2,B3:N3)		=0.993							

図 7.5　Excel で CORREL 関数を使った相関係数の計算

> **💡Tips** **相関係数を求める公式**
>
> ・二つの変数 X と Y の相関係数 r_{xy} は次の式で求めます。ここで、X_i と Y_i はそれぞれ X と Y の i 番目のデータの値で、$\overline{X}$ と $\overline{Y}$ はそれぞれ X と Y の平均値を表します。Σ は合計を表し、n はデータセットの総数です。
>
> $$相関係数\ r_{xy} = \frac{(X と Y の共分散)}{(X の標準偏差) \times (Y の標準偏差)}$$
> $$= \frac{\frac{1}{n}\sum_{i=1}^{n}(X_i - \overline{X})(Y_i - \overline{Y})}{\sqrt{\frac{1}{n}\sum_{i=1}^{n}(X_i - \overline{X})^2}\ \sqrt{\frac{1}{n}\sum_{i=1}^{n}(Y_i - \overline{Y})^2}} \tag{7.7}$$

7.2 複数の変数間の関係の可視化

7.2.1 相関係数行列

・相関係数行列とは、変数間の相関係数を並べた行列のことであり、これらの変数が互いにどのように関連しているかを要約したものである。

　二つの変数だけではなく、複数の変数に対しての相関関係を分析するときに役立つツールの中に、相関係数行列があります。具体的には、表 7.5 が相関係数行列の一例です。

表 7.5　アヤメの花の形状変数に関する相関係数行列

	がく片の長さ	がく片の幅	花弁の長さ	花弁の幅
がく片の長さ	1	-0.1176	0.8718	0.8179
がく片の幅	-0.1176	1	-0.4284	-0.3661
花弁の長さ	0.8718	-0.4284	1	0.9629
花弁の幅	0.8179	-0.3661	0.9629	1

　図 7.7 はデータサイエンスの分野で有名な Iris データセット [98] の一部で、3 種類のアヤメを見分けるための分析に利用できます。

98　Iris データセットは、R.A. Fisher がアヤメ（Iris）の種類を見分けるために使用したデータセットで、無料で入手可能です（データセットの配布元：https://archive.ics.uci.edu/dataset/53/iris）。このデータセットは機械学習や統計学など、データサイエンスに広く利用され、scikit-learn などの機械学習ライブラリに収録されています。このデータセットはアヤメの中の 3 種類（setosa、versicolor、virginica）の花の形状の特徴に関してそれぞれ 50 組のデータが含まれており、合計で 150 セットのデータがあります。

図 7.6 アヤメのがく片と花弁

	がく片の長さ	がく片の幅	花弁の長さ	花弁の幅
2	5	3.3	1.4	0.2
3	6.4	2.8	5.6	2.2
4	6.5	2.8	4.6	1.5
5	6.7	3.1	5.6	2.4
6	6.3	2.8	5.1	1.5
7	4.6	3.4	1.4	0.3
145	5.1	3.7	1.5	0.4
146	5.2	3.5	1.5	0.2
147	5.8	2.8	5.1	2.4
148	6.7	3	5	1.7
149	6.3	3.3	6	2.5
150	5.3	3.7	1.5	0.2
151	5	2.3	3.3	1

図 7.7 アヤメ分類モデルのデータセット（抜粋）

　図 7.7 には図 7.6 に示すアヤメの花の形状について、がく片の長さと幅、花弁の長さと幅という四つの変数のデータがあり、表 7.5 はこの四つの変数に対して二つの変数の組み合わせすべてについて、相関係数を一覧で確認できるようにしています。横方向（行）と縦方向（列）にそれぞれ四つの変数を並べて、行と列の交わった所（これをセルという）に、その二つの変数の相関係数を記録しています。たとえば、「がく片の長さ」の行と「花弁の長さ」の列が交わったセルに記載された値 0.8718 は、「がく片の長さ」と「花弁の長さ」との相関係数を表しています。

　それでは、相関係数行列の作り方と、それを使った分析について見てみましょう。図 7.7 の各列（項目）にあるアヤメのがく片の長さと幅、花弁の長さと幅の 4 変数に対する相関係数行列を作るには、まず、分析する変数を行と列に並べた一覧表を用意します。ここでは、図 7.7 にある「がく片の長さ」、「がく片の幅」、「花弁の長さ」、「花弁の幅」、の四つすべての変数を並べた表 7.5 に示す一覧表を用意します。次に、行の変数と列の変数の組み合わせごとに、相関係数をすべて計算します。たとえば、「がく片の長さ」と「がく片の幅」の相関関数は –0.1176 なので、表 7.5 に示したように、行の「がく片の長さ」と列の「がく片の幅」が交差するセルに相関関数の値を入れます。このように、

計算した相関係数を、それぞれの変数の組み合わせに応じて行列のセルに記入します。ただ、表 7.5 のように、行列の一番左上の行「がく片の長さ」と列「がく片の長さ」のセルから、対角線上に並ぶ、一番右下の行「花弁の幅」と列「花弁の幅」のセルについては、行と列の変数が同じで、自分自身との相関であるため、相関係数は常に 1 になります。また、相関係数行列は、たとえば、行「がく片の長さ」と列「がく片の幅」のセルと対称な位置にある行「がく片の幅」と列「がく片の長さ」のセルは同じ組み合わせになっていることから分かるように、行列の対角線の上側と下側は、対称になっているので、対象のセルには同じ値が入ります。

　完成した表 7.5 に示す相関係数行列では、アヤメの花の形状に関する「がく片の長さ」と「がく片の幅」、「花弁の長さ」、「花弁の幅」の四つの変数について、二つの変数の組み合わせすべての相関係数を一覧で確認することができます。そして、表 7.5 から、「花弁の長さ」と「がく片の長さ」、「花弁の幅」と「がく片の長さ」、「花弁の幅」と「花弁の長さ」の相関係数が約 0.87、約 0.82 と 0.96 であり、アヤメの種類ごとに強い正の相関があることが分かります。このように、相関係数行列を作ることで、多くの変数（属性）をもつデータセットについて、関連性のある属性を見つけ出すことができます。そして、今回の分析例から、3 種類のアヤメの花では、がく片の幅と他の変数については相関関係が見られないか弱いですが、花弁の長さと花弁の幅、花弁の長さとがく片の長さ、そして、花弁の幅とがく片の長さには強い相関関係があるという結果を得ることができました。

7.2.2　散布図行列

・散布図行列とは、複数の変数をもつデータセットがある場合に二つの変数同士の組み合わせで散布図を作成してそれらの散布図を行と列に並べたグラフである。

　相関係数行列と同じように、複数の変数に対しての相関関係を分析するときに役立つツールに、**散布図行列**があります。たとえば、図 7.7 に示したアヤメの花の形状に関わる四つの変数に対して作った散布図行列は、図 7.8 のようになります。この散布図行列は、四つの変数について、二つの変数の組み合わせすべてに対する散布図を、横方向（行）と縦方向（列）に並べた行列であることが分かります。たとえば、「がく片の長さ」の行と「花弁の長さ」の列が交わったセル（一番上の行の左から 3 番目の位置）にある散布図は、「がく片の長さ」を y 軸に「花弁の長さ」を x 軸にとった散布図になります。ただ、散布図行列も相関係数行列と同じく、行列の一番左上の行「がく片の長さ」と列「がく片の長さ」のセルから、対角線上に並ぶ、右下の行「花弁の幅」と列「花弁の幅」のセルについては、行と列の変数が同じで、自分自身との関係であるため、それを散布図に示してもあまり意味がありません。そこで、対角線上のグラフには、ヒストグラムや密度プロット[99]を配置することが多いようです。図 7.8 では密度プロットを配置しています。

　また、散布図行列も、行列の対角線の上側と下側は対称になっています。たとえば、行「がく片の長さ」と列「がく片の幅」のセルと対称の位置にある行「がく片の幅」と列「がく片の長さ」の

99　密度プロットは、データがどのように分布しているかを曲線で示すグラフです。データが多い場所を高い山で、少ない場所を低い谷で表現します。ヒストグラムと違って、カクカクした棒ではなく、なめらかな曲線がデータの山や谷を描き出すため、データの分布がより分かりやすく視覚化できます。

セルは、同じ組み合わせであり、前者は「がく片の長さ」を y 軸に「がく片の幅」を x 軸にとった散布図であり、後者は「がく片の幅」を y 軸に「がく片の長さ」を x 軸にとった散布図であり、x 軸と y 軸を逆にした散布図を示しています。図 7.8 からも、先の表 7.5 の相関係数行列と同じく、「花弁の長さ」と「がく片の長さ」、「花弁の幅」と「がく片の長さ」、「花弁の幅」と「花弁の長さ」の散布図から、強い正の相関があることを見て取ることができます。また、散布図を使った散布図行列の場合は、相関以外に、データの分布から異常値の有無などを確認することもできます。

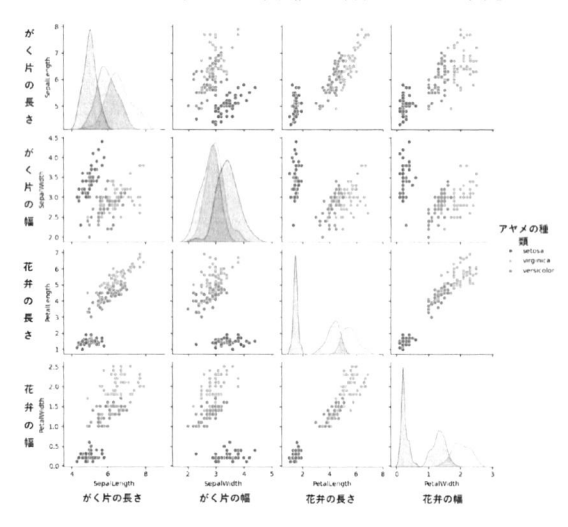

図 7.8　アヤメの花の形状変数に関する散布図行列 [100]

7.3　相関分析における留意点

7.3.1　相関係数だけで判断することの注意

- 相関分析は、二つ以上の変数間の関係を調査する統計手法である。
- 相関係数は、二つの量的変数の線形的な関係を分析するものであり、変数間の線形以外の関係（非線形的な関係）を分析することはできない。
- データに外れ値が混在していると相関係数に影響を与えるので、相関係数を求める前に外れ値を確認する（データクレンジング）。

(1) 非線形的な関係の可能性

　相関係数は、身長と体重というように数値で表せる量的変数に対して、この二つの変数が図 7.4 に示したように、相関係数が 1 や −1 に近づくと直線的な関係（線形的な関係ともいう）があることを示す指標でした。ただ、二つの変数の関係は、直線的な関係だけではないので、相関を調べる

100　図 7.8 は Python（パイソン）を用いて作成しています。Python とは、多目的に使用されるプログラミング言語の一つで、システム構築からアプリ開発、データ分析まで幅広く活用されます。特に、データ解析や機械学習分野での強力なライブラリの豊富さが注目されています。

分析（**相関分析**）においては、この点に注意する必要があります。

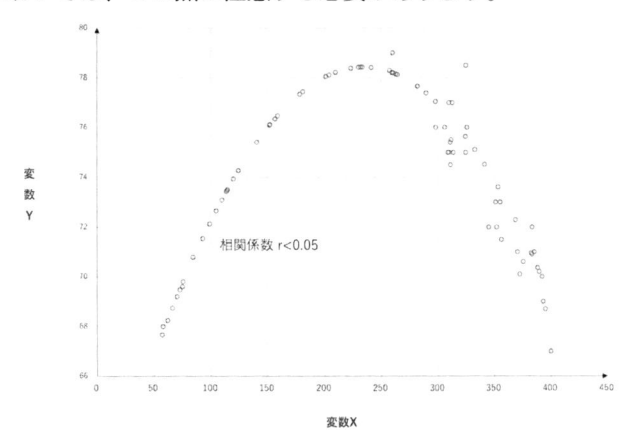

図 7.9　散布図による変数関係の確認

　たとえば、図7.9の散布図に示すデータにおいて、二つの変数 X と変数 Y の間の相関係数は 0.045 であり、0 に近いため無相関と判断されます。しかし、散布図を見ると、この二つの変数間に二次関数の曲線に似た関係が見て取れます。このように、変数間の関係を分析する際には、相関係数を求めるだけではなく、散布図を利用してデータを視覚的に検証することが大切です。

(2) 外れ値の影響

　データの中に**外れ値**が混じることがあります。相関係数を計算するとき、極端に大きな値や小さな値の外れ値があると、相関係数の結果に大きな影響を与えます。一つの外れ値が混在するだけでも、相関係数が著しく変わってしまうことがあります。たとえば、図7.10 ではグラフ左下に一つの外れ値と思われる値があり、これを入れて計算した相関係数は 0.85 で、強い正の相関があることになります。しかし、これを外して相関係数を計算すると、相関係数は −0.09 になり、無相関と判定されます。このように、外れ値を含む状態で相関係数を計算する場合には、結果が 0.85 になるようなこともあるので、相関係数のみで変数間の相関を判断せず、散布図を観察して外れ値の有無を確認することが重要です。

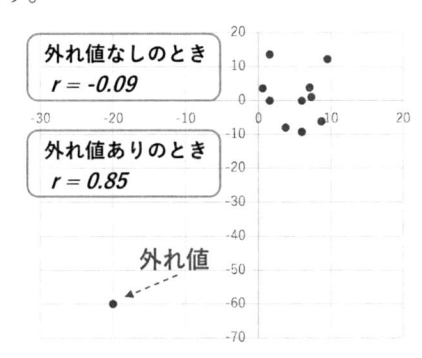

図 7.10　外れ値が相関係数に与える影響

　ただ、外れ値を見つけた際にそれが分析にとって必要な値であるかどうかの判断に注意しましょ

う。たとえば、気温について、ある異常に寒い日があったとしたとき、その季節の通常の気温と比較する場合は外れ値となりますが、異常気象の現象を知る場合には必要なデータとなります。このように、外れ値を削除すべきかどうかは分析の目的によって変わるので、慎重な判断が必要です。

7.3.2　相関関係と因果関係、疑似相関

> ・因果関係は、一方の事象が原因で、もう一方の事象が結果として起こるという関係で、相関関係があるからといっても、それが因果関係とは限らない。
> ・疑似相関は、二つの変数間に観察された相関が因果関係ではなく、他の共通する原因（交絡因子）によって引き起こされた関係のことである。

(1) 相関関係と因果関係

　相関関係があるというのは、二つの変数が相互に関連する双方向性の関係を意味しています。たとえば、子どもの数学と理科の点数には正の相関が認められています。この場合、数学の点数が高い子どもは理科の点数も高いといえますが、逆に、理科の点数が高い子どもは数学の点数も高いともいえます。すなわち、数学と理科の点数という二つの変数には、双方向性の関係（数学の点数⇔理科の点数）があり、どちらが原因でどちらが結果かの判断はつきません。これに対して、**因果関係**とは、一方の変数の変化が原因となって、もう一方の変数が変化するという結果を、直接的に引き起こす特別な関係を指します。したがって、因果関係の場合は、原因と結果の順序を逆にすることはできません。すなわち、原因があって結果が生じるという一方向性の関係です。

　たとえば、気温とアイスクリームの売上は因果関係として認められており、気温の上昇が原因でアイスクリームの売上が上がること（気温⇒アイスクリームの売上）がいえますが、アイスクリームの売上が上がったからといって気温が上昇するといった逆のことは起こりません。因果関係が確立するには、片方が原因で他方を引き起こすことを説明する明確な根拠が必要となります。そのため、結果の背後にある原因を特定し、相関分析だけでなく、再現実験やシミュレーションなどによる検証を通じて、原因と結果の裏付けを取ることが大切です。

　このように二つの変数の関係を分析するとき、一方の変数がもう一方の変数に影響するかを調べる際、前者の変数を**説明変数**といい、後者の変数を**目的変数**といい、区別します。たとえば、広告費用を上げると商品の売上がどれぐらい変わるかを予測する際には、広告費用が説明変数として用いられ、売上が目的変数として使われます。散布図を使う場合では、物事が発生する要因[101]と思われる説明変数を横軸（x軸）に置き、その結果と思われる目的変数を縦軸（y軸）に置き、その関係を調べます。

(2) 疑似相関

　相関分析を行う際に、「疑似相関」という現象に注意する必要があります。これは、二つの変数間に相関関係があるかのように見えるものの、実際には関連がないという見かけ上の相関関係を指

101　**要因**（Factor、**因子**とも呼ぶ）は、物事の**結果**(Outcome) を説明するための直接的や間接的な要素や条件を指します。一方で、**原因** (Cause) は、因果関係に中で、特定の結果を引き起こす直接的な要素や条件を指します。要因は原因に当たることがありますが、すべての要因が原因とは限りません。

します。たとえば、「アイスクリームの売上」と「水難事故の数」の間には、データ的には正の相関関係があるように読み取れるのですが、これだとアイスクリームの売上が上がると水難事故の数も増えるという解釈もできてしまいそうです。ただ、アイスクリームの売上が伸びることによって、水難事故の数が多くなるという因果関係は成り立つでしょうか。このような場合、さらに調べてみる必要があります。図 7.11 の左側に示すように、気温とアイスクリームの売上を調べてみると、気温が上がるとアイスクリームの売上も高くなるという相関関係が認められます。また、同じように、気温が上がると水難事故の数が多くなるという相関関係が認められます。

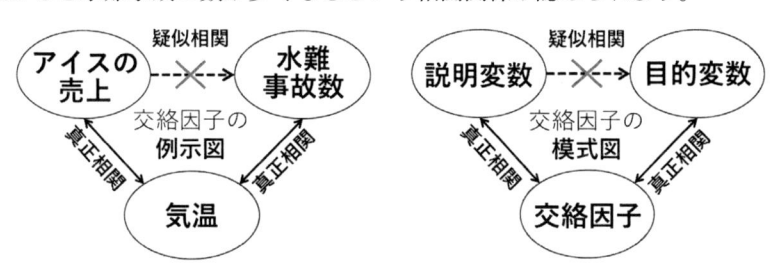

図 7.11　交絡因子による疑似相関の例示と模式図

　これらの現象は、夏に気温が上がると、冷たいアイスクリームを食べる人が増えると同時に、涼を求めて川や海で水遊びをする人も増え、結果として水難事故の数も増えてしまうという理由で解釈できます。ということは、「アイスクリームの売上」と「水難事故の数」の間にある"相関関係"は、どちらも「気温」という同じ原因から発生していることから、あたかも両方に相関関係があるような結果になったといえます。このような見かけ上の相関関係を疑似相関といいます。したがって、相関分析を行う際に、相関係数だけを信じるのではなく、二つの変数の関係が不思議に思えたときには、**疑似相関**を疑って、さらに調べてみることが必要です。

　なお、図 7.11 の左側の図で示すアイスクリームの売上と水難事故の数の例のように、「アイスクリームの売上」を説明変数とし、「水難事故の数」を目的変数として説明しようとしたとき、その両方に影響を与える「気温」という第三の変数（原因）があることが分かった場合、この変数のことを**交絡因子**といいます。この例の場合、「気温」が交絡因子になります。図 7.11 の右側の図では、交絡因子による疑似相関の模式図を示しています。交絡因子による疑似相関が疑われる場合には、対象データを交絡因子によって**層別解析**で原因を究明します。

　層別解析とは、交絡因子を使って、対象データをいくつかの層（グループ）に分けてから、それぞれの層において説明変数と目的変数の相関関係を調べる方法です。たとえば、図 7.11 のアイスクリームの売上と水難事故数の相関が「気温」という交絡因子による疑似相関かどうかを明らかにしたい場合は、元のデータを「気温」別に分けてから、それぞれのグループで相関分析を行います。層別解析の手順は図 7.12 のようになり、具体的なやり方は次のようになります。

①交絡因子の特定：疑似相関を疑う場合には、まず、図 7.11 の模式図で示された方法で、疑似相関を引き起こす可能性のある交絡因子を特定します。たとえば、図 7.12 では、気温をアイスクリームの売上と水難事故数に影響を与える交絡因子として設定します。

②データの層別化：対象のデータセットを交絡因子によっていくつかの層（グループ）に分けます。

これを**層別化**といいます。たとえば、図 7.12 の (b) のように、「30℃以上」や「25℃~30℃」と「25℃未満」という三つの気温で、アイスの売上と水難事故数のデータセットを三つの層に分けます。

③各層での相関分析：各層ごとに説明変数と目的変数の相関関係を分析します。たとえば、図 7.12 の (c) のように、三つの層でそれぞれ、アイスクリームの売上と水難事故数の相関関係を分析し、評価します。なお、図 7.12 の (c) の散布図で示されているように、各層内にアイスクリームの売上と水難事故数に相関が見られません。

④結果の解析：各層での相関分析の結果を見て、疑似相関かどうかを判断します。その際、もし各層において説明変数と目的変数の相関関係が成立しない場合には、交絡因子による疑似相関であると考えられます。また、逆の場合は、交絡因子による疑似相関とはいえないことになります。図 7.12 の場合は、(c) の層別相関分析において、各層内にアイスクリームの売上と水難事故数に相関関係が見られないことから、アイスクリームの売上と水難事故数間の関連性は「気温」という交絡因子によって引き起こされる疑似相関と考えられます。

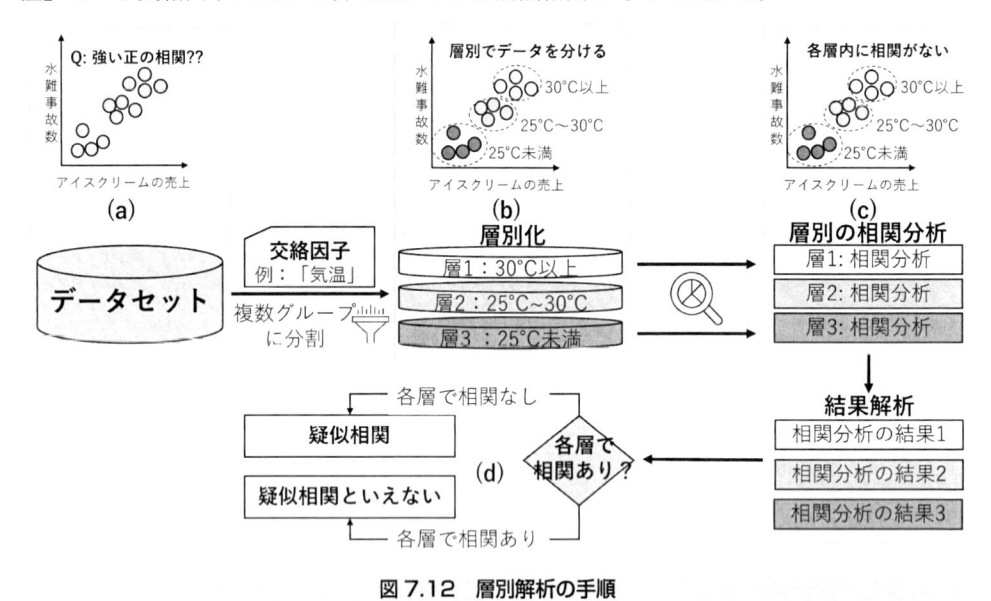

図 7.12 層別解析の手順

この章のまとめ

1 　散布図を使って、二つの変数の間に関係があるかどうかを視覚的に確認することができる。

2 　相関関係は二つの量的変数の間に関連性を示し、相関があるとは、一方が変化するともう一方も変化する傾向があることを意味する。

3 　相関係数は、二つの変数の直線的な関係の強さを示す指標のことであり、-1 から 1 までの範囲の数で表される。

4 　相関係数行列とは、変数間の相関係数を並べた行列のことであり、これらの変数が互いにどのように関連しているかを要約したものである。

5 　散布図行列とは、複数のデータがある場合に二つの変数同士の組み合わせで散布図を作成して、それらの散布図を行と列に並べたグラフである。

6 　相関分析は、二つ以上の変数間の関係を調査する統計手法である。

7 　相関係数は、二つの量的変数の線形的な関係を分析するものであり、変数間の線形以外の関係（非線形的な関係）を分析することはできない。

8 　データに外れ値が混在していると相関係数に影響を与えるので、相関係数を求める前に外れ値を確認する（データクレンジング）。

9 　因果関係は、一方の事象が原因で、もう一方の事象が結果として起こるという関係である。相関関係は必ずしも因果関係を意味しない。

10 疑似相関は、二つの変数間に観察された相関が因果関係ではなく、他の共通する原因（交絡因子）によって引き起こされた関係のことである。

|練|習|問|題|

問題 1　散布図はデータ分析においてどのよう点で役立つかを説明しなさい。

問題 2　次の表はある場所において、消防署から火災現場までの距離と、火災による損害金額（単位：百万円）を調査したデータをまとめたものである。次の問いに答えなさい。

No.	1	2	3	4	5	6	7	8	9	10	11	12	13	14	15
距離	3.5	2.0	4.5	2.5	2.9	4.2	0.8	2.8	2.5	3.2	1.9	2.1	7.1	5.0	3.9
損害金額	27.0	18.0	30.5	25.2	25.3	30.0	15.2	21.8	18.1	26.8	22.1	25.3	48.2	40.5	27.8

(1)「距離」と「損害金額」の二つの変数に対する散布図を作成しなさい。散布図から、この二つの変数はどのような関係が見られるか説明しなさい。

(2) Excel 関数 CORREL または公式 (7.7) の 2 種類の方法で、「距離」と「損害金額」の相関係数をそれぞれ計算しなさい。

問題 3　表 7.1「5 歳から 14 歳女子の平均身長 (cm) と平均体重 (kg)」のデータを利用して、女子の平均身長と平均体重の相関係数を計算しなさい。

問題 4　疑似相関の概念を説明し、日常生活でそれが生じ得る具体的な例を一つ挙げて説明しなさい。また、なぜそれが疑似相関に該当するかを説明しなさい。

Active Learning　**オープンデータを活用して相関を調べる**

・e-Stat(https://www.e-stat.go.jp/) の中で、興味のあるテーマを選び、そのデータをダウンロードして相関分析を行い、分かった結果を発表しよう。

第 8 章

データ収集とサンプリング

学生　先生、この大学の食堂の料理の味に不満があって、友達に満足か不満のどっちか質問したら、3割の友達が不満っていうんですよ。きっとこの大学の学生みんなも3割が不満に思っていますよね？

教師　うーん、君が質問した友達だけなら3割が不満かもしれないけど、ほんとに学生みんなに質問したら3割が不満っていうかな？

学生　友達20人にも質問したんですよ！　きっとみんなも3割が不満に思ってますよ！

教師　データを使って明らかにしたいことがあるときは、適切にデータを取得しないと間違った結果を真実と思い込んでしまうことがあるよ。

学生　確かに私の友達の多くは味に厳しいから、この大学の他の学生皆とは味の評価の傾向が違うかもしれないです…

教師　行政機関が行う調査などでは、データの収集を不適切に行うと、本来助けなければいけない人を助けられないというように、人の命にも関わるから、ちゃんと目的に応じたデータを適切に収集することが大事なんだ。

学生　なるほど。じゃあデータの収集について色々教えてください！

この章で学ぶこと

1　データ収集の様々な方法を説明する。
2　全数調査と標本調査を説明する。
3　様々な無作為抽出法の利点と欠点を説明する。

8.1 データ収集

8.1.1 目的に応じたデータを収集する

・目的に応じてどのようなデータが必要なのかをしっかり考え、様々な方法を駆使してデータを収集する。

データを用いて課題解決などの目的を達成するためには、目的に応じて適切なデータを収集することが重要です。ある大学の食堂の料理の味に、どれだけの学生が満足しているかを把握するために調査するとき、「食堂の料理の味や価格に満足していますか。それとも不満ですか」と質問した場合、そのデータでは目的を果たせないでしょう。たとえば、味には満足しているけれども価格に不満である学生は「不満」と回答しているかもしれないからです。

データ分析の世界には "Garbage In, Garbage Out" という言葉があります。ゴミ（garbage）が入ればゴミが出てくる。つまり、どれだけ高度な分析をしたところで、上記のような不適切なデータを手に入れてもまともな結果は出てこないことなどを意味します。課題解決に至るストーリーを思い浮かべ、どのようなデータを収集し、どのような分析を行えば課題解決につながるのかをしっかり意識すると良いでしょう。

データを収集するには、次の (1) ～ (6) に示すように、調査、観察、実験によって、インターネットを介して、自社のデータベースや社内システムを利用して、センサなどの機器を利用してデータを取得し集める方法などがあります。また、これらの組み合わせも考えられます。

(1) 調査によって

アンケート調査やインタビューなどのように、目的に応じた対象からデータを調査によって得る方法です。世論調査や市場調査（マーケティング・リサーチ）のような社会調査が身近な例です。

(2) 観察によって

何かしらの現象や人の行動などを、基本的に介入はせずに観察してデータを取得するような方法です。たとえば、駅前での人の多さを数えるような場合に利用できます。

(3) 実験によって

条件を変えると結果はどうなるかや、仮説の正しさを示すために実際に試してみてデータを取得するような方法です。

(4) インターネットを介して

インターネットを介する方法は、たとえば、第 6 章で紹介したような気象庁や、e-Stat のようなオープンデータを提供している Web サイト内を自身で探索して欲しいファイルをダウンロードしたり、e-Gov データポータル [102] や Google の Dataset Search [103] のように目的に応じたデータがある Web ページまで辿ったりすることができるサービスを利用する方法です。

---

102 e-Gov ポータル https://data.e-gov.go.jp/info/ja
103 https://datasetsearch.research.google.com/

(5) 自社のデータベースや社内システムを利用して

　いわゆるネット通販のような EC サイトを運営している会社では、通常、顧客がそのサイトで注文するとデータベースに購買履歴が記録されます。そのようなデータベースのデータを利用したり、社内システムにある他のデータと結合して利用したりする方法です。

(6) センサなどの機器を利用して

　スマートウォッチなどのウェアラブルデバイスやスマートフォンに内蔵されたセンサにより、歩数、体温、心拍数などを計測できます。他にも、動きを捉えるセンサを用いると、制限速度を超えて走っている自動車の台数などが測れます。これらのセンサなどの機器から得られるデータを利用する方法です。

　(4) のように Web ページにアクセスして Web ブラウザ上でのクリック操作などでデータを取得する方法以外にも、自動的にデータを取得し集めることができるような **Web API** [104] や **Web スクレイピング**の技術を用いる方法もあります。

　Web API を大まかに説明すると、Web サイトや SNS などのサービス側のアプリケーションの機能やデータを、あなたが使っている異なるアプリケーションからインターネットを介して利用するための専用窓口です。たとえば、自身の HP 上に SNS のタイムラインを表示したり、図 8.1 のように SNS のサービス側に特定の条件を満たす投稿を一度に取得できるようにリクエストを出してデータを得たりすることができます。

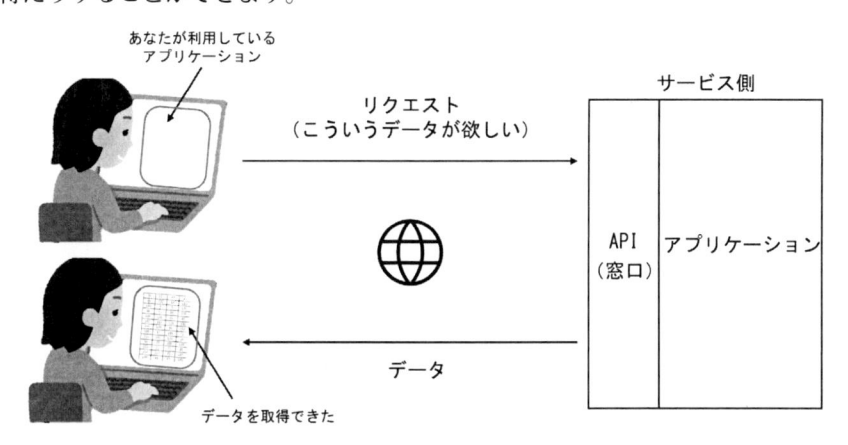

図 8.1　Web API の利用イメージ

　Web スクレイピングは、特定の Web ページ内から必要なデータを抽出して取得する技術で、たとえば、通信販売の Web サイトから商品名や価格などの商品情報を抽出することが可能です。Web スクレイピングは API が利用できないときにも利用されます。Web API や Web スクレイピングはプログラミングのスキルが必須と思われるかもしれませんが、必ずしもそうではありません。

　たとえば、欲しいデータの条件を含めた URL を Web ブラウザに入力するだけで済むような Web API の利用方法もあります。多くの Web API はサービス側から公式に提供されているもので

104　API は Application Programming Interface の略

す。一方、Web スクレイピングはサービス側にとって意図しない形でデータが収集される方法です。インターネットを介してデータを収集してそれを利用する際は、サービスを提供している Web サイトを利用するときの決まり[105] などを確認したりし、著作権などに注意する必要があります。他にも、第 2 章で紹介したような生成 AI の学習のために、画像などの大量のデータが必要な場合は、様々な Web サイトを高速で次々に巡回しながらデータを収集するクローリングという技術が用いられています。

8.2　母集団と標本

8.2.1　全体か一部か

・**本来的に調査を行いたい対象すべての集まりを母集団といい、母集団から選ばれた一部を標本という。**

　「大学生の平均通学時間を知るために、100 人の学生の通学時間を調査したところ平均 15 分だった。よって全国の大学生の通学時間の平均は 15 分程度」という主張をそのまま鵜呑みにして良いでしょうか。まず、この学生 100 人全員が大学生とは限りません。その中に専門学校生が含まれていたら、そもそも通学時間を答えてもらう対象ではありません。また、この 100 人全員が大学生だったとしても、その選び方に気を付ける必要があります。このアンケート調査のデータが、大学に郵送で調査票を送り回答してくれた 100 人の回答データで、その中にキャンパス内の寮に住んでいる大学生が多数含まれていたとしたらどうでしょうか。100 人の通学時間のデータの多くが 0 分というような偏ったデータとなり、大学生全体の通学時間の平均に対する上記の主張の信憑性は著しく低くなります。

　全国の大学生全員の通学時間の平均を知りたいとき、理想的には、全国の大学生全員に対して調査を実施し、適切な回答が得られれば、正確な通学時間の平均を知ることができます。このように、調査を行いたい対象すべての集まりを**母集団**（Population）といい、母集団に属しているすべてに対して調査を実施することを**全数調査**といいます。

　しかし、全国の大学生全員のように対象すべてに対して調査を実施するのは現実的ではありません。たとえば、缶詰工場で製造した缶詰の不良品率を知るために、製造したすべての缶詰を開けてしまえば出荷できる商品がなくなってしまいます。そのようなときは、全体から選ばれた一部のみを抜き取り検査します。このとき、図 8.2 に示すように、母集団から選ばれた一部のみに調査することを**標本調査**といい、この標本データから、その工場で製造した缶詰全体の不良品率を**推測**します。母集団から選ばれた一部を**標本**といい、母集団から標本を選ぶことを**標本抽出**（サンプリング、Sampling）といいます。

105　サービスを提供している Web サイトでは一般に、そのサービスを利用するときの決まりを書いた Web ページが、その Web サイトの中にあります。たとえば、「利用規約」や「利用約款」のように利用の規則が明示されたページです。

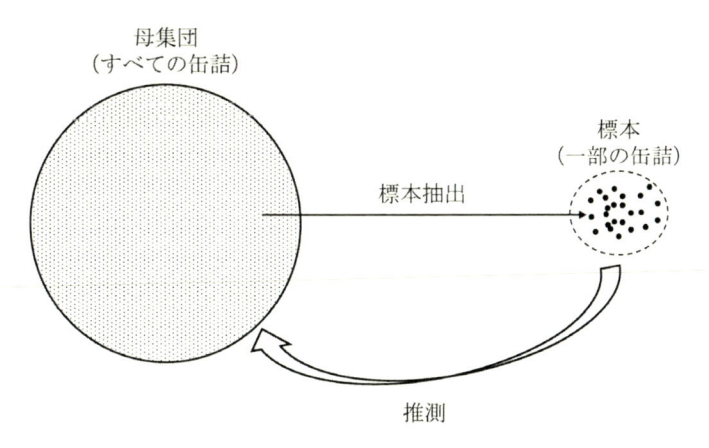

母集団
（すべての缶詰）

標本
（一部の缶詰）

標本抽出

推測

図 8.2　母集団と標本

標本に含まれる個体[106] の数を**標本サイズ**や標本の大きさということがあります。先の全国の大学生の通学時間の平均を調べる調査で、専門学校生が含まれていた場合は、母集団の設定が不適切か、母集団から標本を適切に抽出できていないといえます。データを用いて明らかにしたいことがあり、そのためのデータ収集の計画を立てる際は、それが全数調査なのか標本調査なのかを区別しましょう。標本調査であれば、母集団を適切に設定できているか、その母集団から適切に標本を抽出できるか、標本に大きな偏りは出ないかなどをチェックすることが重要です。

8.2.2　全数調査

> ・母集団のサイズが大きい全数調査は時間的、金銭的なコストが大きくなりやすい。
> ・全数調査には国勢調査、経済センサスなどがある。

世の中には社会調査というものがありますが、その歴史は紀元前からと長く、権力者による自身の支配地域の実態把握のための調査として始まったとされています。

調査を行うことで、集団の人数がどれだけで、人数がどれだけ増えたか減ったかなどが分かり、集団の「勢い」を知ることができます。国の勢い、つまり国勢を調査するのが**国勢調査**（**Census**）で、全数調査の典型例です。日本でも、国内の人と世帯の実態を把握して行政施策などの基礎資料を得る目的で日本在住のすべての人と世帯を対象とした国勢調査[107] が行われています。国勢調査の調査単位は世帯で、日本には世帯が約 5,500 万あり、これらすべての世帯に調査員などが訪問して調査書類を配布し、期限までに調査票などの提出がなければ再び訪問するような大がかりな全数調査を行います。したがって、毎年実施できるものではないため 5 年ごとに実施されています。全数調査はこの他にいくつもあり、たとえば、事業所や企業の経済活動の状態を明らかにすることな

106　母集団を構成している一つひとつを、「個体」や「要素」といいます。上記の例の全国の大学生全員が母集団であれば、大学生一人ひとりのことになります。調査の種類によって、対象となる個体は世帯や企業など様々です。

107　出典：総務省統計局「令和 2 年国勢調査の概要」https://www.stat.go.jp/data/kokusei/2020/gaiyou.html なお、「国勢」はしばしば「こくぜい」と読まれますが正しい読みは「こくせい」です。

どを目的とした**経済センサス**[108] のように名前に " センサス " が付く調査は基本的に全数調査です。

　通学時間の平均というトピックについて、全国の大学生ではなく「自身が所属する大学の同じ学科の同級生の親友たちの通学時間の平均」が知りたいのであれば、母集団はせいぜい数十人程度と比較的小さく、全数調査は容易にできるでしょう。ただ、関東や全国の大学生の通学時間の平均について知りたいのであれば、母集団のサイズが膨大となり、全数調査は困難なため、標本調査から推測することになるでしょう。一方、自社の EC サイトでの購買データの全件から、たとえば 1 万円以上の買い物といった特定の条件をみたすものの割合を求めたい場合、対象となる購買データが全部で数千万件あったとしても、この場合は、データはその企業のシステム内に保存されているので、コンピュータを用いれば容易に、全データを収集して全件をチュックすることができるため、全数調査は簡単です。

　このように、データを用いて明らかにしたいことがあるときは、明らかにする全体の集まり、すなわち母集団は何であるかを明確にすることが極めて重要です。目的によっては母集団が一つとは限りません。たとえば、60 代と 70 代の平均蓄積額の差を調べる場合、母集団が 60 代全員と 70 代全員の二つになるので、それぞれの母集団から独立に標本を抽出して明らかにする必要があります。

8.3　標本抽出

8.3.1　ランダムサンプリングとそれ以外の標本抽出法

> ・**標本がランダムに選ばれる標本抽出をランダムサンプリング（無作為抽出法）という。**

　全数調査が不可能な場合は基本的に母集団の一部である標本を抽出して標本調査を行い、その結果から母集団全体の傾向や特性を推測します。その際に心配なことは、標本調査で得られたデータの傾向や特性が母集団でも同様に成立しているかどうかです。たとえば、標本でのスマートフォン保有率が 30％だったとき、母集団でも 30％であると言い切ることができるでしょうか。

　理想の標本とは、母集団の小さな模型のように、たとえそれが母集団の一部であっても、調査で知りたい母集団全体としての特性が如実に反映されているような標本です。このような標本を**代表性のある標本**ということがあります。標本調査で得られた結果を母集団の特性として一般化するには、代表性のある標本であることが望ましいのです。できる限り代表性のある標本を選ぶ強力な方法として、作為がなく主観が入らないように標本をくじ引きで選ぶような、標本をランダムに選ぶ**無作為抽出法**（**ランダムサンプリング**：Random sampling）があります。

　標本調査で得られた標本での傾向や特性を、母集団の傾向や特性を表すものとして一般化する場合、ランダムサンプリング以外の抽出方法より、ランダムサンプリングを用いた方が正当性があるとみなされることが多いです。ランダムサンプリングの有用性を理解してもらうため、10 万人からなる母集団の平均身長を、ランダムサンプリングで選ばれた 20 人からなる標本の平均身長を用

108　出典：総務省統計局「経済センサス」https://www.stat.go.jp/data/e-census/index.html

いて推測するシミュレーションをしてみます。このような標本調査を実際に行うとき、調査者は通常、母集団の平均身長を知りません。そこで、この 10 万人の平均身長は 170.0cm だったとしましょう。また、標準偏差は 6.0cm となるように 10 万人の身長データを擬似的に作り、その母集団から 20 人をランダムサンプリングで選んで、その標本の身長データをまとめたのが表 8.1 です。

表 8.1 ランダムに選ばれた 20 人の身長データ

162.7	162.8	164.7	166.3	166.7	166.8	166.9	167.3	168.5	169.2
170.3	170.8	170.9	172.5	173.2	175.1	175.8	179.4	180.9	181.2

標本調査を行う者にとって、ランダムに選ばれたこの 20 人の平均身長が、10 万人の平均身長である 170.0cm に近ければ近い方が望ましいわけです。この 20 人からなる標本の平均身長を計算すると、170.6cm でした。母集団の平均身長 170.0cm との誤差は、わずか 0.6cm です。改めてもう一度、母集団から 20 人をランダムに選んで、その標本の平均身長を計算すると今度は 170.2cm でした。さらにもう一度行うと、新たに選ばれた 20 人からなる標本の平均身長は 169.1cm で、調査者が本当に知りたい 170.0cm 付近の値が得られました。

もし調査者が友人のスポーツ部員を 20 人集めて標本にするといった、ランダムサンプリング以外の方法を用いたとすると、たとえば 178cm 以上の人が多くなるというような、偏った標本になってしまうおそれが十分にあります。しかし、シミュレーションから分かるように、ランダムに標本を選ぶことで、そのような偏った標本になるおそれが少なくなるのです。

たとえば、ある地域在住の有権者全体が母集団で、そこからランダムサンプリングで個人を単位として抽出する際は、母集団に属する有権者すべてを重複なく網羅したリスト（これを**サンプリング台帳**という）を用意して標本抽出を行う方法が考えられます[109]。このように、ランダムサンプリングを用いる場合、抽出され得る対象すべてを重複なく網羅したサンプリング台帳が基本的に必要となります。しかし、ランダムサンプリング以外の方法ではサンプリング台帳は必ずしも必要ありません。サンプリング台帳を必要としないランダムサンプリング以外の標本抽出法には、次のような方法があります。

- 調査に協力してくれて回答を得られやすそうな人を選ぶという便宜的抽出法（たとえば、便宜的抽出法の一つに、街頭や施設などで行き交う人に調査を依頼するようなインターセプト法があります）
- 調査者の友人などの縁故に頼って人を選ぶような機縁法
- 機縁法で選んだ友人の友人のように、次々に雪だるま式に増やす方法[110]
- 対象者自ら応募してもらう応募法

ただし、これらのランダムサンプリングでない方法で選んだ標本は偏った標本になりやすいということに注意しましょう。たとえば、すべての年代を対象としている調査にもかかわらず、若い調

---

109 たとえば、その地域の各自治体の選挙管理委員会が保管している選挙人名簿を基にしたサンプリング台帳に載っているすべての人に、互いに異なる一つの数字を割当て、それらの数字の中からコンピュータを用いてランダムに数字を発生させ、その数字に該当する人を抽出する方法が考えられます。

110 Snowball sampling といいます。

査者が回答を得られやすそうな友人ばかり選ぶと、若い人に偏った標本になるおそれがあり、それは代表性のある標本とは言い難いものになってしまうでしょう。

ランダムサンプリングでなくても、できる限り標本が偏らないようにする工夫を紹介します。たとえば、ある大学生が自身の大学の学部生に対する就職活動支援サービスの満足度を知るため、標本調査を実施するという例を考えてみましょう。母集団は、この大学の学部生全体とします。ここで、学年が上がるにつれ満足度が高くなりそうな理由があるとか、女子学生が就職しやすい就職先が多いなど、学年と性別が満足度に強く影響しそうなときには、性別や学年が偏っていない標本を選ぶのが望ましいでしょう。この大学の学部生全体（母集団）の男女比は 1:3 で、どの学年も人数はほぼ同じとし、標本サイズを 160 としたとき、標本として集める人数は表 8.2 のような構成にすると良いでしょう[111]。そして、先の機縁法などを用いて、表の各区分（網掛けのセル）の人数に達するまで回答を依頼し、表に示した人数を集めます。

表 8.2 各属性の割当

	1 年生	2 年生	3 年生	4 年生	計
男	10	10	10	10	40
女	30	30	30	30	120
計	40	40	40	40	160

このように、各属性（表の各区分）に個体数をあらかじめ割当てておくような標本抽出法を**割当法**といい、マーケティング・リサーチなどでも用いられています。割当法は、性別、職業、年代のような偏りが生じないようにしたい属性を決め、それらの構成比が標本と母集団で同じようにするときに用いられます。しかしながら、割当法を用いたとしても、実は標本が偏っているせいで代表性のある標本となっていないことがあり得ます。たとえば、先の例では、割当法によって学年と性別の偏りは除きましたが、実は学部によって満足度が大きく異なるときに、調査者である大学生が機縁法で自身と同学部の友人を頼って同学部生から回答をたくさん得たとすると、他学部生の満足度がほとんど反映されない偏った標本になるような場合です[112]。

---

111 女子学生に偏った標本と思われるかもしれませんが、そもそも母集団での男女比が 1:3 で、母集団の小さな模型のような代表性のある標本に近づけたいわけですから、少なくとも性別については偏った標本ではありません。あくまで母集団の小さな模型のようになっていないことを「偏った」とみなしており、必ずしも男女の人数が均等になる必要はないのです。

112 標本抽出法は、調査目的や予算などの条件から、望ましい方法を用いて実施します。先に説明した缶詰の不良品率やスマートフォンの保有率などのように、標本データを用いて母集団の傾向や特性を推測するためには、ランダムサンプリングが望ましいですが、いつでもランダムサンプリングが実施できるとは限りません。ランダムサンプリング以外の抽出法を用いる場合には特に、できる限り標本が偏らないよう注意しましょう。

> **🔆Tips** 標本抽出法の重要性を説く有名な「アメリカ大統領選挙予測」の話
>
> ・1936 年、選挙予測で有名なリテラリー・ダイジェスト（The Literary Digest）社の雑誌と、ほとんど無名だったジョージ・ギャラップ（George Gallup）が率いる研究所（以下、ギャラップ）が、どちらもランダムサンプリングでない方法で標本調査を行い、選挙予測をしました。ダイジェスト社は約 240 万人もの人たちから、ギャラップはそれより桁の少ない人数の人たちから回答を得て選挙を予測しましたが、標本サイズがずっと少ないギャラップが予測を的中させました。なぜかというと、ダイジェスト社は電話加入者の名簿やクラブ会員の名簿などを利用して 1,000 万人以上に依頼して回答を得ましたが、その当時、電話に加入していたりするような、ダイジェスト社が回答を依頼した人たちは、富裕層が多かったと想定できます。このことから、標本が共和党支持の傾向がある富裕層に偏っていたことや、回収率の低さがダイジェスト社の敗因とされています。これに対しギャラップは割当法を用いて、偏りをできる限り生じないようにしました。しかし、割当法にもやはり限界があり、ランダムサンプリングを基本とする標本調査が増えていきます。
> ・ギャラップの選挙予測のための調査は約 3,000 人から回答を得たとする解説などが多いですが、鈴木督久氏は下記の著書の中で、その人数はギャラップが行った別の目的の調査の人数と混同している可能性を指摘しています。ギャラップの調査には不明な点があることから、実際にどれだけの人数から回答を得て選挙予測をしたのかは諸説あり、当時の資料を参考にすると約 27 万人という説もあります。興味ある読者は鈴木督久（2021）『世論調査の真実』日本経済新聞出版、西平重喜（2009）『世論をさがし求めて：陶片追放から選挙予測まで』ミネルヴァ書房、杉野勇（2006）「1936 年大統領選予測の実際―Literary Digest と Gallup 再訪」『相関社会科学』第 15 号，pp.55-69. を参照してみてください。

8.3.2 様々なランダムサンプリング

> ・ランダムサンプリング（無作為抽出法）には、単純無作為抽出法、系統抽出法、多段抽出法、層化抽出法、クラスター抽出法などがある。

(1) 単純無作為抽出法

母集団に属するすべての個体に 1 から順に番号を振り、乱数表やサイコロ[113]を用いて、その番号の中の数字をランダムに発生させて該当する番号の個体を抽出するというような標本抽出法が**単純無作為抽出法**です。統計データを用いて明らかにしたいことがあるときに、この単純無作為抽出法を行うと、標本調査の結果から母集団の傾向や特性を推測する際、誤差を理論的に見積もることができるなど、統計学の理論を適用しやすいという特徴があります。コンピュータを用いてランダムに数字を必要な数だけ発生させ標本を選ぶ場合もあります。

ただ、母集団に属している個人が全国津々浦々にたくさん分布していて、選ばれた個人に訪問して回答を得たい場合などでは、この抽出法は標本抽出法として不向きです。なぜなら、サンプリング台帳を仮に用意できたとしても、単純無作為抽出法で選ばれた人達の所在地は沖縄や北海道など様々で、実際に訪問することを考えるといかに大変かが分かります。このような場合、これ以降で

---

113 たとえば、母集団が 5,000 人からなる場合、0001 ～ 5000 の番号を順に振り、0 ～ 9 の数字が書かれた 10 面体のサイコロを 4 回投げた結果が 1、2、3、7 であれば 1237 の番号の人を抽出していく方法があります。

説明する (3) と (4) を組み合わせた層化多段抽出法などを用いる方法が考えられます。

(2) 系統抽出法

標本サイズが大きいと、サイコロを何回も振っていたら時間がかかります。このように、何かしらの理由で数字を容易にたくさん発生できないようなときには、最初の個体だけランダムに選び、その後は番号を等間隔で次々に選ぶ**系統抽出法**が便利です。たとえば、図 8.3 のように 1 万人で構成される母集団から 50 人を系統抽出法で選ぶ場合、抽出する間隔は 10000/50 で 200 となります。そこで、サンプリング台帳内の個体に付けた番号 1 〜 200 の中から一つをランダムに選びます。そして、そのあとは抽出間隔 200 ごとの番号を順次抽出する方法です。ただし、サンプリング台帳の並びに規則性があると偏った標本になりやすいなどの欠点があるので注意しましょう[114]。単純無作為抽出法と比べると、基本的に母集団の特性などを推測する精度は低くなります。

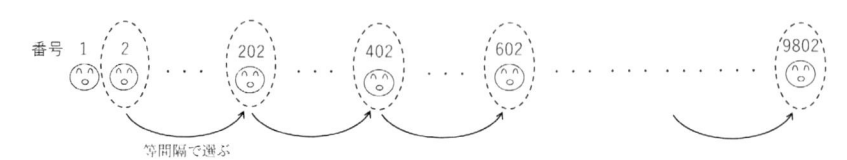

図 8.3 系統抽出法のイメージ（最初に番号 2 が選ばれた例）

(3) 多段抽出法

千葉県の大学に所属している大学生全体を母集団として、標本調査を訪問で行う場合を考えてみましょう。まず、図 8.4 のようにその学生全体を大学別に分け、そこからランダムにいくつかの大学を選びます（1 段目）。次に、選ばれた各大学からランダムに学部を選びます（2 段目）。そして、選ばれた各学部から学生個人をランダムに選びます（3 段目）。このように、標本を段階的に抽出する方法を**多段抽出法**といいます。この方法を使うことで、訪問する必要がある大学は 1 段目の抽出で選ばれた大学のみに限られ、調査の大変さを軽減することができます。ただ、この方法も、たとえば 1 段目の抽出で選ばれた大学からのみしか回答が得られないため、標本の偏りが生じやすいという欠点があり、単純無作為抽出法と比べると基本的に推測の精度は低くなります。

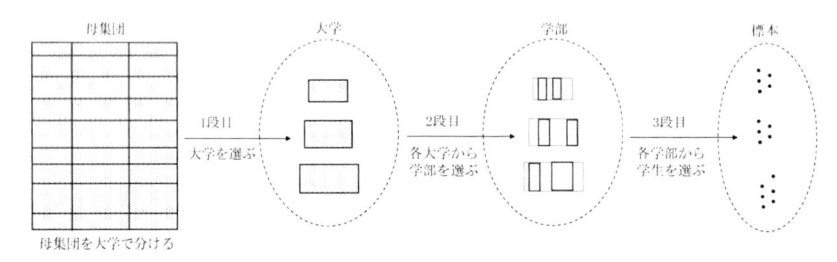

図 8.4 3 段抽出法のイメージ

(4) 層化抽出法

ある大学の学部生全体（母集団）の通学時間の平均を標本調査を用いて推測することを考えてみ

---

114 たとえば、サンプリング台帳の並びのほとんどが男・女・男・女と交互に並んでいて、偶数の間隔で抽出すると標本が同じ性別に偏るような場合です。

ましょう。この大学はキャンパスが一つで、4割が一人暮らしで大学の近くに住んでいる「徒歩通学学生」、残りの6割は実家暮らしで通学に比較的時間を要する電車通学が必要な「電車通学学生」だとします。標本サイズを50人とすると、その通学形態（徒歩 / 電車）の構成も、徒歩通学学生が4割（20人）、電車通学学生が6割（30人）と母集団と同じにした方が、少なくとも通学形態に関しては標本の偏りを避けることができます。

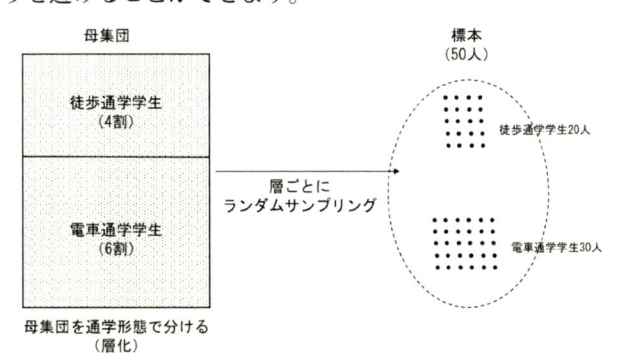

図 8.5　層化抽出法のイメージ

　このとき、図 8.5 のように、まず母集団を通学形態で分け（層化）、各通学形態の層からそれぞれ学生をランダムに抽出する人数の比を 4:6 とします。このように、母集団を重なりがない層に分けて各層からランダムに抽出する方法を**層化抽出法**[115] といいます。データが、層内では似かよっていて、層が違えば大きく異なるように母集団を層化でき、母集団での層の構成比があらかじめ分かっているときには、単純無作為抽出法と比べ、基本的に推測の精度は高くなります[116]。単純無作為抽出法より推測の精度は下がる多段抽出法で調査の負担を軽減し、推測の精度を高める層化抽出法を組み合わせた**層化多段抽出法**[117] という方法があります。たとえば、全国の世帯から無作為に選ばれた世帯に家計簿を毎月つけてもらう、調査員の訪問が必要な家計調査[118] で利用されています。

115　または層別抽出法といいます。母集団をグループで分けたときのそれぞれのグループを層といいます。本文のように母集団での層の比をそのまま標本にも適用する方法と、標本の中での層の構成比はどれも同じにする方法などがあります。層化抽出法は、まず母集団を層に分け、各層から標本を基本的にランダムに抽出します。一方、割当法は標本を基本的にランダムでない方法で選ぶという大きな違いがあります。

116　一般に、標本調査の結果から母集団の特性を推測する精度は、（標本サイズなどが同じなら）母集団のばらつきが大きい場合に比べ、小さい方が高くなると考えられます。極端な例でいえば、母集団の平均身長 160cm を推測するときに、母集団の全員の身長が 160cm（ばらつきなし）であれば、標本調査では 160cm の人しか選ばれませんので、母集団の平均身長の推測は外れないでしょう（標本の平均身長を母集団の平均身長とみなせば）。しかし、母集団の身長のばらつきが大きければ大きいほど、様々な身長の人が選ばれ標本の平均身長は 160cm からズレやすくなり推測の精度は下がると考えられます。つまり、母集団のばらつきが小さい方が推測の精度は高くなることが期待できます。大学生の通学時間の例では、母集団（学部生全体）の通学時間は様々でばらつきが大きいと考えられます。しかし、層化して各層だけで考えるとどうでしょう。各層からランダムに学生を選ぶため、層は小さな母集団とみなせます。徒歩通学学生は皆、大学の近くに住んでいるため、通学時間は似かよっていてばらつきが比較的小さくなります。電車通学学生の層の通学時間も母集団のばらつきに比べて小さくなるでしょう。つまり、この二つの小さな母集団はそれぞれ、元々の母集団（学生全員）より通学時間のばらつきが小さくなります。よって、徒歩通学学生の層から選ばれた学生の平均通学時間は、徒歩通学学生全体の層の平均通学時間とそれほどズレていないことが期待できます。電車通学学生の層も同様です。このように、母集団をばらつきが小さい層に分け、各層での推測の精度を高めることによって母集団全体としての推測の精度を高めようとするのが層化抽出法の発想です。

117　出典：総務省統計局「家計調査の概要」https://www.stat.go.jp/data/kakei/1.html#kakei_3

118　総務省統計局「家計調査に関する Q&A（回答）」https://www.stat.go.jp/data/kakei/qa-1.html

(5) クラスター抽出法

　母集団から個体を抽出するためのサンプリング台帳がないような場合には、クラスター抽出法と呼ばれる方法が利用されることがあります。たとえば、ある大学生がその大学の学部 1 年生を母集団として、そこから選ばれた個人に面接で調査を行いたいけれども、1 年生全員の名簿が手に入らないとします。このような場合、1 年生の全員が大学の教員ごとに分かれて 1 科目だけ履修できるゼミと呼ばれる科目を利用すれば、1 年生のゼミ科目の一覧は用意できるかもしれません。図 8.6 のように母集団をゼミ科目でグループ分けし、その一覧からいくつかゼミ科目をランダムに選び、選ばれたゼミを履修している学生全員に面接を実施する方法が考えられます。

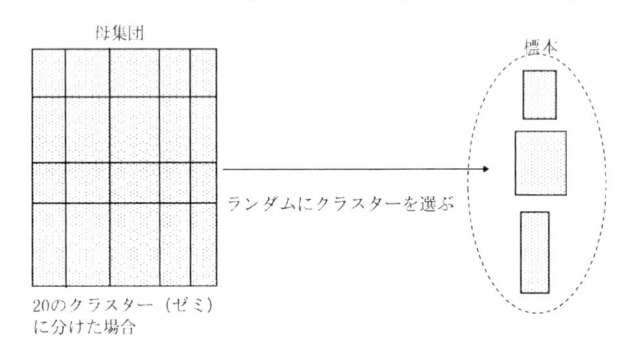

図 8.6　クラスター抽出法のイメージ

　このように、母集団を重なりがない幾つかのグループ（クラスター）に分け、グループをいくつかランダムに選び、そのグループ内の個体すべてに調査を実施するような標本抽出法を**クラスター抽出法**といいます。この例では、特定の傾向をもったゼミばかり抽出されるというように、選ばれたクラスターが偏っているために標本が偏るおそれがあるという欠点があります。単純無作為抽出法と比べると、基本的に母集団の特性などを推測する精度は低くなります。

　(1) ～ (5) の方法をまとめると表 8.3 のようになります。

表 8.3　無作為抽出法（ランダムサンプリング）の種類とそれぞれの長所・短所の例

名称	長所の例	短所の例
単純無作為抽出法	推測に統計学の理論を適用しやすい。	調査単位が個人の全国調査には向いていない。
系統抽出法	標本抽出が楽になる。	サンプリング台帳の並びの規則性によって標本の偏りが生じることがあり、基本的に推測の精度は単純無作為抽出法より低い。
多段抽出法	調査単位が個人の全国調査のときなどに調査の負担が軽くなる。	抽出の各段階で偏りが生じやすく、基本的に推測の精度は単純無作為抽出法より低い。
層化抽出法	基本的に推測の精度は単純無作為抽出法より高い。	母集団での層の構成比をあらかじめ把握しておく必要がある。
クラスター抽出法	個体のサンプリング台帳がなくても個体を抽出できる。	基本的に推測の精度は単純無作為抽出法より低い。

この章のまとめ

1 目的に応じてどのようなデータが必要なのかをしっかり考え、様々な方法を駆使してデータを収集する。

2 本来的に調査を行いたい対象すべての集まりを母集団といい、母集団から選ばれた一部を標本という。

3 母集団のサイズが大きい全数調査は時間的、金銭的なコストが大きくなりやすい。

4 全数調査には国勢調査、経済センサスなどがある。

5 標本がランダムに選ばれる標本抽出をランダムサンプリング（無作為抽出法）という。

6 ランダムサンプリング（無作為抽出法）には、単純無作為抽出法、系統抽出法、多段抽出法、層化抽出法、クラスター抽出法などがある。

|練|習|問|題|

問題1 行政機関などが保有する公共のデータで、オープンデータとして提供するものを対象としてカタログを整備している Web サイト「e-Gov データポータル」で自身の興味に関するキーワードなどで検索し、関連するデータのあるページにアクセスしなさい。

問題2 住民基本台帳を基に標本抽出を行う調査が世の中にはある。検索エンジンで「自身の興味ある市区町村名 住民基本台帳 閲覧」と検索し、その自治体で住民基本台帳を閲覧する条件を確認し、過去に住民基本台帳が誰にどのような目的で閲覧されたかを示す情報がある場合はそれを確認して述べなさい。

問題3 全数調査と標本調査の違いを述べ、それぞれの調査の例を挙げなさい。

問題4 右の表のような大規模な大学があるとする。学生全体（母集団）の握力の平均をランダムサンプリングで選んだ標本の平均握力から推測する場合、次の二つの標本抽出法のうち

	A 学部	B 学部	C 学部	計
男	3000	5000	6000	14000
女	2000	2000	2000	6000
計	5000	7000	8000	20000（人）

望ましい方を選びなさい。なお、氏名・性別・連絡先が記載されたサンプリング台帳はあり、標本サイズは 200、選ばれた学生への調査は容易に実施できるという条件のみで考える。

（ア）	母集団を男女に分け、まず男（14000 人）か女（6000 人）のどちらかの性別をランダムに選び（1 段目）、選ばれた性別から学生個人を 200 人選ぶ 2 段抽出法
（イ）	母集団を男女で層化し、各層からランダムに男 140 人、女 60 人を選ぶ層化抽出法

問題5 大手新聞社が内閣支持率を調査する際の回答者を選ぶ方法を調べなさい。

Active Learning Web API の利用方法の検討

・Web API を用いると何ができるかをまとめ、どのような利点と欠点があるかディスカッションしよう。また、この技術を自身の生活で利活用できる場面を二つ挙げてみよう。

第 9 章

ネットを使ってデータを利活用する

学生　先生、インターネットを使ってオープンデータを収集して利用したいんですけど、ネットはほとんどスマートフォンで利用しているので、具体的にどうすれば収集できるのか分からないです。第 6 章の方法は理解できました。

教師　そうでしたか。PC を使えば、Web サイトから色んなデータを簡単に収集できます。実際に色んな方法でデータを収集してみると、意外に簡単なことだと気付くと思いますよ。見ているだけじゃなくて、挑戦してみてはどうですか？

学生　確かに、実際に体験した方がスキルが身に付きますよね。挑戦してみます！　PC で検索して表示された Web ページの数値を、紙に記録すればいいんですか？

教師　うーん、それは一つの方法ではあるかもしれないけど、数値が多いと大変な作業になりますよ。今は色んなツールがあって、昔なら大変な作業が必要だったことが、誰でも簡単にできる時代になりました。

学生　そうなんですか！

教師　では、インターネットに接続された PC を用意してオープンデータなどを実際に収集して利用してみましょう。データを用いたレポートや、ゼミでのプレゼンのときなどに役立つ Web サイトも色々知っておくと便利ですね。

学生　ぜひ、教えてください！

この章で学ぶこと

1　政府統計の総合窓口 e-Stat の活用方法を説明する。

2　Web ページ内に表示されているデータを PC に取り込む方法を説明する。

3　データを収集したいときに役立つ色々な Web サイトを利用する。

9.1 オープンデータを収集する

9.1.1 政府統計の総合窓口「e-Stat」からデータを取得する

・e-Stat からは、様々な調査データをダウンロードして利用できる。

日本の各府省が公表する統計データなどの各種統計情報を、インターネットを通して利用することができる「e-Stat」という Web サイトがあります。e-Stat からは、様々なオープンデータを取得することができ、そのデータを利用してレポート作成に役立てることもできます。ここでは、「世の中の世帯が 2024 年 1 月に、食料としてどのような種類のものに、どれくらいの金額を支出したかというデータが欲しい」とします。このようなときは、家計調査のデータを活用できます。

(1)e-Stat の家計調査データについて

家計調査は、国民生活における家計収支の実態を把握し、国の経済政策の立案のための基礎資料を提供することなどを目的とした調査です[119]。この調査は、全国からランダムサンプリングで選ばれた約 9 千世帯に家計簿をつけてもらう標本調査で、この結果から世の中の世帯全体の家計収支の動向を推測することができます。家計調査の標本のうち、約 8 千世帯が二人以上の世帯で、それ以外は単身世帯となっています。二人以上の世帯の消費支出に関しては、各月ごとの調査結果（1世帯当たりの平均値）を知ることができますが、単身世帯は月別の結果はありません。総世帯の消費支出額に占める二人以上の世帯の消費支出金額は 8 割近く[120] あることからも、ここでは、二人以上の世帯の食料の消費支出データを用いることにします。

家計調査の結果は、何に対して支出したかを、あらかじめ定められた項目分類別で見ることができます。消費支出は、表 9.1 の左のように大きく 10 大費目（大分類）に分かれています。その各費目に対し、さらに細かく分けた中分類があり、食料については、表の右のような中分類となっています。さらに細かく分けた小分類もありますが、項目数が多いので割愛します。ここでは、中分類での支出額のデータを取得できれば十分だとしましょう。

表 9.1 消費支出の大分類と「食料」の中分類

大分類		中分類	
1	食料		中分類
2	住居	1.1	穀類
3	光熱・水道	1.2	魚介類
4	家具・家事用品	1.3	肉類
5	被服及び履物	1.4	乳卵類
6	保健医療	1.5	野菜・海藻
7	交通・通信	1.6	果物
8	教育	1.7	油脂・調味料
9	教養娯楽	1.8	菓子類
10	その他の消費支出	1.9	調理食品
		1.10	飲料
		1.11	酒類
		1.12	外食

119　出典：総務省統計局「家計調査の概要」https://www.stat.go.jp/data/kakei/1.html#kakei_1
120　出典：総務省統計局「家計調査に関する Q&A（回答）」https://www.stat.go.jp/data/kakei/qa-1.html#A2

(2) e-Stat で家計調査データを表示

　表 9.1 の中分類について、2024 年 1 月の二人以上の世帯の支出額（1 世帯当たりの平均）のデータを、次の①〜⑭の手順にしたがって e-Stat で表示します。

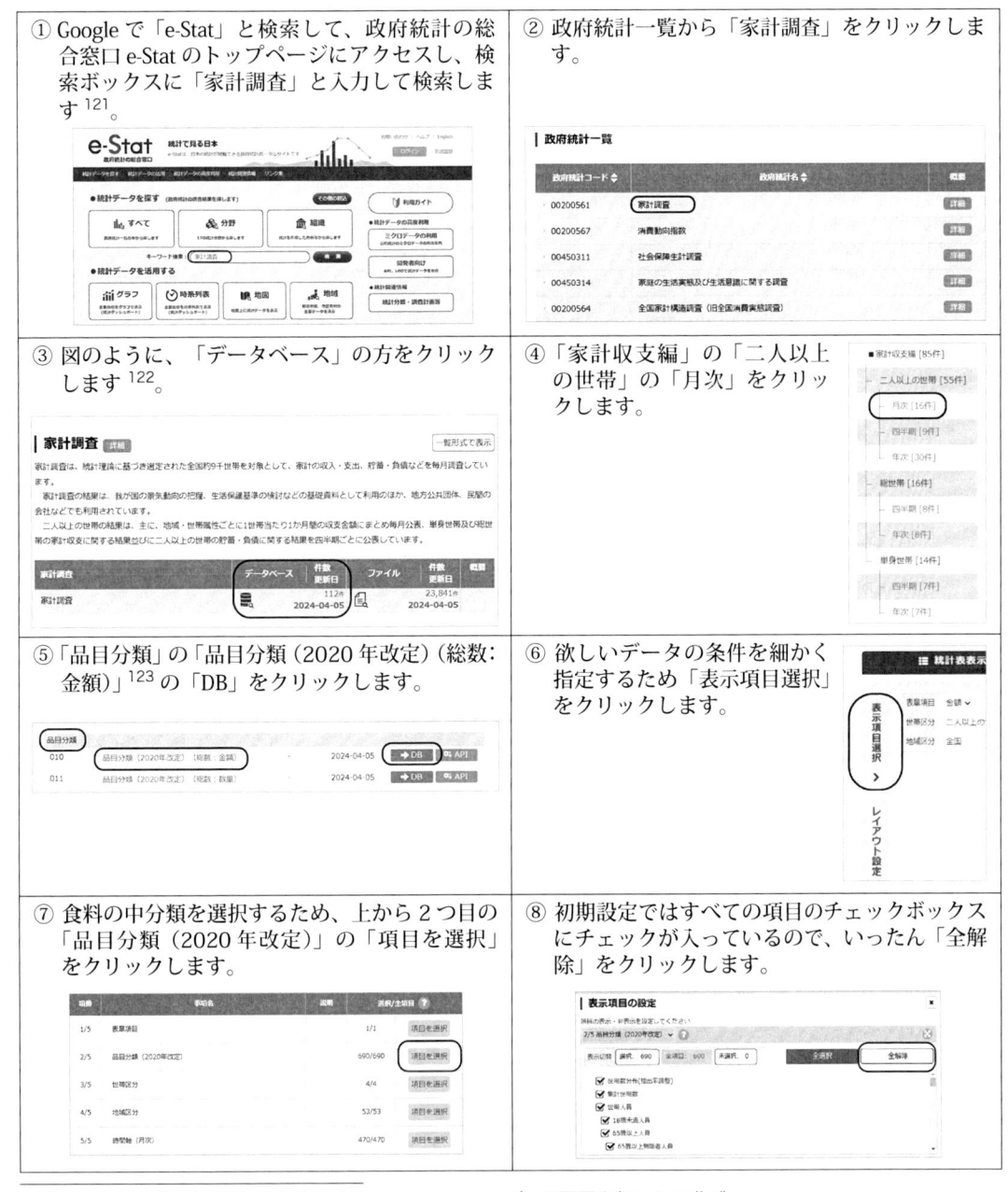

① Google で「e-Stat」と検索して、政府統計の総合窓口 e-Stat のトップページにアクセスし、検索ボックスに「家計調査」と入力して検索します[121]。	② 政府統計一覧から「家計調査」をクリックします。
③ 図のように、「データベース」の方をクリックします[122]。	④ 「家計収支編」の「二人以上の世帯」の「月次」をクリックします。
⑤ 「品目分類」の「品目分類（2020 年改定）（総数：金額）」[123] の「DB」をクリックします。	⑥ 欲しいデータの条件を細かく指定するため「表示項目選択」をクリックします。
⑦ 食料の中分類を選択するため、上から 2 つ目の「品目分類（2020 年改定）」の「項目を選択」をクリックします。	⑧ 初期設定ではすべての項目のチェックボックスにチェックが入っているので、いったん「全解除」をクリックします。

121　e-Stat の Web サイト（https://www.e-stat.go.jp/）の画面を加工して作成
122　「ファイル」と「データベース」の二つがありますが、「データベース」の方は、欲しいデータの条件をより詳細に指定したり、そのデータをダウンロードしたり、Web ブラウザ上でデータをグラフで表示したりすることができます。「ファイル」の方は、あらかじめ条件が付いた形のファイルがある程度用意されています。「ファイル」の方でも一部「データベース」機能を使うことができます。
123　家計調査では、消費における金額だけでなく数量も調査項目としてあり、今回は支出額データが欲しいので金額の方を選びます。

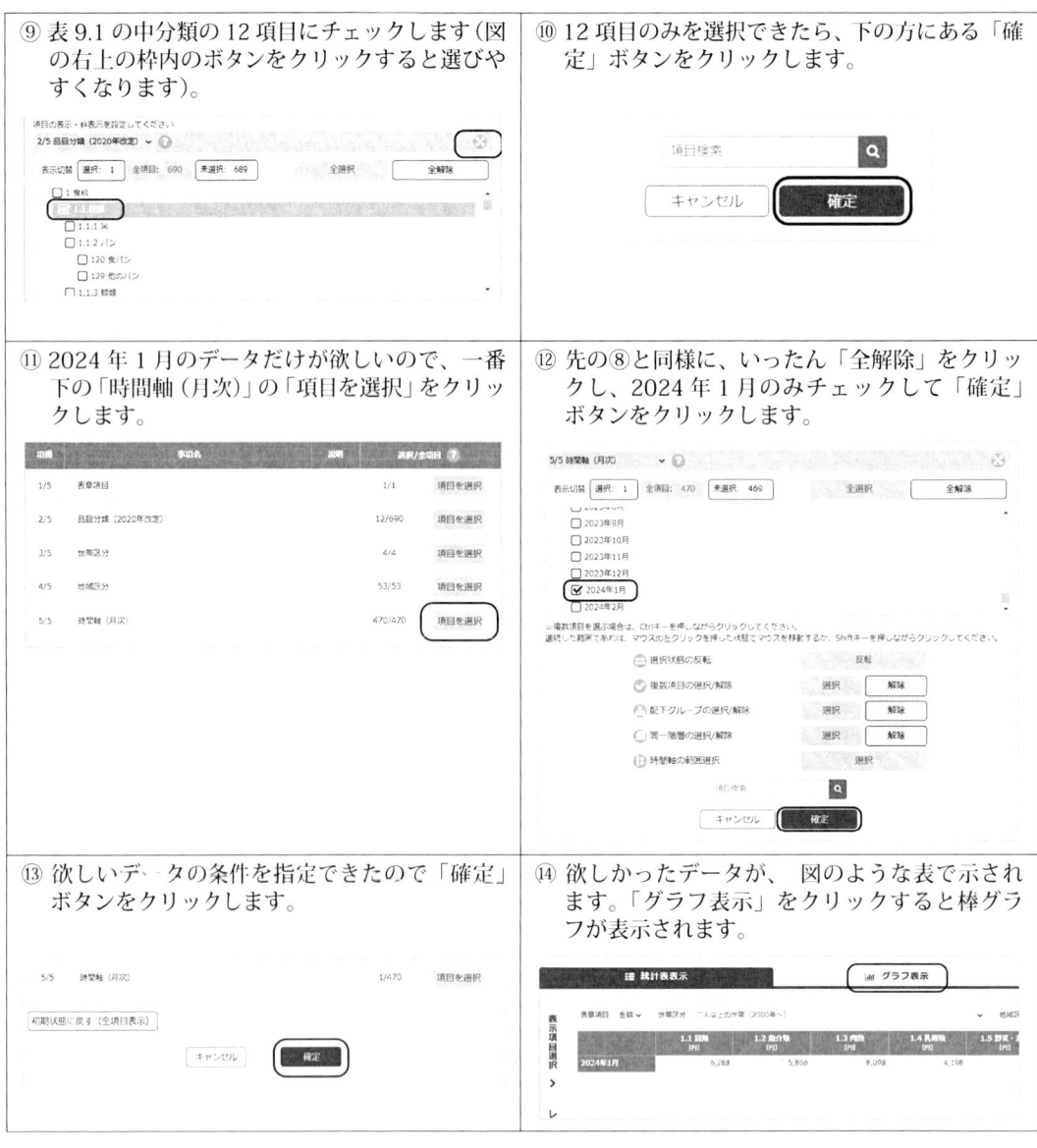

上記の操作で求めたデータを見ると、食料の中分類の中では「外食」の支出金額が最も多いことなどが分かります。

(3) データのダウンロード

先の手順⑭で表示したデータを、**CSV ファイル**としてダウンロードするには、次の①〜⑦の手順で行います。

① 先の手順⑭の続きで、画面がグラフ表示の状態であれば、図の「統計表表示」をクリックします。

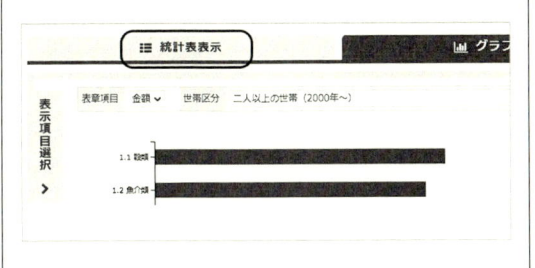

② ダウンロードしたデータを用いて棒グラフを作成する際に、作業しやすくなるようにレイアウトを変更するため、「レイアウト設定」をクリックします [124]。

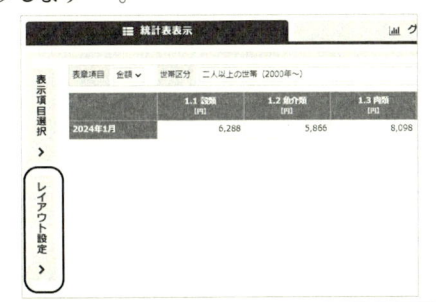

③ 図のように「品目分類（2020年改定）」を行に、「時間軸（月次）」を列にドラッグ＆ドロップして入れ替え、右下の「設定して表示を更新」をクリックします。

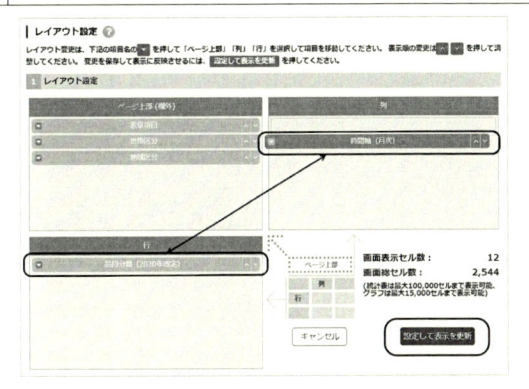

④ 表が縦長になれば、この表をファイルとしてダウンロードするため、「ダウンロード」をクリックします。

⑤ 今回は、できる限りシンプルなデータが欲しいので、図のような設定にします [125]。

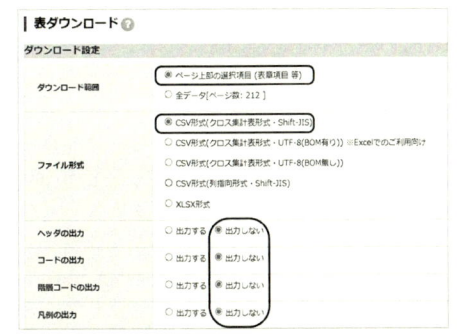

⑥ ダウンロードするための設定ができたので「ダウンロード」ボタンをクリックします。

⑦ 図の画面で「ダウンロード」をクリックします。これで CSV ファイルが、PC にダウンロードされます。

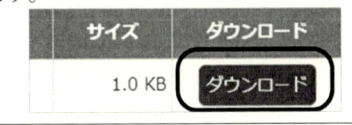

---

124 今回は、作成する棒グラフの棒を値が大きい順に並べ替えるため、その際に都合が良いからという理由で行いますが、いつでもこの操作が必要ということではありません。

125 図の左の列に書かれていることの意味は、表示されているウィンドウの下の方に記載されています。今回は、不要な情報をできる限り含めないようにするため、⑤のように設定しました。

💡 Tips　取得したオープンデータを Excel で可視化する

・e-Stat からダウンロードした、2024 年 1 月の二人以上の世帯における食料の中分類 12 項目の支出額データに対し、支出額の大きさと、その順序を読み取りやすいように Excel を使って棒グラフで可視化しましょう。

① e-Stat からダウンロードしたファイルを Excel で開きます。今回は、D 列と F 列以外は不要なので A,B,C,E 列を削除します。

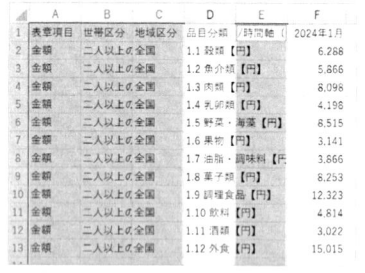

② A2 セルから B13 セルまでを選択し、「挿入」タブの「縦棒 / 横棒グラフの挿入」をクリックし、表示される一覧の中の「2-D 縦棒」の「集合縦棒」をクリックします。

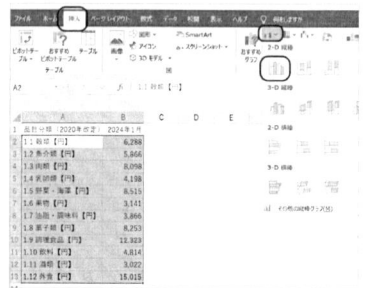

③②で作成した棒グラフを見やすいように金額の大きい順に並べ替えます（**ランキング**）。左図のように B 列を選択し、「ホーム」タブの「並べ替えとフィルター」をクリックし「降順」を選択します。このとき、小さなウィンドウが表示されるので「選択範囲を拡張する」のラジオボタンをオンにし、「並べ替え」ボタンをクリックすると、右図のような棒グラフが作成できます。

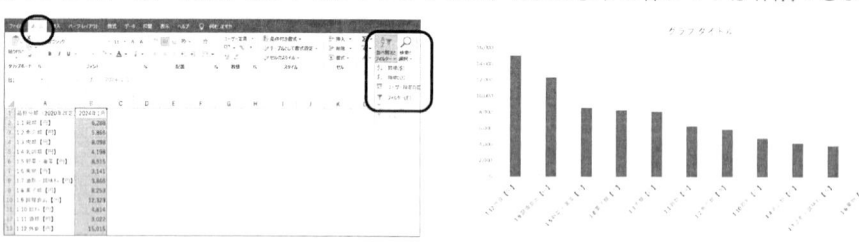

・このように、必要なデータを CSV ファイルでダウンロードすれば、Excel などで、自身で可視化のデザインをしたグラフを使って、視覚的に分析したり、他者にデータがもつ情報を伝えたりすることができます。

9.1.2　Web ページ内のデータを PC に取り込む

・Web ページ内に表示されているデータは色々な方法で PC に取り込むことができる。

　ここでは、「千葉県我孫子市の 2024 年 4 月の天気データを利用するために、気象データが欲しい」とします。ただ、気象庁の Web ページ内の表に掲載されている気象データの数値を、Excel などに一つずつ手入力していると大変な作業になります。Web サイトからデータを取得する方法には、

第6章や先ほど紹介した方法以外にも色々あります。

まずは、下の手順①〜⑥に示す方法で、欲しいデータが表示されている気象庁のWebページにアクセスします。なお、例として千葉県我孫子市の2024年4月の気象データで説明しますが、自分の好きな地点の最新の年月で同じ操作をしてみてください。

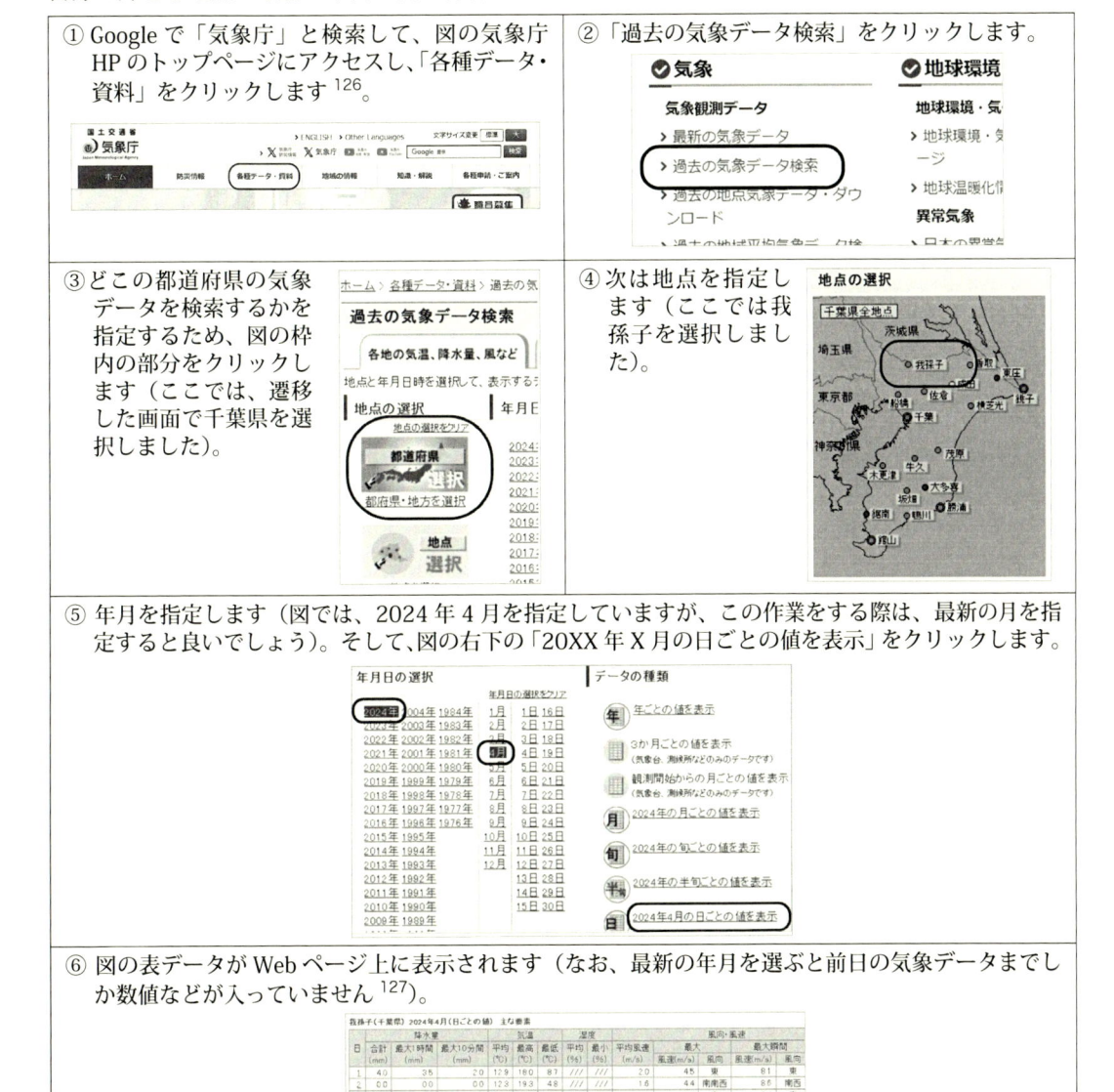

① Googleで「気象庁」と検索して、図の気象庁HPのトップページにアクセスし、「各種データ・資料」をクリックします [126]。

② 「過去の気象データ検索」をクリックします。

③ どこの都道府県の気象データを検索するかを指定するため、図の枠内の部分をクリックします（ここでは、遷移した画面で千葉県を選択しました）。

④ 次は地点を指定します（ここでは我孫子を選択しました）。

⑤ 年月を指定します（図では、2024年4月を指定していますが、この作業をする際は、最新の月を指定すると良いでしょう）。そして、図の右下の「20XX年X月の日ごとの値を表示」をクリックします。

⑥ 図の表データがWebページ上に表示されます（なお、最新の年月を選ぶと前日の気象データまでしか数値などが入っていません [127]）。

126　気象庁のWebサイト（https://www.jma.go.jp/）の画面を加工して作成

127　図の表データの検索日は2024年4月15日だったので、2024年4月1日〜14日までの気象データしか入っていません。

　このようなデータを取り込む方法としては、次の Tips のような Excel の機能や、Web スクレイピング（第 8 章）を利用する方法などがあります。

　ところで、この例では検索日が 2024 年 4 月 15 日だったので、当然ですが、2024 年 4 月 15 日以降の気象データの数値は気象庁の Web ページ内の表には記録されていませんでした。改めて数日後に気象庁の同じページを見ると、経過した日にちの気象データの数値が記録されています。そのデータを、次の Tips 内の④の Excel ファイルに反映させるには Tips 内の①の操作で示した「データ」タブの「すべて更新」ボタンをクリックします。この Excel の機能を用いることで、定期的に更新されるような Web ページ内の表データについて、最新のデータをボタン一つの簡単な操作で Excel に反映させることができます。なお、Excel の機能より汎用性の高い、第 8 章で紹介した Web API または Web スクレイピングを用いれば、表データになっていない Web ページ内のデータでも収集することができます。

💡 Tips　Web ページ上の表データを Excel の機能を利用して取り込む

・次の手順①〜④にしたがって先の⑥の Web ページ上のデータを Excel に取り込みます。

① Excel を新規に起動し、「データ」タブの「Web から」をクリックします。

②先の手順⑥の Web ページの URL をコピーし、URL 入力欄に貼り付け「OK」ボタンをクリックします。

③ 左の表示オプションから、目的の表を選択し、右下の「読み込み」ボタンをクリックします。

④ Web ページ内のデータを Excel に取り込むことができました。

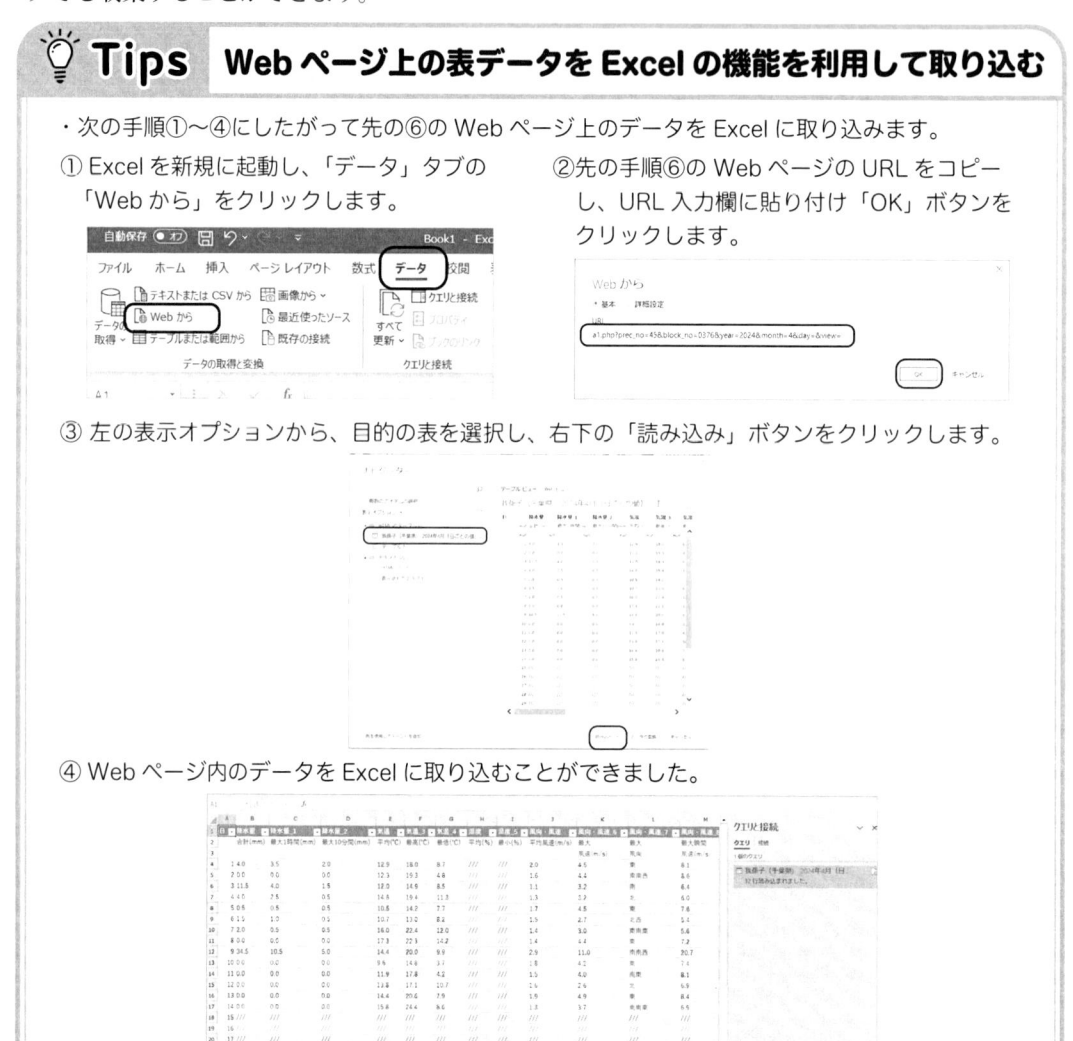

9.2 データ利活用に役立つ Web サイト集

9.2.1 データを利活用するために知っておきたい Web サイト

・データを利活用したいときに使える色々な Web サイトを役立てる。

(1) 世論調査データを公開している Web サイト

　世論調査は、民間企業から公的な機関までたくさん実施しており、各 Web サイト上で調査結果などを公開していることがあります。たとえば、東京都は都民の意識や生活の実態を調査し、その結果を公表しています。表 9.2 は、調査結果を公開している世論調査の例です。これらの Web サイトでは、各調査データの集計結果を CSV ファイルなどでダウンロードできることが多く、世の中の人々の意識を、データを用いて明らかにしたいときなどに役立ちます。

表 9.2　世論調査の結果を公開している Web サイトの例

	調査の例	URL
内閣府世論調査	・国民生活に関する世論調査 ・裁判員制度に関する世論調査 ・道路に関する世論調査	https://survey.gov-online.go.jp/
都道府県が実施している世論調査	・県政に関する世論調査（千葉県） ・県民ニーズ調査（神奈川県） ・県政世論調査（福島県）	都道府県により異なる
NHK 世論調査	・生活時間調査 ・日本人の意識調査 ・個人視聴率調査	https://www.nhk.or.jp/bunken/research/yoron/index.html

(2) オープンデータを公開している各自治体の Web サイト

　各自治体では、自治体に関する公共性のある情報を公開しています。たとえば、千葉県我孫子市の公式 Web サイト上では、我孫子市内の地域・年齢別人口、公共施設一覧、指定緊急避難場所・指定避難所一覧データなどを、CSV ファイルでダウンロードできる形で公開しています[128]。たとえば、避難場所一覧のデータには住所、緯度・経度のデータも含まれているため、Google Map にその CSV ファイルをアップロードし、マップ上の各避難所の位置にピンを立てて、避難場所が一目で分かるよう可視化して役立てることができます。

(3) 統計情報を地図上で可視化できる Web サイト

　様々な統計情報を地図上で表現することができる Web サイトもあります。地理情報システム jSTAT MAP は、国勢調査などで得られた各種統計情報を地図上で可視化して表すことができます。ここでは、2020 年の国勢調査の結果を利用して、千葉県の市区町村別での高齢者（65 歳以上）人口の割合を、次の①〜⑧の手順で地図上に色で表現してみましょう。

128　我孫子市のオープンデータ https://www.city.abiko.chiba.jp/shisei/opendata/opendata.html

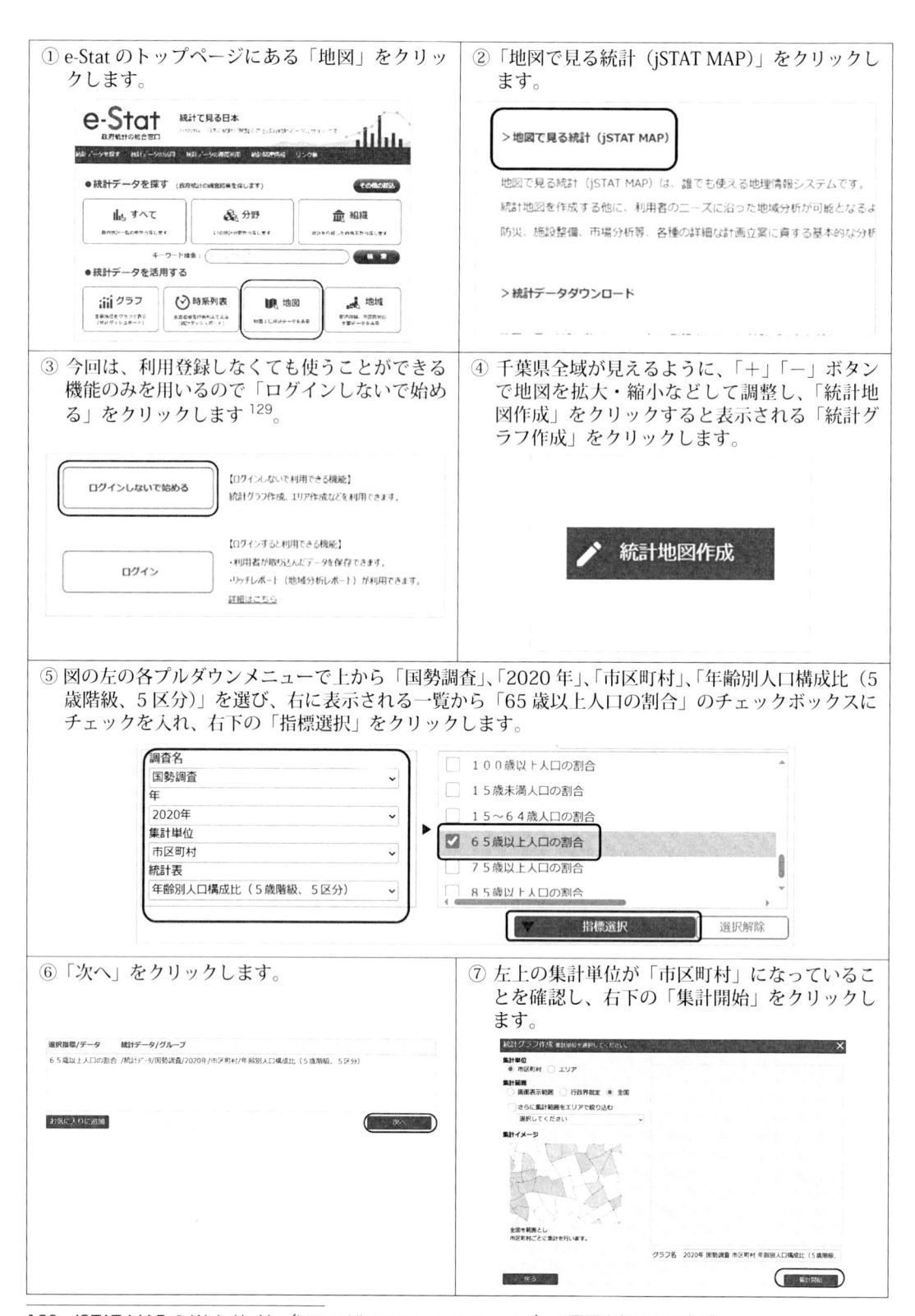

① e-Stat のトップページにある「地図」をクリックします。

② 「地図で見る統計（jSTAT MAP）」をクリックします。

③ 今回は、利用登録しなくても使うことができる機能のみを用いるので「ログインしないで始める」をクリックします[129]。

④ 千葉県全域が見えるように、「＋」「－」ボタンで地図を拡大・縮小などして調整し、「統計地図作成」をクリックすると表示される「統計グラフ作成」をクリックします。

⑤ 図の左の各プルダウンメニューで上から「国勢調査」、「2020 年」、「市区町村」、「年齢別人口構成比（5 歳階級、5 区分）」を選び、右に表示される一覧から「65 歳以上人口の割合」のチェックボックスにチェックを入れ、右下の「指標選択」をクリックします。

⑥ 「次へ」をクリックします。

⑦ 左上の集計単位が「市区町村」になっていることを確認し、右下の「集計開始」をクリックします。

129 jSTAT MAP の Web サイト（https://jstatmap.e-stat.go.jp/）の画面を加工して作成

⑧ 高齢者人口の割合に応じて市区町村が色分けされた地図を表示できました。具体的な色分けは、図の左下の凡例を参照してください。右上の枠は、初期設定では「Google Map」ですが、航空写真などに変更することもできます[130]。

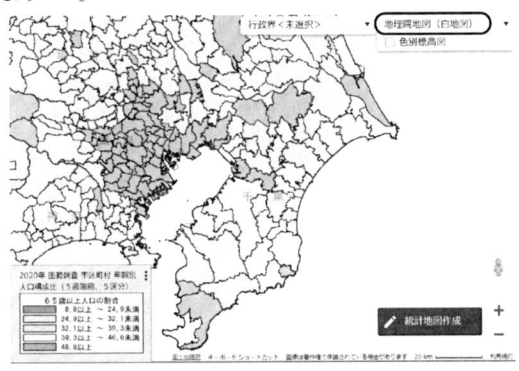

(4) 機械学習に利用できるデータを公開している Web サイト

　機械学習で利用できるデータを公開している Web サイトもあります。たとえば、自身で機械学習を行うために、機械学習の練習で使われる有名な Iris データセット（第 7 章でも紹介された）が欲しいとしましょう。このときは、機械学習に利用できる 600 種類以上のデータセットを公開している UCI Machine Learning Repository の Web サイト[131]にアクセスし、トップページの「Popular Datasets」の中か、もしくは検索ボックスに「Iris」と入力して検索すると、欲しいデータがあるページに辿り着きます。ライセンスなどを確認して、「DOWNLOAD」ボタンをクリックするとデータを取得できます。その他にも、機械学習の競技（コンペティション）などを提供していてデータサイエンティストたちが集まる Kaggle の Web サイト[132]や、Google Dataset Search[133]でも、データを検索して利用することができます。

　これら以外にも、産業構造や人の流れなどのビッグデータを集約して可視化する RESAS の Web サイト[134]があります。また、株式会社ドコモ・インサイトマーケティングが提供している、NTT ドコモの携帯電話ネットワークを利用した人口統計情報を、Google Map 上 に可視化した「モバイル空間統計 人口マップ」などを利用することができる「モバイル空間統計」の Web サイト[135]もあります。

130　図は地理院地図（白地図）を背景地図に設定した jSTAT MAP の画面を加工して作成

131　https://archive.ics.uci.edu/

132　https://www.kaggle.com/

133　https://datasetsearch.research.google.com/

134　RESAS https://resas.go.jp/

135　モバイル空間統計 https://mobaku.jp/

🔆 Tips　著作権とクリエイティブ・コモンズ・ライセンス（CC ライセンス）

・著作権法では、著作物を次のように定義しています。

　著作物：思想又は感情を創作的に表現したものであつて、文芸、学術、美術又は音楽の範囲に属するものをいう。

　たとえば、思想又は感情を創作的に表現した、レポート、写真、動画などは著作物です。日本では、著作物ができた時点で著作権が発生する無方式主義という形をとっていて、特にどこかに申請して著作権を得る必要はありません。

・インターネット上にある著作物などの作品の利用に関するルールで、国際的にも広く使われているのが、クリエイティブ・コモンズ・ライセンス（CC ライセンス）です。CC ライセンスを示すための基本の条件は次の四つです。

　　🛈　表示：作品のクレジットを表示すること

　　🛇　非営利：営利目的での利用をしないこと

　　↻　継承：元の作品と同じ組み合わせのCCライセンスで公開すること

　　＝　改変禁止：元の作品を改変しないこと

この四つを組み合わせた下の六つが CC ライセンスとして使われます。国や自治体のオープンデータは、この六つのうちの一番上の条件であることがほとんどです。

CC 🛈 BY　表示	原作者のクレジット（氏名、作品タイトルなど）を表示することを主な条件とし、改変はもちろん、営利目的での二次利用も許可される最も自由度の高いCCライセンス。
CC 🛈↻ BY SA　表示—継承	原作者のクレジット（氏名、作品タイトルなど）を表示し、改変した場合には元の作品と同じCCライセンス（このライセンス）で公開することを主な条件に、営利目的での二次利用も許可されるCCライセンス。
CC 🛈＝ BY ND　表示—改変禁止	原作者のクレジット（氏名、作品タイトルなど）を表示し、かつ元の作品を改変しないことを主な条件に、営利目的での利用（転載、コピー、共有）が行えるCCライセンス。
CC 🛈🛇 BY NC　表示—非営利	原作者のクレジット（氏名、作品タイトルなど）を表示し、かつ非営利目的であることを主な条件に、改変したり再配布したりすることができるCCライセンス。
CC 🛈🛇↻ BY NC SA　表示—非営利—継承	原作者のクレジット（氏名、作品タイトルなど）を表示し、かつ非営利目的に限り、また改変を行った際には元の作品と同じ組み合わせのCCライセンスで公開することを主な条件に、改変したり再配布したりすることができるCCライセンス。
CC 🛈🛇＝ BY NC ND　表示—非営利—改変禁止	原作者のクレジット（氏名、作品タイトルなど）を表示し、かつ非営利目的であり、そして元の作品を改変しないことを主な条件に、作品を自由に再配布できるCCライセンス。

出典：「クリエイティブ・コモンズ・ライセンスとは」https://creativecommons.jp/licenses/

この章のまとめ

1　e-Stat からは、様々な調査データをダウンロードして利用できる。

2　Web ページ内に表示されているデータは色々な方法で PC に取り込むことができる。

3　データを利活用したいときに使える色々な Web サイトを役立てる。

|練|習|問|題|

問題1　9.1.1 において、消費支出の大分類「食料」の中分類で支出金額を比較した例にならい、2024 年 1 月の二人以上の世帯での大分類「光熱・水道」において、その中分類で比較した場合、中分類のどの項目が最も支出額が大きいか答えよ。

問題2　9.2.1 の例にならい、jSTAT MAP の Web サイト上で、2020 年の国勢調査の結果を用いて、東京都の市区町村別での単独世帯の割合を地図上に表示しなさい。

問題3　内閣府世論調査の Web サイトにアクセスし、内閣府が実施した調査を一つ選び、集計表の CSV ファイルを一つダウンロードしなさい。

> **Active Learning**　**jSTAT MAP の活用**
>
> ・総務省統計局の YouTube チャンネルに jSTAT MAP の利用方法の動画が公開されているので、それらを参考に、jSTAT MAP を利用して、何か有益な使い方の提案ができないかをグループで考え、発表しよう。

第10章

AIのできること、できないこと

学生　先生、こんなにAIが発達すると、私たちは、何をすれば良いんでしょうか？　人間はいらなくなったりして・・・

教師　いやいや、まだ、そんなことはないですよ。現在のAIでは、できないことが、まだまだあります。

学生　よかった！　じゃあ、安心して良いですね。

教師　さて、どうでしょう。既に、AIができることは、人間が行う必要はなくなっていくので、そんなに安心していては、困りますよ！

学生　だったら、どんな心構えをしておけば良いですか？

教師　良い質問ですね。それを正確に理解するために、ここでは、AIができること、できないことを学びましょう。

学生　是非、教えてください。AIができないことが、できるようになりたいと思います。

教師　はい、頑張りましょう。

この章で学ぶこと

1　特化型AIと汎用AIの違いについて説明する。

2　パターン認識技術について説明する。

3　構造化データと非構造化データの違いを説明する。

4　現在のAIでできないことを説明する。

10.1 現在の AI について

10.1.1 特化型 AI と汎用 AI

・AI には特化型 AI と汎用 AI の 2 種類がある。
・現在、使われている AI のほとんどは特化型 AI であり、汎用 AI は定義や実現可能
性も含めて議論が続いている。

　現在の AI に対する一つの区分として**特化型 AI** と**汎用 AI** [136] の 2 種類が挙げられます。特化型 AI とは、一つの課題を解決することに使われる AI を指していて、現在社会で活用されている AI は、この特化型 AI です。たとえば、画像を分類する AI、商品のおすすめをする AI、囲碁を打つ AI など、どれも一つの課題を解決することに特化しているため、そのように呼ばれます。一方で、汎用 AI とは、いわば「人間のように思考し、行動できる AI」を指しています。SF 映画や小説に出てくるようなロボットを想像すると良いでしょう。ただし、具体的にどのような基準を満たせば汎用 AI といえるのかは定まっておらず、実現可能性も含め、様々な議論が続けられています。

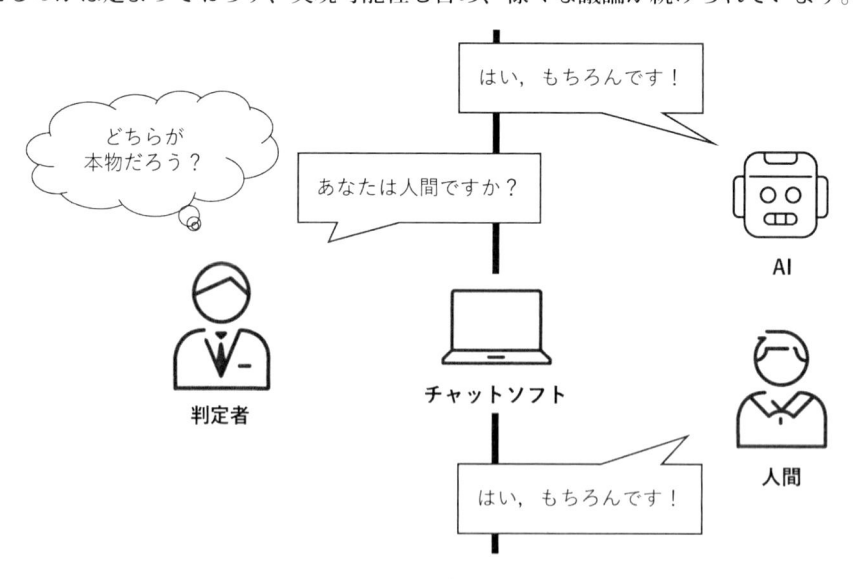

図 10.1　チューリングテストのイメージ

　人間のように思考するといっても、AI が本当に思考できているのか、それとも単にプログラムされた反応を返しているだけなのかを判別することは容易ではありません。これを判定する方法は昔から議論が続けられてきました。一つの方法として有名なものに、1950 年代に数学者アラン・チューリングが提唱した**チューリングテスト**と呼ばれるものがあります。これは、図 10.1 のように「ある人が壁の向こうにいる何かと会話し、その相手が AI か人かが分からなければ、その AI は人と同じ知能をもっている」というテストです。

136　特化型 AI のことを「弱い AI」、汎用 AI のことを「強い AI」と呼ぶこともあります。

しかしながら、このチューリングテストは「人のような受け答えをしてくれる」ことの証明にはなりますが、実際に「人間のように思考ができているのか」を証明することはできません。このように、「人間のように思考ができているのか」を証明することの難しさが、「汎用 AI とは何か」の定義の難しさである理由ともいえます。

10.1.2　パターン認識技術

・パターン認識技術とは、各データを自動的に分類する技術を指す。
・パターン認識技術の実現手法には様々な方法があり、人間がルールを決める「ルールベース」も実現手法の一つである。

AI の代表的な技術の一つに、**パターン認識技術**があります。パターン認識技術とは、たとえば、果物の画像を見て「これは何の果物か？」を当てるようなことを指します。このような認識は日常的に行っていることで、人間であれば、無意識のうちに、その画像がリンゴの画像か、バナナの画像かを分類することができます。

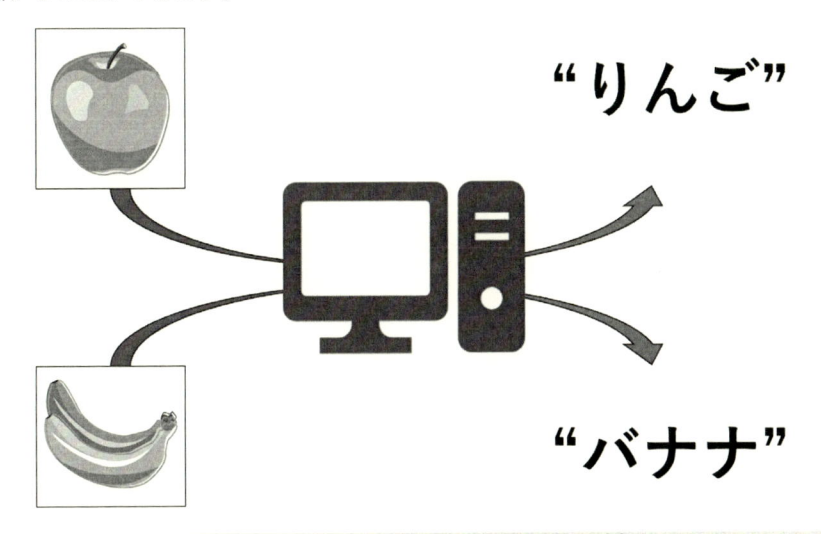

図 10.2　パターン認識技術（画像認識）の例

図 10.2 のように、パターン認識技術とは、このような認識をコンピュータに行わせる技術のことを指しています。パターン認識技術の最も簡単な実現方法に、**ルールベース**があります。ルールベースとは、認識するためのルールを定めて、それに基づいて分類や応答を行うということです。たとえば、赤リンゴと青リンゴの画像を分類するには、画像の中の赤い領域が多ければ赤リンゴ、緑の領域が多ければ青リンゴというルールで分類することができます。しかしながら、新たに「イチゴの画像も分類させたい」というタスクが追加されてしまうと、このルールでは対応ができないので、また新たにルールを追加しなくてはなりません。このように、ルールベースでは、タスクの複雑さが増すごとに、ルールの数も飛躍的に増大し、そのルールを定めていく必要があります。

そのため、現在は、ディープラーニングを用いたパターン認識が主流となっています。ディープ

ラーニングによるパターン認識では、データ（上記の場合、多くのリンゴの画像）を用意し、それをコンピュータに入力することで、データの中にある規則性やルールを自動的に見つけてくれるので、人がルールを追加する必要がないという大きなメリットがあります。ただし、コンピュータがルールとなる規則性を見つけるためには、大量のデータ（**ビッグデータ**）が必要であり、大量のデータを準備するというコスト[137] がかかることや、それを処理できる高性能なコンピュータ[138] が必要であるというデメリットも存在します。

> ### 🔆 Tips　ルールベースは時代遅れ？
>
> ・ルールベースは時代遅れの方式であるように思ったかもしれませんが、実社会での利用において、ルールベースがもつ「人の設定したルール通りにしか動かない」という点が、大きなメリットになることもあります。あるサービスのチャットボットが、ルールベース以外の方式で実現されていた場合、サービスの利用規約や、サービスの内容と反することを勝手に回答してしまったらどうでしょう。トラブルに発展する可能性があります。チャットボットが「この質問にはこう答える」というルールベースで実装されていれば、勝手な回答をすることはありません。このように、ルールベースの AI は、目的において有効な手段であるといえます。
> 注記：チャットボットとは、ユーザの問いかけに対し、自動で応答をしてくれるプログラムのことです。

10.2　データ構造とパターン認識

10.2.1　構造化データと非構造化データ

・構造化データとは、表形式で表現できる規則性のあるデータを指す。
・非構造化データとは、言語や画像、音声などのデータを指す。

　ディープラーニングによるパターン認識には、大量のデータが必要であることを述べましたが、これらのデータには、**構造化データ**と**非構造化データ**の 2 種類があります。構造化データとは、Excel や Google スプレッドシートなどの表計算ソフトで表現できる表形式の構造[139] をもったデータのことを指します。このような構造化データは人も理解がしやすく、コンピュータでの処理も比較的容易であるという特徴があります。

　一方で、非構造化データとは、言語（文書）データや画像データ、音声データのように、表形式などの構造をもたないデータを指します。扱いづらいデータのように思えますが、人間にとって馴染みのあるデータはむしろこちらかもしれません。

137　単にデータがあれば良いというわけではなく、たとえば、赤リンゴと青リンゴを分類する場合は、赤リンゴの画像と青リンゴの画像に対し、「これは赤リンゴである」、「これは青リンゴである」とコンピュータが区別できるような正解ラベルという情報を付与した上で準備する必要があります。この作業は通常人手で行う必要があるため、多くの場合、準備にコストがかかります。

138　一般的には、高性能な GPU（Graphics Processing Unit）を積んだコンピュータを利用します。GPU は並列計算に特化しているため、大量の計算を伴うディープラーニングに良く利用されます。

139　表形式でなくとも、HTML や XML、JSON のような規則性をもったデータも構造化データに含む場合があります。また、これらのデータを構造化データと非構造化データの中間として位置付け、半構造化データと呼ぶこともあります。

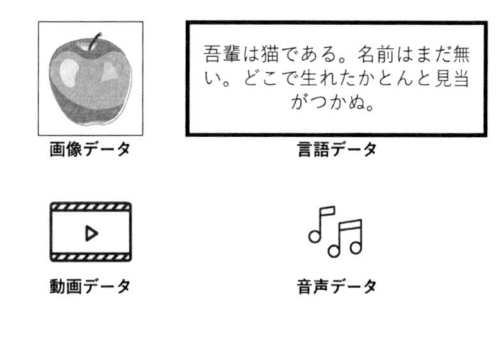

	国語	数学	英語
A君	90	73	56
B君	72	86	80
C君	62	98	70

構造化データ

図 10.3　構造化データと非構造化データ

　企業などが保有するデータのうち、大半のデータは非構造化データであるといわれていますが、構造化データに比べると、非構造化データをパターン認識するのは技術的な難度が高いため、活用が進んでいませんでした。人間は画像データを見ることで「美しい風景である」、「車が写っている」といった理解をすることができますが、コンピュータにとっては、画像データは単に色の違う多数の点の集まりであり、人間のような理解をすることが困難だったためです。したがって今後、非構造化データの活用を推進して社会や組織を発展させるためには、先のディープラーニングなどを含めたパターン認識技術の進歩が重要であるといわれています。

10.2.2　自然言語処理

- 言語データをコンピュータで扱うための技術全般を自然言語処理（NLP）と呼ぶ。
- 大規模言語モデル（LLM）の登場により、NLP が非常に身近な技術となった。

　非構造化データの中でも、**言語データ**は人間にとって特に身近な情報です。たとえば、インターネット上の記事を読んだり、SNS に投稿したり、日常的に扱っているのが言語データです。企業では、会議の議事録やメールの文面、ビジネスチャットのログなどの多くの言語データが扱われ、保持されています。しかし、言語データについても、図 10.4 のように、人間は容易にその意味を理解できますが、これまでのコンピュータでは、意味まで理解することは難しく、表層的な情報としてしか扱えませんでした。

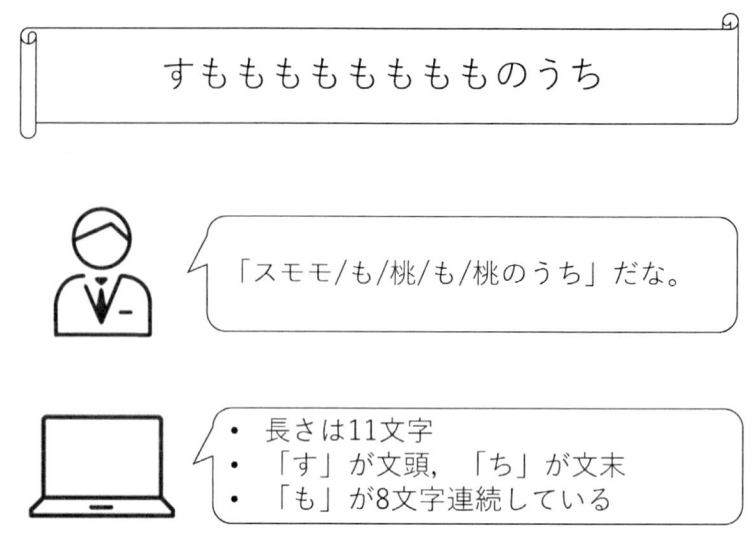

図 10.4　人間とコンピュータの言語理解の差

　そのため、**自然言語処理（NLP）**[140] と呼ばれる、言語データをコンピュータで処理して理解させるための技術は、現在の第 3 次 AI ブーム以前から、長く研究が続けられてきました。その中で、自然言語処理の代表的な例に、**形態素解析**があります。形態素解析とは、文書を単語に分解し、各単語の品詞を区別する処理です。人間は文章を理解するときに、単語と単語の切れ目や、品詞を意識することなく理解しますが、形態素解析の技術を使うことで、同じことをコンピュータに理解させることができるようになりました。そして今日、ChatGPT[141] に代表される**大規模言語モデル**（**LLM**：Large Language Models）の登場によって、自然言語処理の分野は、大きな転換期を迎えています。

　これまでの自然言語処理においては、形態素解析のように、人手で作った膨大な単語辞書と各言語の文法やルールなどを用いて、コンピュータに言語を理解させる取り組みが中心でした。しかし、大規模言語モデルでは、文書データを大量に学習させ、「この単語の次にくる単語は何か？」という予測を連続させることで、文書を生成するという、全く異なるアプローチによって実現しており、この分野での大きなブレイクスルー[142] となっています。

　LLM の登場によって起こった変化を示すと、表 10.1 のようになります。

140　英称である Natural Language Processing の頭文字を取って NLP とも呼ばれます。なお、コンピュータで使用するプログラム言語などに対し、人間が自然に使っている言語であるため、「自然言語」と呼ばれます。

141　厳密には、ChatGPT の利用している言語モデルである GPT-3.5 や GPT-4 が大規模言語モデルであり、ChatGPT はそれらの大規模言語モデルを利用するためのサービスを意味します。

142　ブレイクスルーではなく、これまでの自然言語処理におけるディスラプター（破壊者）であるという人もいます。2023 年の言語処理学会では、「ChatGPT で自然言語処理は終わるのか？」という刺激的なタイトルの緊急パネルが開かれました。

表 10.1 人間とコンピュータの言語理解の差

	これまで	現在（LLM）
自然言語処理 を開発する側	各言語（日本語や英語など）に対する深い理解が必要なため、たとえば、日本語に対する自然言語処理は、日本の企業や研究機関が推進していた。	各言語に対する理解よりも、大量の言語データと、高性能なコンピュータが準備できる企業や研究機関によって実現できるようになった。
自然言語処理 の位置付け	一部の研究者や IT 技術者が利用するものであり、IT 技術の中でも一分野としての位置づけであった。	研究者や IT 技術者だけではなく、多く人に利用される民主化[143]された IT 技術となった。

10.2.3 画像 / 動画処理

- **画像処理には、大きく分けると画像認識と画像生成がある。**
- **画像認識には、様々な用途に適応する画像認識技術が存在する。**
- **画像生成は、近年着目される分野であり、生成 AI の一つである。**

　人間にとって身近な画像や動画も、非構造化データの一つです。画像とは、ピクセルの集合体であり、そのピクセルごとに色と位置の情報をもったデータであり、動画はパラパラ漫画のように、短い間隔で連続した画像を何枚ももつデータです。画像データや動画データは、SNS などを中心に、インターネット空間上にも大量に存在し、コンピュータ上で日常的に取り扱われるデータです。

　ただ、言語データと同じく、コンピュータにとって、そのデータの意味までを理解するのは困難でしたが、コンピュータに人間のように理解させるための画像 / 動画処理の技術開発が行われてきました。この分野は、大きく分けると**画像認識**と**画像生成**の二つがあります。画像認識とは、画像がもっている意味の理解や、画像の中に写っているものを検出する処理を指します。たとえば、図 10.5 では、画像に含まれる物体や人物、文字などを検出している様子を示しています。

図 10.5 画像認識のイメージ

---

143 「民主化」とは、政治的な意味ではなく、「ある技術が誰でも使えるようになっていること」を指しています。

　画像認識は、ディープラーニングにより最も発達した分野でもあり、2015 年に行われた ILSVRC [144] という画像認識の国際コンテストでは、人間よりもコンピュータの方が優れた成績を残す結果となりました。画像認識の適用分野には、様々な用途の処理があるため、より細かく分類されており、その代表的なものに、次に示す処理があります。

①**画像分類**：画像をいくつかのクラスに分ける。たとえば、犬が写っている画像を、チワワやダックスフンドなどの犬種別に分類する。

②**物体検出**：画像にどのような物体が写っているかを検出する。たとえば、図 10.5 のように、街の風景の写真を分析し、どこに車や建物が写っているかを検出する。

③**テキスト検出**：画像に写っているテキストを検出する。たとえば、写真に看板が写っていたとして、その看板に何という文字が書いてあるかを見つける。

④**顔検出・顔比較**：画像に写っている人物の顔を検出する。また、複数の画像を比較し、同じ人物が写っているかどうかを検出する。

⑤**キャプション生成**：画像に写っているものや、それが指し示す状況の説明文を作成する。自然言語処理との組み合わせによって実現される技術である。

　画像生成とは、コンピュータに画像を作成させるための技術であり、**生成 AI（Generative AI）** と呼ばれる分野の一つです。画像生成といっても、色々なものがあり、作成したい画像を説明する言葉を入力することで、その言葉に合った画像を生成してくれる技術や、ラフスケッチを入力することで、完成した絵に仕上げてくれる技術、また、ある人物の顔写真を用いて、その人物が実際に行っていない場所の写真や動画を作り上げる技術（いわゆる、**ディープフェイク**）などが挙げられます。

　この画像生成の急速な発展に伴い、社会的な課題も出てきています。たとえば、ディープフェイクによる偽報道や名誉毀損、また、画像生成の AI の学習を行う際に、これまでに人が描いてきた画像を無断で使うことによる著作権侵害などが発生してきています。

10.2.4　音声処理

> ・音声データは、波形の情報をデジタルデータとして表したものである。
> ・音声処理の代表的な例に、音声認識や音声合成があり、スマートスピーカーや音声アシスタントなどで利用されている。

　言語データや画像データと同様に、音声 [145] も非構造化データの一つです。音声とは、物体の振動によって発生する空気の振動（波）であり、音声データとは、この波の情報をデジタルデータとして表したものです。

　この音声データを処理するための音声処理には、色々な目的に適用するための技術があり、次に示すのは、その代表的な処理です。

144　2012 年のこのコンテストにおいて、ディープラーニングによる画像認識がその他の手法に比べて圧倒的な大差をつけたことが、昨今の AI ブームの火をつけたともいえます。

145　ここでの「音声」は、人の声や音楽、環境音などすべての「音」に関連するものを指しています。

①**音声認識**：人の音声を理解することで、何をしゃべっているかを文字に起こす処理にも使われる。スマートスピーカー [146] や音声アシスタントなどで、話し手の内容の理解に利用されている。

②**音声合成**：音声認識とは反対に、テキストを入力し、人の音声に変換する処理である。音声認識と同じく、スマートスピーカーや音声アシスタントなどで、話し手に対する回答を行うときに利用されている。

③**感情認識**：人の声の調子から、話者の感情を推定する。

④**楽曲識別**：流れている楽曲を認識し、楽曲の名前を推定する。

⑤**異常音検知**：工場などの機械が、通常の動作音と異なる異常な音を発生していないかを判定する。

　画像生成と同様に、コンピュータに音楽を作成させる**音楽生成**の技術も登場しています。たとえば、Sony CSL が 2016 年に発表した DeepBach（ディープバッハ）と呼ばれる音楽生成 AI は、作曲家の J.S. バッハ風の曲を生成するというものです。そして、この AI で生成された楽曲を被験者に聞かせたところ、半数近くの人が、バッハ本人によって作られた曲であると判定したという結果が残っています。

10.3　現在の AI における限界

10.3.1　未知への対応と AI の説明性

・現在の AI は過去のデータに基づいて作られているため、未知の事象には対応できない。

・高度な AI であっても、判断根拠を説明する能力をもたないものが多い。

　先述の通り、現在、社会で利用されている AI は特化型 AI であり、汎用 AI が搭載されたロボットが街の中を闊歩するような未来はもう少し先でしょう。また、現在の AI については、過去の情報を学習させることで作られているので、過去に例のないような事態には対応することはできません。たとえば、商店の売り上げを予測する AI があったとします。

　図 10.6 のグラフに示すように、同じような売上状況が続けば予測はうまくいくでしょうが、突然、コロナ禍のような、想定外な社会情勢の変化が発生したとき、その変化に AI はうまく対応することができません。AI は過去の正解に基づいた判断をしているだけで、我々人間のように、未知の事態に対応できるような柔軟性はもっていないのです。

146　AI による音声アシスタント機能やインターネット接続機能を備えたスピーカーを指します。

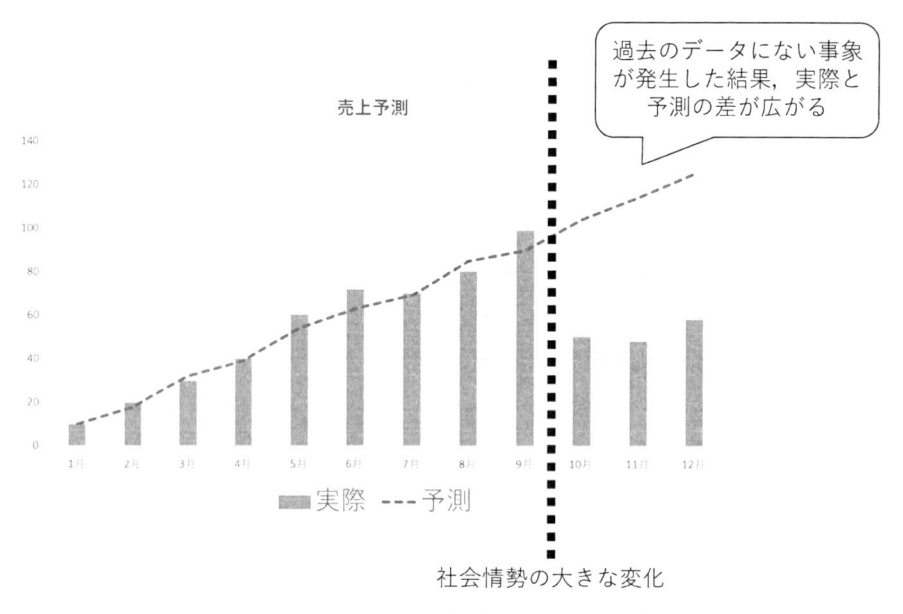

図 10.6 AI が未知の事例に対応できない例

また、現在の AI に関する大きな課題として、**AI の説明性**があります。特に、ディープラーニングを用いて学習した AI では、AI が求めた結果について、なぜその判断に至ったのかを AI 自身や開発者が説明することは、その仕組みから難しいといえます。たとえば、人が病気かどうかを判定する AI があったとして、その判定過程を全く説明できないとしたら、いくらその判断が正しかったとしても、納得することは難しいと思います。そのため、判断の過程を説明できる AI（これを、**説明可能な AI** という）の実現に向けて、多くの研究が行われています。しかし、明確な説明性をもつ AI ができていないのが現状 [147] です。

AI がかなり社会に定着してきた今日、AI が万能であるかのような錯覚を抱かせる言説が流布されているケースも見受けられますが、AI を正しく使うためには、AI の限界や現状を把握しておくことが重要です。

10.3.2 ハルシネーション

> ・AI が作り出す「嘘」のことを、ハルシネーションと呼ぶ。
> ・ハルシネーションは、LLM をはじめとする生成 AI の普及に伴って、特に大きな問題となっており、AI から得た知識の正否は、利用者が確認する必要がある。

AI が事実に基づかない情報や、実際には存在しない情報を生成して回答する現象を、幻覚という意味の**ハルシネーション**と呼びます。生成 AI の興隆により、現在特に問題となっているのがこ

---

147 ディープラーニング以外の手段であれば、一定の説明性をもたせることができる場合もあります。たとえば、ルールベースであれば、どのように判断したのかはそのルールを見れば一目瞭然です。ただ、「ディープラーニングのような説明性が低い方式」の方が、ルールベースよりは精度が高い（判断を誤らない）場合が多く、ここに大きな相反があるといえます。

のハルシネーションです。

　図 10.7 に、実際に起こったハルシネーションの例を示します。「日本で二番目に高い山はどこですか?」という問いかけに対し、「北海道駒ケ岳で標高は 2,291 メートル」と回答していますが、実際に日本で 2 番目に高い山は、山梨県にある北岳であり、標高は 3,192 メートルです。また、北海道駒ケ岳の標高は 1,131 メートルであるため、二重に間違った回答を返してしまっていることになります。日本で二番目に高い山が北岳であると知っている人であれば、この誤りに気付くことができますが、知らない人の場合、いかにもそれらしい答えであるため、間違った知識を得てしまうかもしれません。

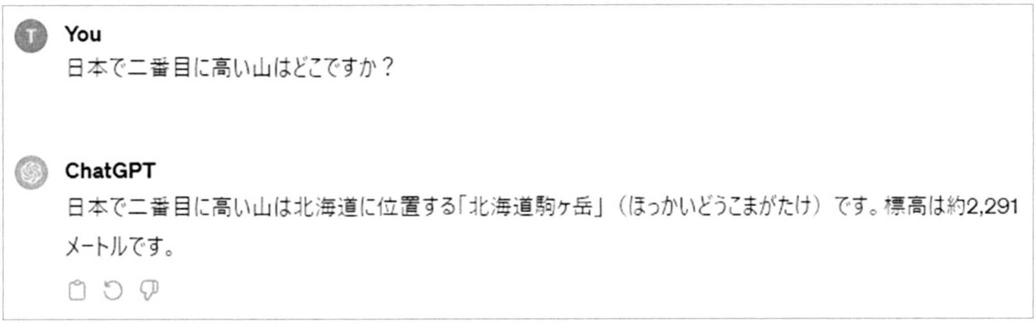

> **You**
> 日本で二番目に高い山はどこですか?
>
> **ChatGPT**
> 日本で二番目に高い山は北海道に位置する「北海道駒ヶ岳」(ほっかいどうこまがたけ) です。標高は約2,291メートルです。

図 10.7　ハルシネーションの例

　ハルシネーションは、現在の AI の技術特性上、完全に避けることは難しい問題であるため、AI から得た知識の正否は、改めて利用者が確認するなどの対策を取りながら、AI と付き合っていく必要があります。

💡 Tips　文部科学省初等中等教育局のガイドライン（抜粋）

- 以下は、文部科学省初等中等教育局のガイドラインの抜粋です。
  - 対話型文書生成 AI は、あらかじめ膨大な量の情報から深層学習によって構築した LLM に基づき、ある単語や文章の次に来る単語や文章を推測し、「統計的にそれらしい応答」を生成するものである。プロンプトの工夫で、より確度の高い結果が得られるとともに、今後更なる精度の向上も見込まれているが、回答は誤りを含む可能性が常にあり、時には、事実と全く異なる内容や、文脈と無関係な内容などが出力されることもある。
  - 対話型文書生成 AI を使いこなすには、プロンプトへの習熟が必要となるほか、回答は誤りを含むことがあり、あくまでも「参考の一つに過ぎない」ことを十分に認識し、最後は自分で判断するという基本姿勢が必要となる。回答を批判的に修正するためには、対象分野に関する一定の知識や自分なりの問題意識とともに、真偽を判断する能力が必要となる。また、AI に自我や人格はなく、あくまでも人間が発明した道具であることを十分に認識する必要がある。
  - 対話型文書生成 AI がどのようなデータを学習しているのか、学習データをどのように作成しているのか、どのようなアルゴリズムに基づき回答しているかが不明である等の「透明性に関する懸念」、機密情報が漏洩しないか、個人情報の不適正な利用を行っていないか、回答の内容にバイアスがかかっていないか等の「信頼性に関する懸念」が指摘されている。

出典：文部科学省初等中等教育局（2023）「初等中等教育段階における生成 AI の利用に関する暫定的なガイドライン」https://www.mext.go.jp/content/20230718-mtx_syoto02-000031167_011.pdf

この章のまとめ

1 AIには、特化型AIと汎用AIの2種類があり、現在の社会で活用されているのは特化型AIである。

2 パターン認識技術とは、各データを自動的に分類する技術を指しており、ルールベースによる実装やディープラーニングによる実装などで実現される。

3 ディープラーニングを用いる場合には、大量のデータが必要であり、このようなデータをビッグデータと呼ぶ。

4 データには、構造化データと非構造化データの二種類がある。

5 構造化データとは、表形式で表現できる規則性のあるデータを指す。

6 非構造化データとは、言語データや画像データ、音声データなどを指す。

7 言語データをコンピュータで扱うための技術全般を自然言語処理と呼び、大規模言語モデルの登場により、非常に身近な技術となった。

8 画像処理は、大きく分けて、画像認識と画層生成に分けられ、画像生成は生成AIの一つである。

9 音声処理の代表的な例に、音声認識と音声合成が挙げられる。

10 現在のAIは過去のデータに基づいて作られているため、未知の事象には対応できない。

11 AIの説明性は、非常に重要なテーマであるが、高度なAIであっても、十分な説明性をもったAIは今のところ登場していない。

12 ハルシネーションとは、AIが事実に基づかない情報や、実際には存在しない情報を生成してしまうことを指し、AIから得た知識の正否は、利用者が確認する必要がある。

|練|習|問|題|

問題 1 　AI の区分において、特化型 AI と汎用 AI の違いについて簡潔に説明しなさい。

問題 2 　構造化データと非構造化データの種類を挙げ、違いを簡潔に説明しなさい。

問題 3 　非構造化データを扱うための技術を三つ挙げなさい。

問題 4 　「AI の説明性」とは何かと、それが求められる理由を簡潔に説明しなさい。

問題 5 　ハルシネーションとは何かと、それに対処するためには、AI を利用する場合に心がける必要があるかを、簡潔に説明しなさい。

Active Learning　**非構造化データの活用**

・現在、組織に溜まっているデータのうち、約 8 割が非構造化データともいわれています。この章で学んだ知識を基に、非構造化データを活用したサービスのアイデアや利用方法を考えてみましょう。

第 11 章

AI・データサイエンスの社会利用

学生　AI やデータサイエンスについて学んできましたが、社会では具体的にどのように使われているのでしょうか？

教師　一昔前に比べ、AI やデータサイエンスは驚くほど社会に普及しています。

教師　私たちの生活は、AI に支えられているといっても過言ではないですよ。

学生　ほんとですか！　AI というと、スマートスピーカーやバーチャルアシスタント、生成 AI ぐらいしか思い浮かびません。

教師　確かにそれらは身近な AI だね。ただ、直接的に使っていなくても、普段利用しているコンビニや Web サービス、商品を生産する工場なんかでも AI が活用されてきています。

学生　そうなんですね。だったら、僕が就職するときには、AI とともに働く未来がきますかね（笑）

教師　笑い事ではないかもしれませんよ。そのためにも、AI やデータサイエンスがどのように活用されているかを一緒に学んでいきましょう。

この章で学ぶこと

1　データドリブンの意義と、そのあり方について説明する。
2　社会における AI・データサイエンスの活用形態について説明する。
3　AI・データサイエンスによって登場した、新たなビジネスについて説明する。

11.1　組織における AI・データサイエンスの活用

11.1.1　データドリブンな意思決定

・データドリブンな意思決定には、説明的な分析、予測的な分析、指示的な分析の 3 種類がある。

・説明的な分析とは、データを可視化し、視覚的に把握しやすくすることで意思決定に役立てる手法。予測的な分析とは、過去のデータを用いて、次に何が起こるかを予測することで意思決定に役立てる手法。指示的な分析とは、いくつかのプランが考えられるとき、どのプランが最適かを見つけ出すことで意思決定に役立てる手法である。

　今日の組織における意思決定 [148] は、勘や経験だけに頼るのではなく、データを用いて行うことが増えてきています。このようにデータを基に意思決定を行うことを、**データドリブン**と呼びます。シンシナティ大学のジェームズ・R・エヴァンズ氏は、このデータドリブンな意思決定を、説明的な分析、予測的な分析、指示的な分析の 3 種類に分類しています [149]。

　説明的な分析（Descriptive analytics）とは、売上やコストなどの組織が活動する上で必要な情報をグラフやレポートに要約し、何が起きているかを理解することで、意思決定に役立てる方法です。情報をグラフやレポートに視覚的に分かりやすくまとめることを**可視化**と呼びます。たとえば、ある会社がネットショッピングのサービスを運用していたとしましょう。そのとき、サービスの Web サイトを日々どの程度のユーザが見ているのか、会員登録されているユーザの中でどの程度のユーザが実際に物を買ってくれているのか、一人当たりの商品購買量はどの程度なのか、売れ筋の商品は何かというような情報がグラフなどで可視化されていれば、今後のサービス運営に活かすことができます。

　図 11.1 に示すように、可視化されたデータを見ることで、Web サイトを見てくれる人の数が徐々に減ってきていることがわかれば、Web 広告や CM を打つことで、Web サイト自体に人を呼び込むといった手が考えられますし、一人当たりの商品購買量が落ちてきているのであれば、割引キャンペーンやクーポン配布を行うことで購買意欲を引き出すことが考えられます。

148　組織における意思決定とは、経営戦略をどうするかといった大局的な判断から、顧客との契約締結、OA 機器の購買などの日常的な事柄に至るまでを、組織として実施するかどうかを決定することを指します。

149　James R. Evans, Carl H. Lindner(2012)"Business Analytics: The Next Frontier for Decision Sciences", Decision Science Institute を参照

過去のデータ　　　　可視化　　　　生成したグラフ

Webサイトの訪問客が
減っている。
来月から新しい広告を打とう。

担当者

図 11.1　説明的な分析のイメージ

　このように意思決定に必要な情報が可視化されていることで、仮説を立て、次に打つ手を考えることができますし、手を打った後に効果が現れているかを確認することも可能となります。

　これまでは、可視化のためには Excel などの表計算ツールが使われることが一般的でしたが、このような意思決定に必要な情報をリアルタイムに把握するために、最近では **BI ツール**（Business Intelligence tools）が使用されることが増えてきました。BI ツールは、レポートの作成や多様なグラフ化を自動的に行う機能を備えているため、組織の担当者はデータを投入するだけで意思決定に必要な情報を、容易に、かつ素早く可視化できるという特徴があります。意思決定を行う人は、BI ツールによって作成されたレポートやグラフを確認することで、次に打つ手をどうするかをすぐに考えることができるというわけです。

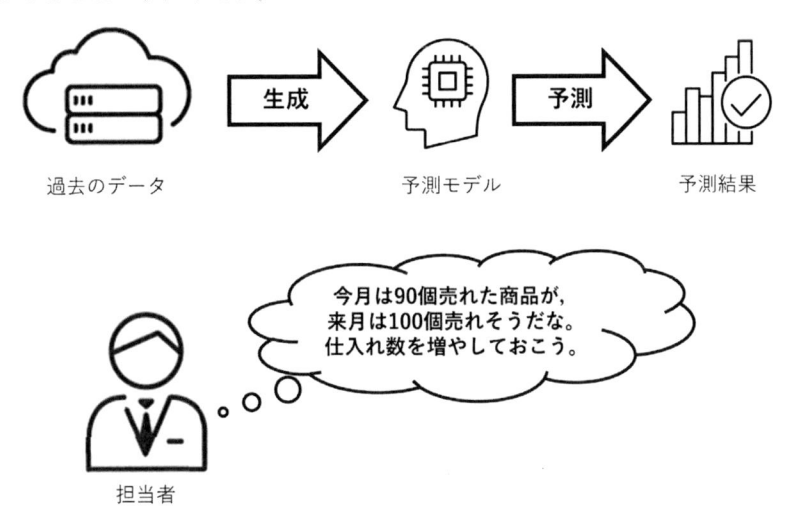

過去のデータ　　　生成　　　予測モデル　　　予測　　　予測結果

今月は90個売れた商品が，
来月は100個売れそうだな。
仕入れ数を増やしておこう。

担当者

図 11.2　予測的な分析のイメージ

　予測的な分析（Predictive analytics）とは、過去のデータに基づいて、次に何が起こるかを予測することで意思決定に役立てる方法です。ネットショッピングの例でいえば、図 11.2 のように、ある商品の過去の購入数量のデータを使って、翌月にその商品が購入されるであろう数量を予測することができれば、その予測結果に合わせて、どの程度の仕入れを行えば良いかを適切に判断することができます。また、顧客ごとの購買サイクルを予測することができれば、顧客が商品を購入するであろう時期に、個別のクーポンなどを配布し、より商品を買ってくれる可能性を高めることができます。このような予測的な分析を行うためには、**機械学習や時系列解析**[150]、**回帰分析**[151] などを使うことが一般的です。これらのアルゴリズムが発展してきていることで、より精度の高い予測ができることになってきており、最近、組織での活用が特に進んでいる手法です。**指示的な分析**（Prescriptive analytics）とは、いくつかのプランが考えられるとき、どのプランを選択すれば、最も良い結果を出すことができるかを見つけ出す手法です。ネットショッピングの例でいえば、図 11.3 のようにキャンペーンの予算が 100 万円あったとして、この予算を使って、購買してくれたユーザにポイントを配布するキャンペーンを行うとします。

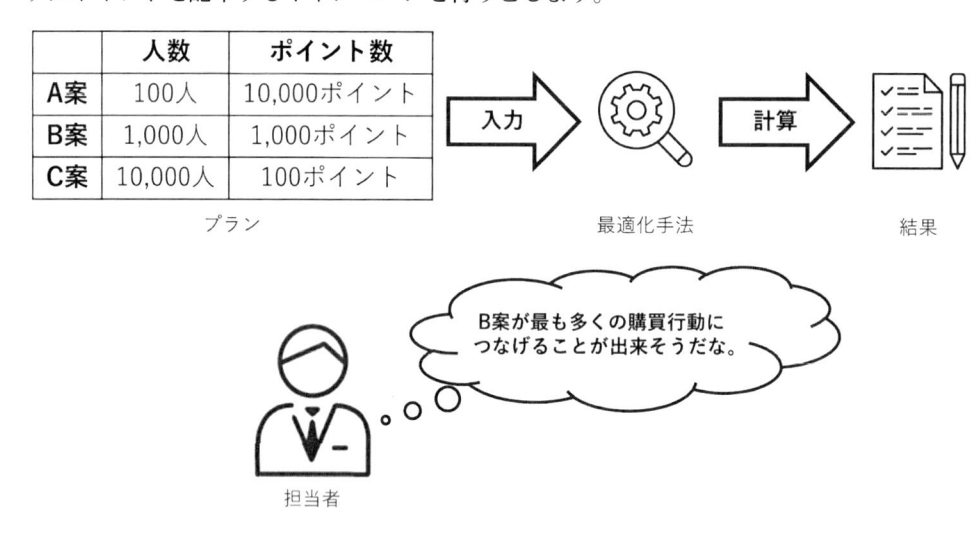

図 11.3　指示的な分析のイメージ

　このとき、100 人に一人あたり 10,000 円分のポイントを配布するプランと、1,000 人に一人あたり 1,000 円分のポイントを配布するプランと、10,000 人に一人あたり 100 円分のポイントを配布するプランがあったとき、どのプランが最も売上につながる結果になるのか、といったことを決める必要があります。このように、ある条件や目標を達成するために最良の結果を求めることを

150　時系列解析とは、時間とともに変動するデータ（時系列データ）に対し、統計的な手法を用いて分析し、将来の予測を行う手法を指します。時系列データの例としては、気温や店舗の売上、株価などが挙げられます。

151　回帰分析とは、複数の数値データに対し、それぞれの関係を明らかにする統計的手法を指します。たとえば、ある学校の身体測定の結果として、生徒の身長と体重の情報があったとき、身長が 1cm 伸びると、体重がどの程度増えるかを明らかにするようなことができます。

最適化と呼びます。このとき、指示的な分析を行うには、**強化学習**や **A/B テスト** [152]、**線形計画法** [153] などが用いられます。

11.1.2 データ利活用を支える人材

・組織においてデータ利活用を進めるときにはビジネスアーキテクト、データエンジニア、データサイエンティストなどの役割のメンバーが協同して進めることが多い。

組織においてデータや AI の利活用を行う際には、一人ですべてを担うわけではなく、複数のメンバーが協力して実施することも少なくありません。どのような役割をもったメンバーが関わるかは、組織やプロジェクトによって様々ですが、大別すると表 11.1 のような役割が挙げられます。

表 11.1 データ利活用における役割

役割名 [154]	担う業務
ビジネスアーキテクト	新規ビジネスの開発や、既存ビジネスを拡大するための企画や施策を検討し、実行する。ビジネスやサービス全体の遂行に責任をもつ。
データエンジニア	ビジネスやサービスを運営することで生まれたデータを収集、保存する仕組みを構築し、分析を実行しやすい形にデータを整形する。データの収集、保存、整備に責任をもつ。
データサイエンティスト	保存されたデータを用いて、企画や施策の立案、実行に必要な分析を実施する。分析結果の作成に対して責任をもつ。

前節で紹介したネットショッピングのサービスを例に取ると、ビジネスアーキテクトは日々のサービス運営を行いつつ、サービスの規模を拡大するための企画を考える役割を担います。データエンジニアは、サービスを使っているユーザの属性情報（年齢、性別、職業、年収など）や、購買履歴、Web サイトやスマートフォンアプリ上の行動ログなどを取得する仕組みを考え、クラウド上の**データレイク** [155] や**データウェアハウス** [156] に格納する仕組みを構築し、日々のデータの収集と管理を担います。データサイエンティストは、データエンジニアが貯めたデータを用いて、ビジネ

---

152 A/B テストとは、A 案と B 案の二つの案があったとき、どちらの施策が良い結果を生むかを検証する手法を指します。たとえば、ネットショッピングのサービスにおいて、Web サイトのデザインを 2 種類用意し、ユーザごとにランダムに A パターンと B パターンを表示することで、どちらのパターンが購買行動につながるかを検証するようなことに使われます。

153 線形計画法とは、一次不等式や一次方程式を満たす変数の中で、その式を最大化（または最小化）する値を求める手法を指します。たとえば、商品 A と商品 B を販売する店舗があったとして、その商品の販売価格や仕入れのコストなどの情報を用い、商品 A と商品 B の割合をどうすれば売上を最大化できるかを調べるようなことができます。

154 役割の名前や担う業務は、統一的な基準があるわけではなく、組織によって様々です。たとえば、データサイエンティストのことを、AI エンジニアと呼称している組織もありますし、小規模な組織だと、データエンジニアとデータサイエンティストの役割を一人が兼ねている場合もあります。

155 データレイク（Data lake）とは、構造化データ、非構造化データにかかわらず、一元的に保存することのできる貯蔵庫を指します。データが大量に溜まっている様子を湖にたとえ、このように呼びます。

156 データウェアハウス（Data ware house）とは、構造化データを集約し、分析や知見を引き出しやすいような形で保存するデータベースを指します。データレイクの方が、構造化データと非構造化データの双方を保持できるため、優位に見えますが、データウェアハウスはデータをより分析しやすい形で保持することができ、データウェアハウス自体が分析や集計機能を備えている場合も多いです。頭文字を取って、DWH と呼ぶ場合もあります。

スアーキテクトと協力しながら、新たな企画を考えるときに必要なユーザの購買動向などの分析や、企画の有効性の分析、企画の対象とするユーザの抽出などを行います。

💡 Tips　三つの役割はどのように連携するの？

- ビジネスアーキテクト、データエンジニア、データサイエンティストの 3 者がビジネスシーンでどのように連携しているかというと、3 者は定例会議などを行いながら連携をとることが多いです。たとえば、ビジネスアーキテクトが会議の場で「今度、動画サービスに対する加入促進キャンペーンをやりたいと考えています」と相談したとすると、データサイエンティストは「では、そのサービスに加入してくれそうなユーザ像を分析しておきます」と話し、データエンジニアは「分析に必要そうなデータは後で抽出してお渡ししますね」と話します。
- その後、データエンジニアから抽出したデータを、データサイエンティストが分析し、結果を全員に共有します。次の会議では、分析結果を基に、キャンペーンの具体的なターゲットや、どのような手段でキャンペーンを行うのかなどを話し合っていきます。このとき、データエンジニアが企画について意見を出すこともありますし、ビジネスアーキテクトがデータの分析方針に意見を出すこともあります。現場では、それぞれの役割が個別に動いているわけではなく、それぞれの特技を活かしながらも、お互い連携しながら、チームとして業務を進めていきます。

11.2　AI・データサイエンスの活用領域

11.2.1　製造における活用

- 製造領域では、化学プラントや工場の制御（運転）に AI が活用され始めており、工場やプラントの内部にカメラやマイクを設置し、設備の異常が起きていないかを監視するような仕組みにも AI が用いられている。

　ここでは、より具体的な AI・データサイエンスの活用領域について見てきましょう。**製造**の領域では、プラントや工場の制御（運転）や異常検知などの分野に AI やデータサイエンスが活用されています。たとえば、化学プラントは天候や気温などの外部からの影響を受けやすいため、これまでは熟練の運転員が過去の経験や勘に基づいて、プラントを手動で制御していました。これに対して、教師あり学習や強化学習などの技術 [157] を用いることで、AI が運転員に設定の推奨値を提示したり、図 11.4 のように AI がプラント自体を自動制御したりするような仕組みが運用されています。

157　詳細は第 12 章で取り上げます。

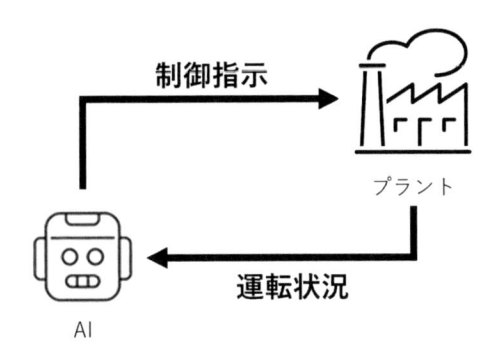

図 11.4 AI によるプラント制御のイメージ

また、工場内にカメラやマイクを設置することで、機械の動作状況や発する音を、画像分析技術や音声分析技術を用いて解析し、異常が起こっていないかを監視する仕組みなどを構築するような取り組みも行われています。製造の分野は、他業界と比べても、早い段階からセンサの活用や、ロボット化が進んでいる業界で、いわば AI の「目」や「手足」が既に具備されている状態といえます。そのため、AI との親和性が非常に高く、AI を使った生産性の向上やコストダウンといった取り組みが今後も加速していくといわれています。

11.2.2 購買・調達における活用

・小売店では、在庫ロスや発注にかかる人の労力を削減するために、AI を用いた商品発注の取り組みが本格化している。

組織における**購買**や**調達**とは、事業に必要な材料や機械、什器などを外部から購入することをいいます。この購買や調達においても、AI やデータサイエンスが用いられ始めています。身近な例では、コンビニエンスストアにおける AI を用いた商品発注の取り組みが挙げられます。コンビニエンスストアでは、数多くの商品を取り扱っており、在庫ロスを防ぐためには、需要に合わせた商品の発注を行うことが必要不可欠です。これまでは、来客者数や販売状況、在庫状況、天候などから、店舗の責任者や発注担当者の勘や経験を基に、発注の数を決定していましたが、数多くの商品の発注数を決めるには多くの時間がかかりますし、経験の浅い担当者では、需要をうまく予測できずに在庫ロスを発生させてしまうことも起こり得ます。

そこで、図 11.5 に示すように、この仕入れの発注を AI によって行わせることで、各店舗の膨大な発注データに基づいて、適切な仕入れの数を設定できるとともに、発注を行うための労働時間を短縮することができます。特に、製造業や小売業といった業界は、購買や調達の規模が他業種と比べて大きく、事業に直結するため、このような需要に合わせた発注を AI によって最適化する取り組みが進んでいます。

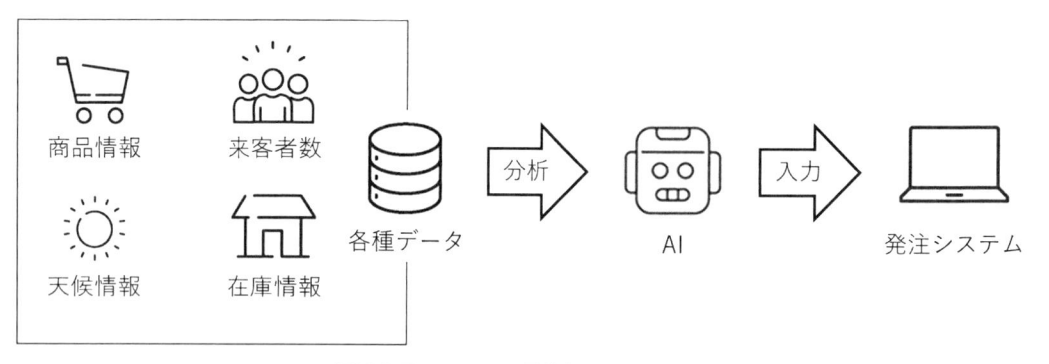

図 11.5　AI による発注処理のイメージ

11.2.3　研究開発における活用

> ・研究開発の領域では、素材開発や創薬などの領域で、AI が研究員の作業を支援することで、新たな発見を支援したり、研究員の負荷を軽減したりする取り組みが実施されている。

　研究開発の領域は、AI やデータサイエンスの活用が、最近急速に進んでいる領域です。たとえば、新たな素材や材料を開発するマテリアル研究の現場では、過去の知識や経験だけに頼るのではなく、過去の実験データや画像データといった構造化データ、非構造化データを組み合わせて分析することで、新たな素材開発に役立てる取り組みが行われています。

　また、医薬品の研究分野では、新たな薬を作る研究開発において、従来は研究員がデータを分析し、知識や経験に基づいて化合物の組み合わせの設計を行っていたところを、AI を用いて組み合わせの探索を最適化することで、研究員の負担を軽減するといったことが行われています。さらには、研究開発を行った成果を特許申請する際、特許調査と呼ばれる既存の特許との競合がないかの調査を事前に行うことが多いのですが、従来は人が一つひとつ調べていたところを、AI によって類似の特許を自動で探索させ、特許調査にかかる時間を大幅に減らすことなども行われています。

11.3　AI・データサイエンスを活用した新たなビジネス

11.3.1　シェアリングエコノミー

> ・シェアリングエコノミーとは、個人と個人・企業間でモノや場所、スキルなどをシェアすることで生まれる経済活動を指す。
> ・プラットフォーム上に存在する情報が従来のビジネスに比べて圧倒的に多いため、AI による取捨選択や最適化が有効である。

　AI やデータサイエンスの発展により、従来では実現できなかった新しいビジネスモデルも登場

しています。代表的な例として、**シェアリングエコノミー**があります。シェアリングエコノミーとは、インターネット上のプラットフォームを介して、個人間でモノや場所、スキルなどをシェアすることで生まれる新たな経済活動を指します。たとえば、Uber のように移動手段をシェアする、Airbnb のように宿泊施設をレンタルするなど、様々なシェアリングエコノミーが活発化しています。

これらのシェアリングエコノミーのサービスでは、個人が提供者でもあり、利用者でもあるため、プラットフォーム上に存在する情報量が非常に多く、かつ情報自体が古くなったり使えなくなったりする速度が非常に早いという特性があります。たとえば、旅行代理店に置いてあるカタログに掲載されているホテルや旅館などの宿泊施設は、旅行代理店によって数が厳選されており、掲載されている宿泊施設が明日から突然営業を取りやめるということはあまり起こり得ません。

しかし、宿泊施設を個人間でレンタルする民泊サービスでは、個人が提供する宿泊施設の数は無数に存在しますし、提供者の都合で明日からは貸出を行わないということも起こり得ます。このようなシェアリングエコノミー上で溢れている情報を整理し、取引を円滑にするために AI が用いられます。たとえば、民泊サービスでは、図 11.6 のように宿泊施設に関連する情報を基に、AI を用いて、借りられやすい価格を算定し、提供者側にその提供価格を推奨するようなことが行われています。

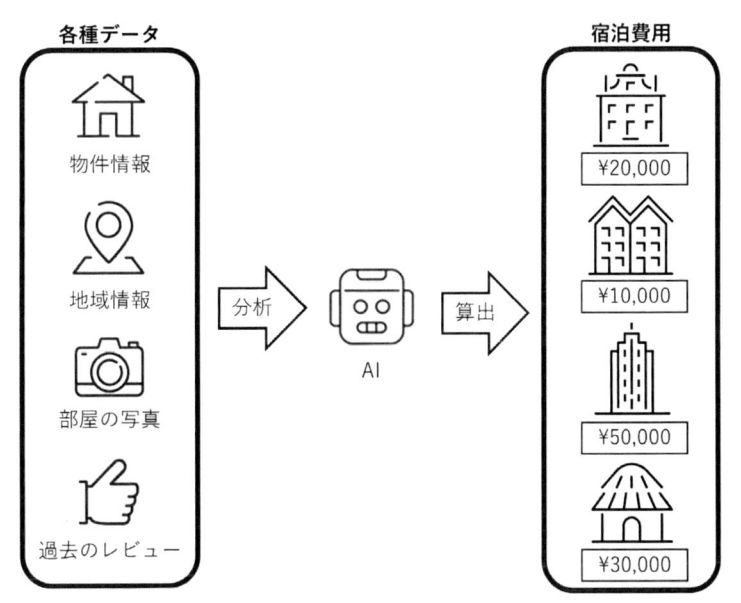

図 11.6 民泊サービスにおける AI 活用のイメージ

これによって、提供者側は宿泊施設の空室率を下げることができますし、利用者側も適正な価格で宿泊施設を利用することができるため、プラットフォーム上の取引は活性化することになります。他にも、フリーマーケットサービスにおいて、AI を用いて購入者の属性に合わせた適切な商品を提案したり、ライドシェアサービスにおいて、配車の最適化をしたりするというようなことも行われています。

　そして、このようなサービスでは、AIの動きがなければ、利用者は無数の提供者から、どれを選択すれば良いかを判別することが難しく、サービスを利用することができなかったり、適切な提供者を選択できなかったことによるトラブルが発生したりしてしまいます。つまり、プラットフォーム上に無数の情報が溢れているシェアリングエコノミーを成り立たせるためには、AIの力が必要不可欠といえます。

11.3.2　フィンテック

・フィンテックとは、金融分野に IT 技術を組み合わせることで生まれた新たな領域を指す。
・投資分野におけるポートフォリオ配分や、保健分野における保険商品の推薦などに AI が活用されている。

　フィンテック（FinTech）とは、銀行や証券、保険などの金融分野に IT 技術を組み合わせることで生まれた領域を指します。金融分野では、古くから統計学などが用いられてきましたが、最近では、データサイエンスや AI を用いた新たなサービスや業務改善が行われています。代表的な例としては、投資分野における AI 活用です。従来は、人が市場の動向や社会情勢などを基に、投資の方針やポートフォリオ [158] を決定していました。

　しかし現在では、図 11.7 のように AI を用いて市場動向を予測させたり、ポートフォリオの配分を AI に決定させたりということが行われ始めています。

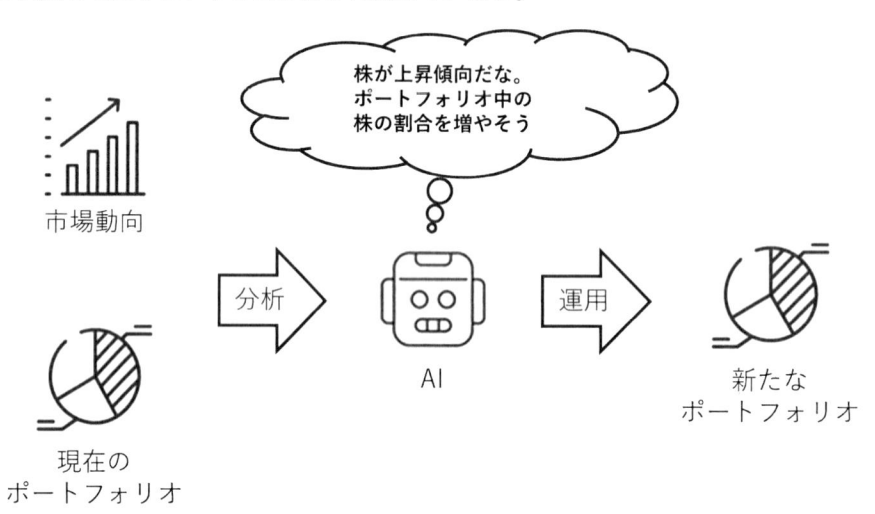

図 11.7　フィンテックにおける AI 活用のイメージ

158　ここでのポートフォリオは資産構成のことで、ポートフォリオの配分とは、たとえば、100 万円の資産があったとして、20 万円を株式に、30 万円を債権に、50 万円を銀行預金にといったような資産の配分を指します。

この章のまとめ

1 データに基づいて意思決定を行うことをデータドリブンと呼ぶ。

2 データドリブンな意思決定には、説明的な分析、予測的な分析、指示的な分析に分類される。

3 説明的な分析とは、データを可視化し、何が起きているのかを理解することで、意思決定に役立てる方法である。

4 予測的な分析とは、過去のデータに基づいて、次に何が起こるかを予測することで、意思決定に役立てる方法である。

5 指示的な分析とは、複数のプランのうち、どれを選択すると最も良い結果を出すことができるかを見つけ出す方法である。

6 組織においてデータ利活用を進める際には、ビジネスアーキテクト、データエンジニア、データサイエンティストなどの人材が共同してプロジェクトを進めることが多い。

7 製造分野においては、工場・プラントの自動運転や、異常検知などにデータサイエンスや AI が用いられている。

8 購買・調達分野においては、発注処理を AI によって最適化する取り組みが進んでいる。

9 研究開発分野においては、素材開発や創薬の分野において AI が活用されている。

10 シェアリングエコノミーとは、個人間でモノや場所、スキルを共有することで生まれる経済活動である。

11 シェアリングエコノミー上では、プラットフォーム上の情報が非常に多いため、AI による情報の取捨選択や、最適化が有効である。

12 フィンテックとは、金融分野に IT 技術を組み合わせることで生まれた領域を指す。

13 フィンテックにおいては、ポートフォリオ配分や保険商品の推薦に AI が用いられている。

練 習 問 題

問題1 説明的な分析、予測的な分析、指示的な分析のそれぞれについて、簡単に説明しなさい。

問題2 製造分野における AI・データサイエンスの活用例を一つ挙げなさい。

問題3 購買・調達分野における AI・データサイエンスの活用例を一つ挙げなさい。

問題4 研究開発分野における AI・データサイエンスの活用例を一つ挙げなさい。

問題5 AI やデータサイエンスの発展によって生まれた新たなビジネスを二つ挙げ、簡単に説明しなさい。

Active Learning **AI やデータサイエンスの利用事例**

・本章で取り上げた以外にも、AI やデータサイエンスの力は様々なところで活用されています。具体的な事例をグループで調査し、その利用方法が説明的な分析、予測的な分析、指示的な分析のどれに当たるのかを分類して、発表しましょう。

第12章

機械学習の基礎

学生　先生、AI という言葉と並んで、「機械学習」という言葉を良く聞く
　　　ようになりましたが、コンピュータが勉強をするということでしょ
　　　うか？

教師　あはは。確かに一種の勉強といえるかもしれないね。機械学習はコ
　　　ンピュータにデータから学習することのできる技術ともいえるよ。

学生　データから学習？　どういうことでしょう？

教師　たとえば、機械学習を使ったプログラムに犬の写真をたくさん見せると、そのプロ
　　　グラムは犬の特徴を勝手に学んでいくんだ。そして、新しい写真を見せると、そ
　　　れが犬かどうかを判別できるようになるんだよ。

学生　今のコンピュータはそんなことができるんですね。

教師　その通り。ところで、君は次の期末試験のための学習はできているのかな？　機
　　　械だけではなく、人間も学ばなくてはならないよ！

学生　・・・

この章で学ぶこと

1　機械学習の概要を説明する。
2　教師あり学習、教師なし学習、強化学習とは何かを説明する。
3　教師あり学習における精度指標について説明する。

12.1 機械学習とは

12.1.1 機械学習とその分類

- 機械学習とは、データの背景にあるルールやパターンを自動的に発見するデータ分析手法である。
- 機械学習には、教師あり学習、教師なし学習、強化学習の3種類がある。

AIやデータサイエンスという言葉と並んで、**機械学習**という言葉を聞いたことがあるかもしれません。機械学習とは、コンピュータにデータを読み込ませ、データ内に存在するパターンやルールを発見するためのデータ分析手法やアルゴリズムを指し、AIやデータサイエンスを構成する技術の一つです。分かりやすい例として、メールソフトのスパムメールフィルタが挙げられます。スパムメールフィルタは、受信したメールをスパムメールか否かを分類してくれる機能です。これは過去に受信したスパムメールに対し、人が「スパムメールである」という印をつけることで、スパムメールフィルタはスパムメールの特徴を学習していきます。これにより、受信したメールがスパムメールか否かを正確に分類できるようになります。このような機械学習を用いて解決する課題のことを**タスク**（問題）と呼びます。

機械学習と一口でいっても、その有り様は様々です。大別すると、図12.1のように、**教師あり学習**、**教師なし学習**、**強化学習**の3種類に分類することができます。

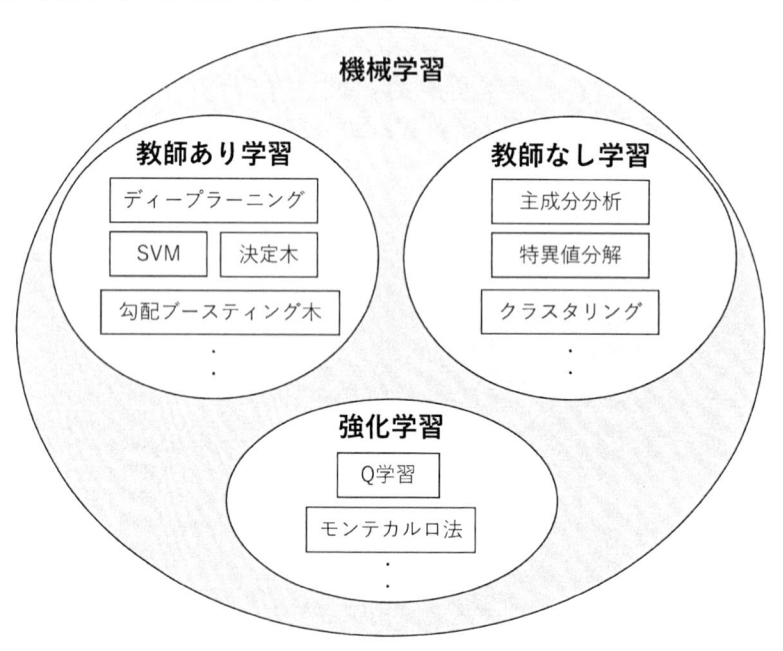

図12.1　機械学習の種別

> ### 💡Tips　機械学習と統計学の違いは？
>
> ・データサイエンスの研修をしていると、「機械学習と統計学の違いとは何でしょうか？」という質問がよくあります。現代においては、この二つの線引きは非常に難しく、「統計学を応用したものが機械学習」という人もいれば、「同じ分野であり、区分は意味がない」という人もいます。私の場合は、「統計学はデータそのものの特性を説明することを目的としており、機械学習は予測に重点を置いている」と説明します。統計学は、データが指し示していることや、二つのデータの違いが本当にあるのかといったことを見つけることを主目的としています。それに対して、機械学習は未知のデータを予測することが目的なので、予測の精度さえ高ければ良いというケースが多く、このシンプルさが企業で機械学習の活用が興隆している理由でもあると考えています。極端な例でいえば、「ユーザは、機械学習が推薦する商品を必ず買ってくれるが、なぜ買ってくれる商品を推薦できるかはわからない」というブラックボックスであっても、機械学習の企業活用としては問題がないわけです。

12.2　教師あり学習

12.2.1　教師あり学習とは

・教師あり学習とは、既知のデータを用いて機械学習モデルを作り、未知のデータに対する予測を行う手法を指す。

　教師あり学習[159] とは、既に結果の分かっている既知のデータをインプットすることで、未知のデータに対する予測を行う手法です。このインプットする既知のデータのことを、**教師データ**と呼び、教師データに含まれるパターンやルールを教師あり学習のアルゴリズムに**学習**させることで、**機械学習モデル**[160] が生成されます。生成された機械学習モデルによって、未知のデータに対する**予測**[161] が可能になります。

　例として、図 12.2 に物件の家賃予測を行うための教師あり学習を示します。ここでは、既知の物件における家賃のデータと、駅からの距離、部屋の面積、最寄り駅、築年数といった、家賃に影響しそうなデータを教師データとして学習させます。これによりパターンを学習した機械学習モデルは、駅からの距離、部屋の面積、最寄り駅、築年数を与えることで、家賃が決まっていない物件についても、家賃がいくらになるのかを予測することができるようになります。この予測を行いたいデータのことを**目的変数**（この例では、家賃）と呼び、目的変数を説明するためのデータのことを**説明変数**（この例では、駅からの距離、部屋の面積、最寄り駅、築年数）と呼びます。

159　教師付き学習と呼ぶ人もいます。
160　機械学習の文脈で話をする場合、単に「モデル」と呼ぶ場合もあります。本章でも「モデル」という言葉が出てきた場合は、機械学習モデルを指します。
161　未知のデータに対する予測を行うことを、推論と呼ぶ場合もあります。

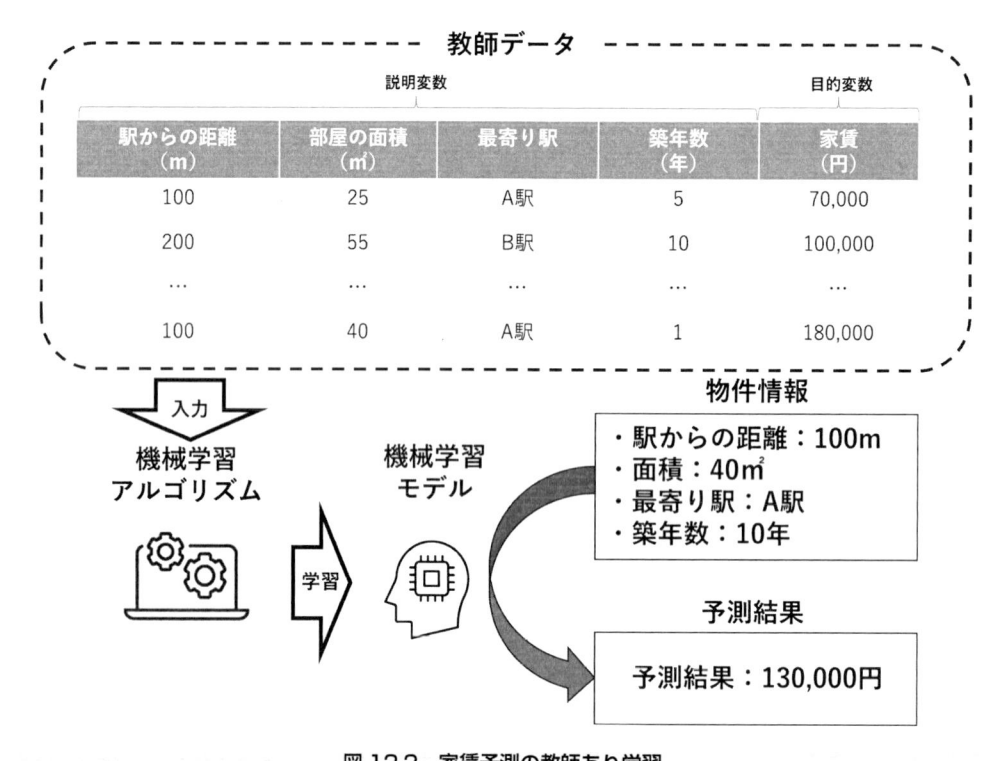

図 12.2　家賃予測の教師あり学習

　教師あり学習のアルゴリズムには、様々な種類があり、次章で学ぶディープラーニング[162] も教師あり学習のアルゴリズムの一つです。他にも SVM（Support Vector Machine）や、勾配ブースティング木、ランダムフォレスト、ロジスティック回帰などが挙げられますが、ここでは基本的な教師あり学習のアルゴリズムである**決定木**（Decision Tree）を取り上げます。

　決定木とは、ある条件によって枝分かれしていく木構造の条件分岐を作ることで、目的変数を予測するアルゴリズムです。たとえば、図 12.3 は、ある売店におけるソフトクリームとホットココアの売上データと、客の年齢、気温のデータがあったとき、客がソフトクリームとホットココアのどちらを購入するかを予測する決定木を示しています。

　決定木に教師データをインプットすると、自動的にデータのパターンから分岐のルールを見つけて、このような条件分岐が作成され、未知のデータを予測することが可能となります。このとき、決定木は目的変数の決定に役立つ順に、条件分岐を作成するので、図 12.3 の例では、客の年齢よりも、気温の方が、購買する商品の決定に大きく影響すると決定木が判断したということです。

162　このディープラーニングとは、正確には Deep Neural Network（DNN）を指します。ディープラーニングとは、本来複数の手法の総称であり、たとえば、強化学習アルゴリズムの一つである Deep Q-Network もディープラーニングの一種ですが、一般的にディープラーニングと呼ばれるものは DNN を指すため、ここでは教師あり学習としています。

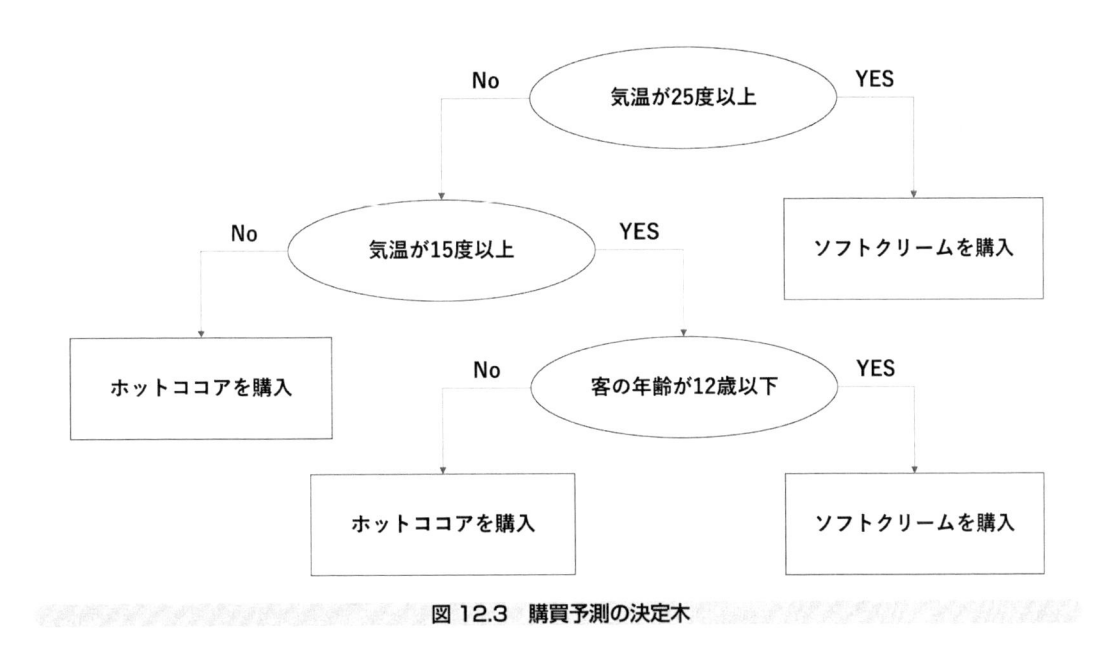

図 12.3　購買予測の決定木

12.2.2　精度指標

> ・機械学習モデルによる予測が正解か否かを、行列で表したものを混同行列と呼ぶ。
> ・機械学習モデルによる予測の確からしさを精度と呼び、精度を測るための方法を精度指標と呼ぶ。

　教師あり学習によって予測を行う場合、機械学習モデルは必ず正確な予測だけ返すわけではなく、間違った予測を返すこともあります。たとえば、「その人が病気であるか否か」を予測する機械学習モデルがあったとして、この機械学習モデルが予測を行うとき、その予測が正解であったか誤りであったかを表で表すと、表 12.1 のように表せます。この表を**混同行列**と呼びます。

表 12.1　混同行列

		機械学習モデルの予測	
		病気である （陽性）	病気ではない （陰性）
実際の結果	（陽性） 病気である	真陽性 （True Positive：TP）	偽陰性 （False negative：FN）
	（陰性） 病気ではない	偽陽性 （False positive：FP）	真陰性 （True negative：TN）

　混同行列を見ると、正解と、誤りがそれぞれ 2 種類存在していることが分かります。

● 　正解

・　真陽性：「機械学習モデルはその人が病気である（陽性）と予測し、実際にその人は病気である」パターン

- ・ 真陰性：「機械学習モデルはその人は病気ではない（陰性）と予測し、実際にその人は病気ではない」パターン
- ● 誤り
  - ・ 偽陽性：「機械学習モデルはその人が病気であると予測したが、実際はその人は病気ではない」パターン
  - ・ 偽陰性：「機械学習モデルはその人は病気ではないと予測したが、実際はその人は病気である」

2 種の誤りは同じくらい問題であるように思えますが、偽陽性の場合は、その人はモデルの判定にしたがって、病院に行って医師の診察を受け、病気ではないと診断されるだけで済みますが、偽陰性の場合、その人は病気であることに気付かず過ごしてしまい、命に関わる事態が起きてしまうかもしれません。このように、2 種の誤りは機械学習モデルで予測を行うタスクによって、どちらがより問題であるかが変わってきます。

これらの誤りをできるだけ防ぐためには、機械学習モデルによる予測がどの程度の確からしさをもっているのかを定量的に測定する必要があります。この確からしさのことを**精度**と呼び、精度を測るためには、**精度指標**と呼ばれる「精度の測り方」があります。精度指標には様々なものが存在しますが、代表的なものを表 12.2 に示します。

表 12.2 精度指標

指標名	説明	計算式
正解率 （accuracy）	すべての予測結果のうち、 正しい予測の割合	$\dfrac{TP+TN}{TP+TN+FP+FN}$
再現率 （recall）	実際に陽性であるデータのうち、 モデルが陽性と予測できた割合	$\dfrac{TP}{TP+FN}$
適合率 （precision）	モデルが陽性であると予測したデータのうち、 実際にどれだけ陽性であったかの割合	$\dfrac{TP}{TP+FP}$
F1 スコア （F1 score）	再現率と適合率の調和平均	$\dfrac{2 \cdot recall \cdot precision}{recall+precision}$

この中で、正解率とは、いわゆる「クイズの正解率」と全く同じであり、最も身近な精度指標です。一方、再現率、適合率、F1 スコアは一般的に馴染みのない精度指標なので、もう少し分かりやすく表現すると次のようにいえます。

- ● 再現率：「見逃し」を少なくしたい場合に使う指標。たとえば、機械学習モデルでその人が病気であるかどうかを判定する場合、病気である人を見逃すことは命の危険につながる可能性があるため、再現率を使用する。
- ● 適合率：「誤検知」を少なくしたい場合に使う指標。たとえば、機械学習モデルで迷惑メールを検知する場合、迷惑メールではないメールを迷惑メールと分類してしまうことは問題があるため、適合率を使用する。
- ● F1 スコア：「見逃し」と「誤検知」が同じくらい問題である場合に使う指標。再現率と適合率を等しく扱う調和平均を使用する。

　教師あり学習を利用するときには、機械学習を用いるタスクによって、どの精度指標を採用するかをデータサイエンティストや AI エンジニアが選択し、モデルの精度を測ります。

　このとき、精度指標がいったいどの程度の値 [163] であれば良いのかという点については、一般的な指標は存在せず、教師あり学習を使うタスクごとに、どの程度の値が必要であるかを考えます。たとえば、病気の有無を判定するような人の生死に関わるタスクであれば、非常に高い精度が求められますが、Web サービスのクーポンを配布する対象ユーザを選定するようなタスクであれば、ランダムに送ったときよりも高い精度であれば良いと考えることができます。このように、教師あり学習を使う場合、機械学習モデルを作るだけでなく、精度指標の選択や、どの程度の値を目指すかということをしっかり考えた上で利用する必要あります。

> 💡 **Tips** ┃ **正解率に騙される？**
>
> ・精度指標には、様々な種類があることを学びましたが、「正解率だけで良いのでは？」と思った人もいるのではないでしょうか。しかし、正解率だけでは、モデルの精度を正しく評価できないケースがあります。たとえば、ある人が病気であるかどうかを判定するタスクにおいて、100 人の被験者がいて、5 人が病気、残り 95 人は健康であるとしましょう。このとき、すべてにおいて「あなたは健康」とだけ返す、怪しい機械学習モデルがあったとき、正解率はどうなるでしょうか？　正解率を計算すると、0.95（95%）という非常に高い数値がはじき出されます。ちゃんと予測をしないモデルであるにもかかわらず、この数値だけを見ると、非常に良いモデルであるように誤解してしまいます。正解率は、一般的によく知られており、誰にでも分かりやすい便利な精度指標ですが、このような「騙し」が入ることもある点に注意しましょう。

12.3　教師なし学習

12.3.1　教師なし学習とは

> ・教師なし学習とは、教師データを使わずに、データに含まれる構造や法則を見つける手法を指す。

　教師なし学習とは、教師データを必要とせず、データの中に含まれるパターンやルールを自動的に見つける手法を指します。教師なし学習は大きく分けて、**クラスタリング**と**次元削減** [164] に分けられます。クラスタリングとは、データの中から特徴の似たものをいくつかのクラスター（グループ）に分けることを指し、次元削減とは、高次元 [165] のデータを、データの特徴を可能な限り維持しながら、低次元のデータに変換することを指します。図 12.4 にそれぞれのイメージを示します。

163　精度指標の値のことを指して「精度」と呼ぶ場合もあります。
164　次元圧縮と呼ぶ場合もあります。
165　次元とは、データを行列で表したとき、そのデータの列のことを指します。たとえば、図 12.4 の次元削減前のデータは国語・英語・数学・理科・社会の五つが並んでいるため、5 次元のデータであり、次元削減後のデータは 2 次元のデータです。

クラスタリング

次元削減

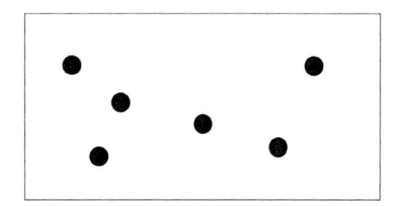

	国語	英語	数学	理科	社会
A	92	88	76	74	90
B	80	85	93	87	75
C	75	77	70	70	73
D	65	63	96	84	67

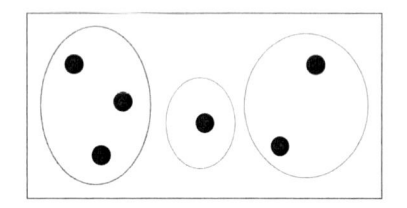

	文系科目	理系科目
A	90	75
B	80	90
C	75	70
D	65	90

図 12.4　教師なし学習のイメージ

　教師なし学習は、教師データを必要としないというメリットがある一方、どのようなクラスターに分けられたかや、次元削減の結果がどのようなものであるかということが分からず[166]、人の解釈を必要とします。代表的な教師なし学習アルゴリズムとしては、クラスタリングに使われるk-means（k 平均法）が挙げられます。

　次に k-means の処理の流れを示します。

1. 各データを適当なクラスターに分ける。
2. 各クラスターに属するデータの中心を計算する。
3. データについて、2 で求めた各クラスターの中心からの距離を計算し、各データを最も近い中心のクラスターに分け直す。
4. 2、3 を繰り返し、クラスターが変化しなくなるまで行う。

　つまり、データの中心を何度も計算していくことで、うまくグループ分けをしていく手法といえます。この流れを図示したものを図 12.5 に示します。

166　図 12.4 の次元削減のイメージでは、次元削減後のデータにも「文系科目」「理系科目」という解釈が付いていますが、これは分かりやすさを優先して筆者が付与したものであり、実際に教師なし学習を行った場合、このような解釈は出力されず、数字だけが出力されます。

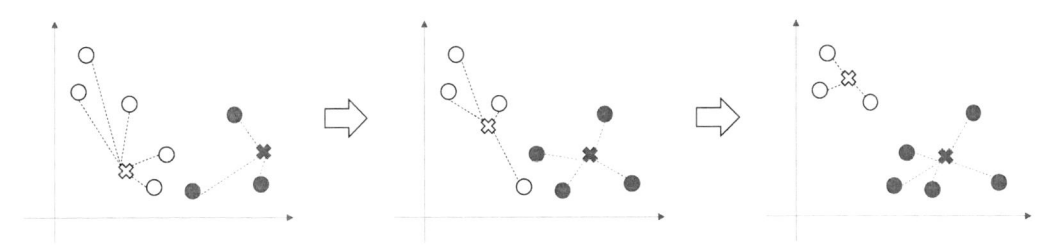

①：適当に分けたクラスタと中心　②：各データと①の中心との距離を　③：②の処理を繰り返し、
　　　　　　　　　　　　　　　　　　計算して分け直したクラスタと中心　　変化しなくなったクラスタと中心

図 12.5　k-means の流れ

💡 **Tips**　**次元の呪い**

・教師あり学習の節にて取り上げた図 12.2 では、**駅からの距離**、**部屋の面積**、**最寄り駅**、**築年数**、**家賃**という五つのデータを利用していました。このデータは 5 次元のデータであるといえます。実際に教師あり学習を使う場合は、この程度の次元数ではなく、100 次元や 1000 次元といったデータを使うことも珍しくはありません。しかし、教師データの次元数が増えれば増えるほど、学習に使うコンピュータは高性能なものが必要になり、かかる処理時間も増大していきます。このように、教師データの次元数が増えることで学習のコストが上がっていくことを、**次元の呪い**と呼びます。この「呪い」に対応するには、先に学んだ次元削減が一つの解となります。次元削減を用いて、次元数を減らすことで、学習のコストを減らすということが実際の機械学習活用の現場では良く行われています。

12.4　強化学習

12.4.1　強化学習とは

> ・強化学習は、試行錯誤を行いながら、ゴールにたどり着くための最適解を自ら見つけ出す手法を指す。

　教師あり学習と教師なし学習は、与えられたデータを処理するのに対し、**強化学習**は、環境を与えられ、これを対象として試行錯誤を行わせながら学習を行う手法です。強化学習を理解するには、ゲームを想像すると分かりやすいため、ここでは囲碁を例に取って説明しましょう。

　囲碁は、二人のプレイヤーが黒石と白石を交互に打ち、相手よりも多くの領域を囲った方が勝ち、というゲームであるため、互いのプレイヤーはより多くの領域を囲うための手を打っていきます。しかしながら、その打った手が良い手であるかどうかは、打った瞬間には分からず、「最終的に勝ちにつながったら良い手」、「最終的に負けにつながったら悪い手」ということになります。では、良い手を打つためにはどうすれば良いかというと、何回も囲碁のゲームを繰り返し、試行錯誤しな

がら上達するしかありません。このような試行錯誤を AI が行い、良いパターンと悪いパターンを
AI 自身に見つけ出させることで、賢い AI を作っていく手法といえます。

　囲碁の例のように、強化学習はゲームの AI を作る際に良く利用されます。Google の開発した
AlphaGo という囲碁の AI は、世界で最も強い棋士といわれた、イ・セドル九段に勝利することで
大きな注目を集めましたが、AlphaGo は教師あり学習と強化学習を組み合わせて作られたことが
知られています。その他にも、ロボットの制御や自動運転の制御など、与えられたルールや条件の
中でいかにうまく行動するかを見つけ出したいときに、強化学習は活用されています。

💡 Tips　強化学習は子どもに似ている？

・強化学習のアルゴリズムは、単に試行錯誤を繰り返しているわけではなく、起こした行動に対し
　て与えられる評価を最大化することを目指して試行錯誤を行います。この評価のことを、AI 分
　野における専門用語では**報酬**と呼びます。たとえば、ラジコンカーをコースからはみ出さないよ
　うにうまく走らせるための AI を作るとすれば、コースに沿って速く進めばプラスの報酬を与え、
　コースからはみ出してしまったらマイナスの報酬を与える、といった具合です。
・強化学習は子どものしつけにたとえられることがあります。子どもは何をすると大人から褒めら
　れ、何をすると叱られるのかを学び、行動の善し悪しを身に付けていきます。強化学習は、同じ
　ようなことをコンピュータで実現している手法といえます。

注記：強化学習の「強化」とは、心理学における用語から来ているといわれています。心理学における「強
　　　化」とは、行動に対して、褒めてもらう、お金を貰うなどの報酬が得られると、その行動を起こす頻
　　　度が上がるということを指しているそうです。

この章のまとめ

1　機械学習とは、コンピュータにデータを読み込ませ、データ内に存在するパターンやルールを発見するための手法である。

2　機械学習には、教師あり学習、教師なし学習、強化学習の3種類が存在する。

3　教師あり学習とは、教師データと呼ばれる既知のデータを学習させ、機械学習モデルを生成することで、未知のデータを予測する手法である。

4　教師あり学習のアルゴリズムである決定木は、データに基づいた条件分岐を作成することで、予測を行うアルゴリズムである。

5　機械学習モデルの確からしさを測るための指標を精度指標と呼び、タスクの性質によって使い分ける必要がある。

6　教師なし学習とは、教師データを必要とせずに、データ内に含まれる構造や法則を発見する手法であり、クラスタリングと次元削減に分けられる。

7　教師なし学習のアルゴリズムである k-means は、データの中心を何度も計算することで、クラスタリングを行うアルゴリズムである。

8　強化学習とは、試行錯誤を行いながら、最適解を自ら見つける手法である。

練｜習｜問｜題

問題1　教師あり学習、教師なし学習、強化学習のそれぞれについて、その特徴を説明しなさい。

問題2　教師あり学習における精度指標を四つ挙げなさい。

問題3　次の表は、ある病気の予兆があるかどうかを判定する機械学習モデルにおける正誤の件数を混同行列で表したものである。このときの再現率を算出しなさい。

		機械学習モデルの予測	
		病気である（陽性）	病気ではない（陰性）
実際の結果	病気である（陽性）	90	30
	病気ではない（陰性）	20	80

問題4　教師なし学習におけるクラスタリングと次元削減について、説明しなさい。

Active Learning　機械学習の利用方法の検討

・この章で取り上げた例を参考に、身近な場面で機械学習を使える場面をディスカッションしよう。また、それを実現するためには、教師あり学習、教師なし学習、強化学習のどれを使うべきかを考え、グループで発表しよう。

第 13 章

ディープラーニングとその利用

学生　先生、AIという言葉と一緒に、ディープラーニングという言葉もよく聞きますが、直訳すると深い学習ですか？　AIが深く学ぶということ・・・

教師　分かりづらいですよね。ディープラーニングは、第12章で学んだ機械学習アルゴリズムの一つです。

教師　簡単にいうと、人間の脳をコンピュータで表現しているんだよ。

学生　ひゃーびっくり！　コンピュータの中に人間の脳が・・・

教師　はは、実際に脳をコンピュータに移植しているわけではないからね！　ただ、ディープラーニングによって、AIやデータサイエンスの領域が大きく進化したんだよ。

学生　へー、すごいですね。どうやって、人間の脳を表現したのか楽しみ。

教師　ディープラーニングは、イメージ先行で語られやすい言葉だから、どういうものかをしっかりと学んでいきましょう。

この章で学ぶこと

1　ニューラルネットワークの仕組みについて説明する。

2　ディープラーニングとニューラルネットワークの関係性について説明する。

3　発展的なディープラーニングの技術について説明する。

13.1 ディープラーニングの原理

13.1.1 ニューラルネットワーク

- ニューラルネットワークとは、人間の神経系を模した教師あり学習アルゴリズムである。ニューラルネットワークは、ノードの集まりである「層」で構成され、層には、入力層、中間層、出力層の三つが存在する。
- ノードは重み、バイアス、活性化関数といった要素で構成され、前のノードから受け取った値を処理し、次のノードに流す。

現在の AI ブームは、ディープラーニングの発展に依るところが非常に大きいといえます。そのディープラーニングの基礎となるのが**ニューラルネットワーク**です。ニューラルネットワークとは、教師あり学習アルゴリズムの一つ[167] で、人間の神経の働き[168] をコンピュータ上で模して作られています。図 13.1 にニューラルネットワークの模式図を示します。

図 13.1 中の各丸印のことを、**ノード**[169] と呼び、いわばこれが一つの神経細胞にあたります。ノードの縦方向の集まりを**層**と呼び、層には、**入力層**、**中間層**[170]、**出力層**の三つが存在します。

入力層　　　中間層　　　出力層

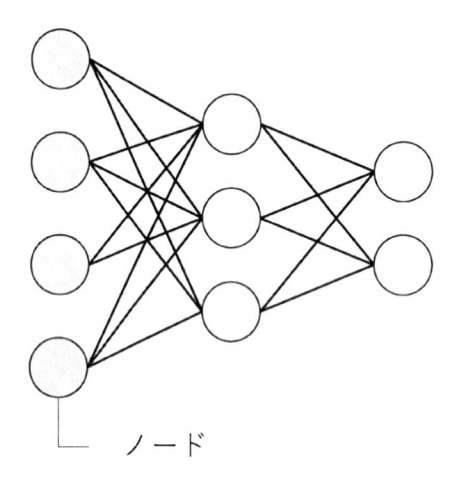

ノード

図 13.1　ニューラルネットワークの模式図

167　教師なし学習でニューラルネットワークを使う手法もありますが、一般的には教師あり学習の一つとして扱われます。

168　人間の脳を模していると説明されることもあります。

169　「ユニット」や「ニューロン」と呼ぶ場合もあります。

170　「隠れ層」と呼ぶ場合もあります。入力層はデータをインプットし、出力層はデータをアウトプットするので、ニューラルネットワークを使う人との接点となりますが、中間層は使う人から見えないため「隠れ層」とも呼ばれます。

それぞれの層は、次のような役割をもっています。

①入力層：データを入力する層。入力されるデータの数だけノードをもつ。たとえば、ニューラルネットワークを使って、その人の生活習慣病のリスクを判定するとき、年齢、身長、体重、性別、体脂肪率、喫煙習慣の有無、飲酒量、運動習慣の有無、血糖値、尿糖の 10 個の情報を入力する場合には、ノードの数は 10 個となる。

②中間層：ニューラルネットを賢くするための層。なお、ノードの数は生活習慣病など取り扱うタスクによって異なる。

③出力層：結果を出力する層。たとえば、その人が生活習慣病のリスクが高いか低いかの 2 択で判定をする場合は、二つのノードをもつ。

ニューラルネットワークは、図 13.1 のように、層と層の間でノード同士が線で結ばれるというネットワーク構成になっています。このノード同士のつながりを詳しく示すと図 13.2 のようになります。

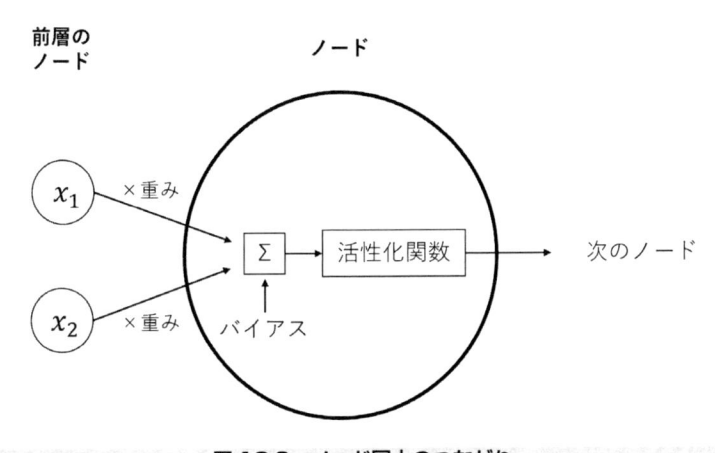

図 13.2　ノード同士のつながり

図 13.2 中の x_1、x_2 は、それぞれ前の層のノードを表します。前の層のノードから数値が流れてくると、このノード内では、流れてきたそれぞれの数値に対して**重み**と呼ばれる数値を掛けたものに、**バイアス**と呼ばれる数値を加算（図の Σ の計算）します。難しいように思えますが、仮に、$x_1 = 0.1$、$x_2 = 0.2$ として、それぞれの重みが 3、バイアスが 0.4 だとすると、

$$0.1 \times 3 + 0.2 \times 3 + 0.4 = 1.3$$

という計算が行われているだけです。ニューラルネットワークは、教師データを与えられると、この重みやバイアスを変化させ、未知のデータを予測する能力を獲得します。

さらに、ここで計算された値を活性化関数と呼ばれる関数に入力し、その結果を次の層のノードに流します。活性化関数とは、次のノードに流す値を調整するスイッチのようなものであり、ニューラルネットワークが様々なタスクに対応できるようにする役割を担っています。代表的な活性化関数の例を、表 13.1 に示します。活性化関数はスイッチに当たると表現しましたが、我々が日常的に使うスイッチにも色々な種類があります。たとえるのであれば、ステップ関数が電灯のオンとオフを切り替えるような単純なスイッチだとすると、他の関数はボリューム調整を行うときに使うよ

うなダイヤル式のつまみのようなものです。タスクによって、どのスイッチが適しているかは一概にいえませんが、使うスイッチを切り替えることで、ニューラルネットワークは様々な用途に対応できるようになるといえます。

表 13.1　活性化関数の種類

関数名	説明	グラフ 注：グラフの横軸が活性化関数の入力値、縦軸が出力値を表す
ステップ関数	入力が 0 より大きい場合は、1 を出力し、それ以外の場合は 0 を出力する。	
シグモイド関数	入力が大きいほど 1 に近い値を出力し、入力が小さいほど 0 に近い値を出力する。	
ReLU 関数	入力が 0 より大きい場合は、入力値をそのまま出力し、それ以外の場合は 0 を出力する。	
Tanh 関数	入力が大きいほど 1 に近い値を出力し、入力が小さいほど -1 に近い値を出力する。	

13.1.2　ディープラーニングへの発展

- ディープラーニングとは、ニューラルネットワークの中間層の数を増やしたものである。
- ディープラーニングを使う際に、人が決定しなくてはならない箇所を、ハイパーパラメータと呼ぶ。

　ニューラルネットワークは 3 種類の層の組み合わせで構成されています。その中で、**ディープラーニング（深層学習）**は、図 13.3 のように、中間層の数を増やしたニューラルネットワークを指し

ます[171]。中間層は、「賢くするための層」といわれており、これを積み重ねることで、ディープラーニングは高い能力を獲得することができるというわけです。

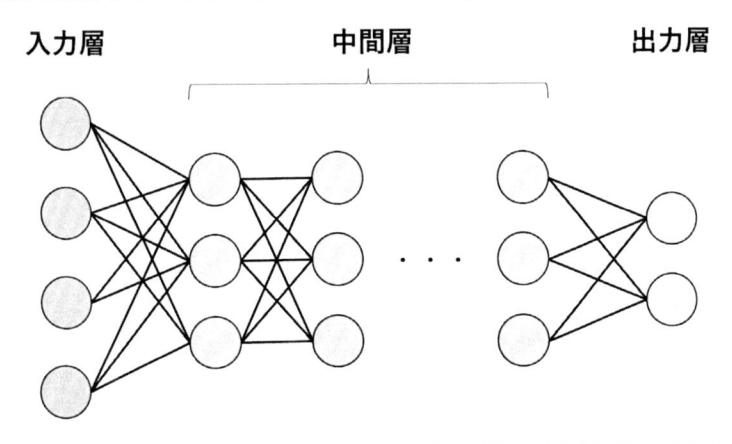

図 13.3　ディープラーニングの模式図

　ディープラーニングのネットワーク構成を設計する場合、この中間層を何層重ねるのか、中間層のノード数をいくつにするのか、前節で取り上げた活性化関数に何を使うのかといったところは、あらかじめ人が決定する必要があります。このように、人が決定しなくてはならない設定値のことを**ハイパーパラメータ**[172]と呼びます。重みやバイアスのようにディープラーニング自体が決定する数値（パラメータ）ではなく、その枠組の外で人間が決定する必要があるため、「ハイパー（超越した）」なパラメータというわけです。

　ニューラルネットワーク自体は、第 2 次 AI ブームのときには既に使われているものでしたが、当時は中間層が 1 層から 2 層程度しかなく、その能力も実用的とは言い難いものでした。しかし、2006 年に中間層の数を大幅に増やしたディープラーニングが提唱され、その精度や柔軟性が格段に向上し、現在の AI 分野を代表する技術となったのです。

13.2　ディープラーニングを支える要素

13.2.1　アノテーション

・ディープラーニングの学習には、大量の教師データが必要となる。

・教師データを作るために、正解情報を人手で付与する行為をアノテーションと呼ぶ。

171　厳密には、中間層の数を増やしたニューラルネットワークのことを Deep Neural Network（DNN）と呼びます。本来、ディープラーニングとは、層構造を使って学習させる機械学習手法の総称であり、DNN はそのうちの一つというのが正確です。しかし、ディープラーニングのうち、現実的に利用できる手法は DNN が中心であるため、一般的には、ディープラーニングと DNN は等しいものとして扱われている場合が多いです。

172　ハイパーパラメータという言葉自体は、他の機械学習アルゴリズムでも一般的に使用されます。しかしながら、ディープラーニングは、ネットワーク構成自体を人が決定する必要があり、特にこの言葉がよく使われるので、ディープラーニングの用語として取り上げました。

ディープラーニングの登場は、機械学習の産業応用を加速的に推し進めましたが、一方でディープラーニングによってモデルを作るためには、大量の教師データが必要であるという課題があります。たとえば、ある画像に何が写っているかを判別するディープラーニングのモデルを作る場合、最低でも数万件、多ければ数百万件以上のデータが必要となります。これは単に画像データがあれば良いというわけではなく、その画像が何を示しているのかという正解情報（**ラベル** [173]）がセットで必要となります。この正解情報を人手で付与する作業を**アノテーション** [174] と呼びます。

図13.4 では、画像データに対するアノテーションの例を示しています。

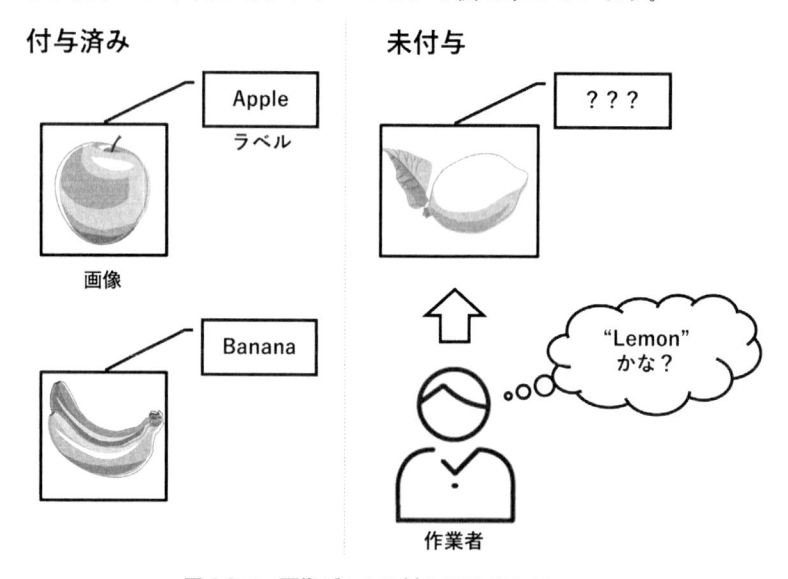

図13.4 画像データに対するアノテーション

この例では、果物の画像に対して、それが何の果物かを当てるディープラーニングのモデルを作るための教師データを作成しています。リンゴの画像には "Apple"、バナナの画像には "Banana" というように、画像データを一つひとつ人が確認してラベルを付与していきます。

アノテーションとは、画像認識に限った作業ではありません。たとえば、音声認識を行うディープラーニングのモデルを作る場合は、音声が表す言葉を文字起こしする作業がアノテーションになります。また、あるニュース記事が政治のニュースであるか、エンタメのニュースであるかのようなカテゴリー分けをディープラーニングで行うモデルを作る場合は、既存のニュース記事に対するカテゴリー付けを行う作業がアノテーションにあたるわけです。

しかし、数万件から数百万件のデータに対するアノテーションを、一人や二人で行うことは不可能です。そこで、現在では多数の人を雇い、アノテーションを並行で進めることが一般的です。最近では、Web サイト上で不特定多数の人に対し、このような作業を委託するサービスが発達しており、これを**クラウドソーシング**と呼びます。ディープラーニングが社会で多く活用されるようになった背景には、アルゴリズムとしての優秀さだけでなく、こういった教師データを大量に作る仕

---

173 「タグ」と呼ぶ場合もあります。
174 「ラベル付け」や「タグ付け」と呼ぶ場合もあります。

組みが整備されていったことも大きいといえます。

13.2.2 データオーグメンテーション

・教師データを増やす手法として、データを水増しすることをデータオーグメンテーションと呼ぶ。
・データオーグメンテーションは、画像データに対してよく使われる手法である。

　前節では、教師データを作成する手法に触れましたが、教師データを増やすための手法として、**データオーグメンテーション**（データ拡張）があります。データオーグメンテーションとは、一つのデータから複数のデータを作成し、データを水増しすることを意味します。理想的には、すべての教師データをゼロから用意できると良いのですが、教師データを用意するときには、元となるデータ [175] を大量に準備することができない制約が存在したり、元となるデータを多く準備できたとしても、すべてのデータに対してアノテーションを行うための時間やコストを捻出できなかったりといった場合が往々にしてあります。

　そこで、ある程度の教師データを用意した上で、データオーグメンテーションを行うことで、教師データの少なさを補うことが可能となります。

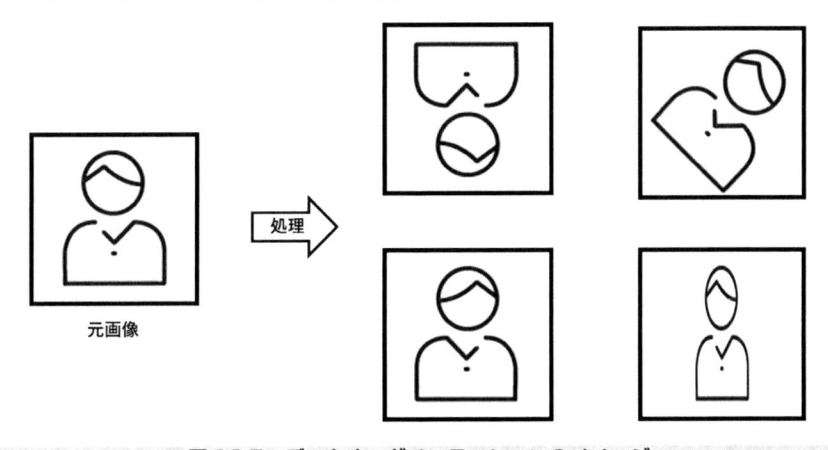

図 13.5　データオーグメンテーションのイメージ

　データオーグメンテーションは、特に画像データに対してよく使われる手法で、図 13.5 のように、一つの画像データに対し、左右反転や回転、伸縮などの操作を加えることで、複数の画像データを作り出します。これにより、元の教師データが少ない場合でも、ディープラーニングの精度を高めることが可能となります。

175　元となるデータとは、「ラベルを付与されるデータ」を指します。たとえば図 13.4 でいうと、果物の画像データを指します。「ラベル」という言葉が存在するのに対し、ラベルを付与される側のデータを指す統一的な用語は存在しないため、このように表現しています。

13.2.3 ディープラーニングに適したコンピュータ

> ・ディープラーニングの学習は、一般的に GPU を搭載したコンピュータを用いることが多い。
> ・GPU は元々画像処理を行う演算装置だが、定型的な命令を並列的に処理することが得意であるため、ディープラーニングに応用されている。

　ディープラーニングは大量の教師データを利用しますが、このようなビッグデータを処理するためには、高速に演算処理を行うことのできるコンピュータも必要となります。通常、コンピュータの処理は **CPU**（Central Processing Unit、中央演算処理装置）で行われますが、ディープラーニングの学習では、基本的に **GPU**（Graphics Processing Unit、画像処理装置）を用いる場合が多いです [176]。GPU とは、本来画像や映像の処理を行うための演算装置ですが、図 13.6 のように、CPU が複雑な命令を逐次的に処理にするのに長けているのに対し、GPU は定型的な命令を並列的に処理することに長けています。

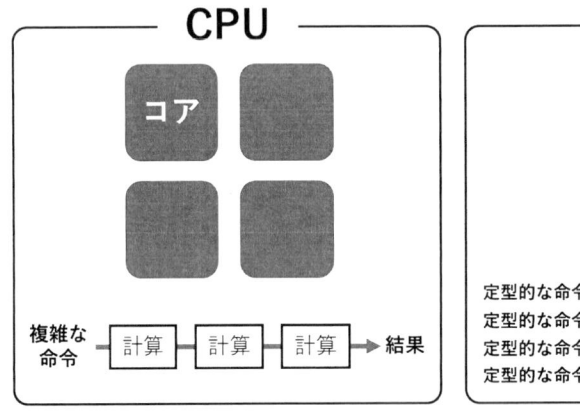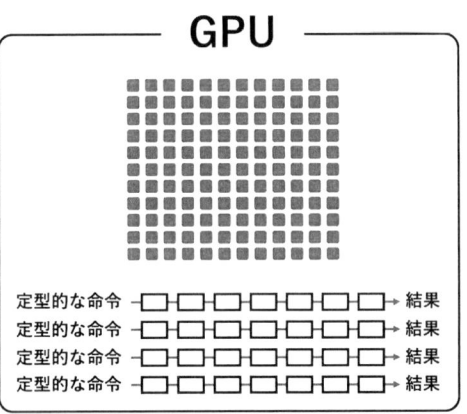

図 13.6　CPU と GPU のイメージ

　ディープラーニングによる学習を行うときには、13.1.1 で紹介したように、各ノードで同じような演算を大量に行う必要がありますが、この演算はコンピュータの中で定型的な命令を大量に実行する必要があるため、GPU での処理に向いているというわけです。そのため、企業などがディープラーニングを使おうとする場合は、この GPU が搭載されたコンピュータを調達するケースが非常に多くなっています。最近では、当初からディープラーニング用の計算装置として設計された TPU（Tensor Processing Unit）[177] と呼ばれるものも登場しており、よりディープラーニングの学習を高速にすることを可能としています。

176　CPU を用いることもできますが、GPU に比べると計算速度が落ちる場合がほとんどです。
177　2024 年現在、TPU は Google が開発した機械学習専用プロセッサを指し、CPU や GPU とは違い、現在のところ一般語とまではいえません。

13.3 発展的なディープラーニング

13.3.1 敵対的生成ネットワーク（GAN）

・敵対的生成ネットワークは、生成器と識別器がお互いに競い合いながら、データ生成を行うディープラーニングの一種である。

ディープラーニングの分野においては、世界中の研究者や技術者が日々新しい技術を研究開発しており、まさに日進月歩といえます。発展的なディープラーニングの一つとして、**深層生成モデル**が挙げられます。

深層生成モデルとは、ディープラーニングの技術を応用し、画像などを生成するモデルを指します。深層生成モデルの代表的なものとしては、**敵対的生成ネットワーク**（Generative Adversarial Networks : **GAN** [178]）が挙げられます。GAN の原理は、「偽札作りの犯人と警察」と説明されることが多く、図 13.7 のように、偽札作りの犯人である生成器が偽札の画像を作り、警察である識別器が本物の画像と偽札の画像を見比べて、どちらが本物かを見破ろうとします。識別器に偽札の画像を見破られるようになってしまうと、生成器は識別器には見破られないような画像を作ろうと試み、識別器はその画像をさらに見破ろうとするとお互いに努力します。いわば「いたちごっこ」を繰り返すことで、限りなく高い精度の画像を作ることが可能になるというわけです。

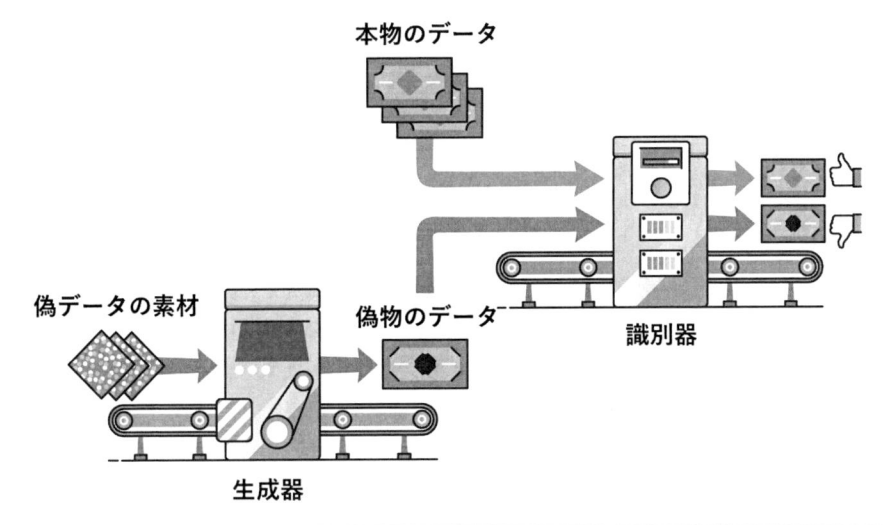

図 13.7　GAN のイメージ

178　AI エンジニアやデータサイエンティストの間では、略称の GAN（ガン）と呼ばれることが多いです。本章でも以降は GAN を使うことにします。

13.3.2 転移学習

・既に存在するディープラーニングのモデルを、新たなタスクに適応させることを転移学習と呼ぶ。

先に触れたように、ディープラーニングによってモデルを作る際には、大量のデータや、高性能なコンピュータが必要となるため、タスクごとにモデルを一から作るには大きなコストがかかります。そこで、大量のデータを用いて作られた基礎となるモデル（**基盤モデル**）を使って、新たなタスクに適応させることを**転移学習**[179] といいます。より分かりやすくいうと、転移学習とは、図 13.8 のように、既存の AI のもつ知識を、新たな AI に流用する技術といえます。

図 13.8 転移学習のイメージ

たとえば、ある画像に写っている物体がオレンジであるかどうかを判定する AI があったとすると、転移学習を行うことで、新たに画像に写っている物体がリンゴであるかどうかを判定する AI を作ることが可能です。また、ChatGPT に代表されるような**大規模言語モデル**（LLM：Large Language Models）は、世の中にある大量のデータによって学習をされているため、一般の事柄に対しては回答を返すことができますが、ある企業内の業務フローや企業内用語などのような特定の内容に対しては、回答を返すことができません。そこで、企業内に溜まっている資料やテキストデータを用いて、モデルを追加学習（**ファインチューニング**）することで、その企業内の情報に対しても、回答を返す能力を獲得させることができます。

---

179 一般的には、教師あり学習とディープラーニングの関係と同じく、「転移学習の一手法がファインチューニング」として扱われますが、書籍によっては「転移学習とファインチューニングは別の手法」と扱われている場合もあります。転移学習とファインチューニングの関係について厳密な定義付けが決められているわけではないため、書籍や資料によっても違いがあります。

この章のまとめ

1　ニューラルネットワークとは、教師あり学習のアルゴリズムであり、ノードの集合体である入力層、中間層、出力層と呼ばれる三つの層によって構成される。

2　ノードとは、重み、バイアス、活性化関数などの要素で構成され、前のノードから流れてきた値を計算し、次のノードに流す。

3　ディープラーニングとは、ニューラルネットワークの中間層の数を増やしたものを指す。

4　層の数や、ノードの数は人間が決定する必要があり、このような設定値をハイパーパラメータと呼ぶ。

5　ディープラーニングは、大量の教師データを必要とするが、データに正解情報を付与することをアノテーションと呼ぶ。

6　敵対的生成ネットワークとは、生成器と識別器の組み合わせが争うことで、高精度なデータを出力する応用的なディープラーニングの手法である。

7　転移学習とは、既に存在するディープラーニングのモデルを、新たなタスクに対応させることを指す。

練 習 問 題

問題1 ディープラーニングとニューラルネットワークの関係性について、簡潔に説明しなさい。

問題2 ニューラルネットワークにおける活性化関数とはどういうものかを、簡潔に説明しなさい。

問題3 アノテーションについて、簡潔に説明しなさい。

問題4 敵対的生成ネットワークについて、簡潔に説明しなさい。

問題5 転移学習とはどういうものかを、簡潔に説明しなさい。

Active Learning ディープラーニングを使うためのハードル

・この章では、ディープラーニングを使うためには、教師データを作る際の大変さや、高い性能のコンピュータを調達することが必要であることを学びました。ディープラーニングを使っている事例のうち、これらの苦労がわかる事例を探し、発表しよう。

第 14 章

機械学習の体験

学生 先生、私もデータを実際に使って機械学習を体験してみたいです。そうなるとやっぱり、Python や R みたいなプログラミング言語を勉強する必要がありますか？

教師 体験するくらいなら必要ないですよ。

学生 えっ、本当ですか?!

教師 はい、大丈夫です。今は手軽に機械学習を体験できるツールが色々あります。プログラムを書けなくても、クリック操作だけで OK です。

学生 そうなんですか！

教師 習っただけじゃなくて、実際に機械学習を体験してみると、きっと理解が深まりますよ。

学生 ぜひ、そのツールを紹介してください！

教師 では、教師あり学習と教師なし学習のどちらも体験してみましょう。

この章で学ぶこと

1 ニューラルネットワークを体験し、理解を深める。
2 決定木の作成を体験し、理解を深める。
3 クラスタリングを体験し、理解を深める。

14.1 教師あり学習の体験

14.1.1 ニューラルネットワーク

> ・機械学習ツールを用いて、ニューラルネットワークを使った基本的な機械学習を行わせることができる。

　第 12 章で学んだ教師あり学習のうち、ここではニューラルネットワークを用いた機械学習を体験しましょう。Google で「TensorFlow Playground」と検索するか、図 14.1 のキャプション内の URL にアクセスして、一緒に操作してみましょう。

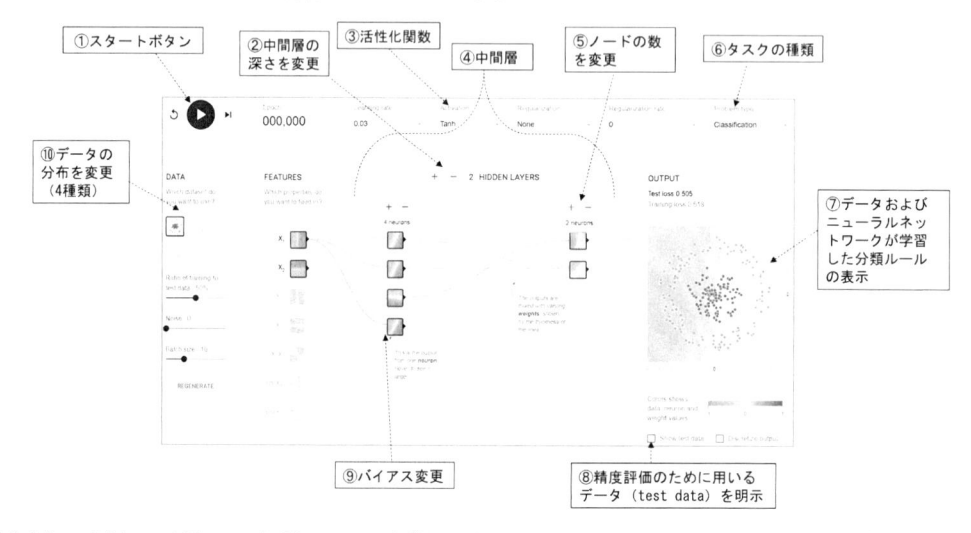

図 14.1　A Neural Network Playground（https://playground.tensorflow.org/ の画面を加工して作成）

　まず、⑥のタスクの種類が Classification（分類）になっているか確認してください。画面の中央にはニューラルネットワークがあります[180]。画面の一番右側（⑦）に表示されているたくさんの丸いプロット点（以下、点という）がそれぞれデータを表しています。データにはオレンジまたは青の色が付いています。皆さんにとっては、オレンジと青の点がどのように分布しているかという、色分けの規則性にすぐ気付くかもしれませんが、機械にとってはそうではありません。

　⑦の背景色は、そこに点があった場合に、ニューラルネットワークが予測する色を表しています。機械学習を始める前は、まだ、背景の色と点（データ）の色は合ってない部分が多いと思います。①のスタートボタンをクリックすると学習が始まり、学習が進むにつれ、図 14.2 の三つの図の変化から分かるように、ニューラルネットワークの予測する色（背景の色）と実際の点の色が合ってきます。これは、機械がニューラルネットワークを用いて、"この位置なら青、こっちの位置なら

180　第 13 章の図 13.1 において、〇で表されたノードは、この Web ページでは四角い形で表されています。図 14.1 のニューラルネットワークは、中間層が 2 層あり、出力層のノードは、おそらく分かりやすさを優先して四角いノードとして表さずに、出力層の値を用いた結果を画面一番右（⑦）で図示して表しているようです。

オレンジ"という点の色の分類パターンを学習できたからと考えられます。

　図 14.1 の⑧のチェックボックスにチェックを入れると強調表示される点がモデルの評価に使われるデータで、それ以外の点は、ニューラルネットワークの学習用の教師データにあたります。大まかにいえば、⑦の平面のどの位置を、どっちの色と予測すれば、図 14.2 の一番右のようにうまく予測（分類）できるかを教師データから学習したということです。

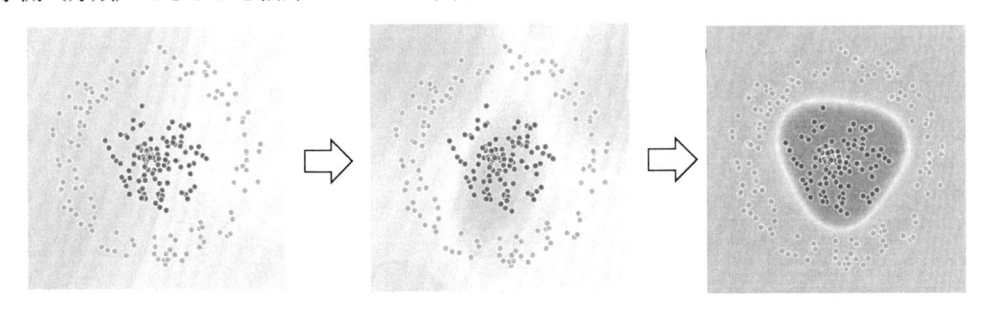

図 14.2　学習が進むにつれてうまく分類できるようになった

　ここまで見てきたように、初期設定のままのニューラルネットワークは、図 14.1 の⑩の四つの分布パターンのうちの左上のものではうまく分類できました。しかし、たとえば、⑩の中の渦巻き状に点が分布しているものを選ぶと、初期設定のニューラルネットワークのままで、スタートボタンをクリックしてもうまく分類できないと思います。

　そこで、中間層の深さを②で深くしたり、⑤でノードの数を増やしたり、③で活性化関数を変更したりして、ニューラルネットワークを自身で設計し、スタートボタンをクリックして、ニューラルネットワークの設定によってうまく分類できたりできなかったりすることを体験してみてください [181]。

> 💡 **Tips**　**ニューラルネットワークを用いた機械学習の大まかな仕組み**
>
> ・図 14.1 のようなニューラルネットワークが学習する仕組みは、まず④の中間層の左にある二つのノードに、いくつかの教師データの位置情報（横軸の位置と縦軸の位置）が入力され、パラメータなどによって数値が変換されながら中間層を通った後、「その位置にあった点は何色でしょう？」と、入力されたそれぞれの点の色を予測させ、教師データの正解の色との「誤差」がより小さくなるようにパラメータが調整され、ニューラルネットワークの予測能力が改善していきます。機械はオレンジや青といった色を人のように理解することが簡単ではないので、教師データでは、青は 1、オレンジは−1 として表現し、この教師データを用いてニューラルネットワークが点の色をうまく分類できるよう訓練されます。

181　ここでは、活性化関数などの設定の細かな意味は気にしなくて構いません。ニューラルネットワークを用いた機械学習を手軽に体験できる他のツールとして、SONY の Neural Network Console を紹介しておきます。先のツールよりも詳細な設定ができ、「4」と「9」の手書き数字を学習させて画像識別を行うなど、色々なタスクを体験することができます。解説動画も用意されているので、興味ある方は検索してみましょう。https://dl.sony.com/ja/

14.1.2 決定木

・Weka を用いて、決定木を使った基本的な機械学習を行わせることができる。

第 12 章で学んだことを思い出しながら、教師あり学習の一つである決定木の作成を体験しましょう。ここでは、Weka というフリーソフトウェアを使って体験します。本書のサポートページ https://www.kindaikagaku.co.jp/book_list/detail/9784764907089/ からダウンロードした「Weka のインストール方法 .pdf」を参考にしながら Weka をインストールしましょう。

本書のサポートページからダウンロードした「Ch14.csv」というファイルを用います。このファイルは、図 14.3 のように、架空のサッカーチームの 100 試合分のデータで、第 1 行目には変数名が入っており、それぞれ図の次に記載されている意味を示しています。勝敗を目的変数、gameID 以外の残りの変数を説明変数として決定木を作り、勝敗を大きく左右しそうな要因が何かなどを分析しましょう。

	A	B	C	D	E
1	gameID	weather	pass	apass	win or not
2	1	cloud	0.58	0.8	no
3	2	cloud	0.72	0.77	no
4	3	sunny	0.65	0.67	win
100	99	rain	0.66	0.32	no
101	100	cloud	0.84	0.61	win

図 14.3 サッカーの試合のデータ

・gameID：各試合に付けられた番号
・weather：試合中の天気
・pass：このチームのパス成功率
・apass：相手チームのパス成功率
・win or not：勝敗（勝ち win、それ以外は no）

(1)Weka で CSV ファイルを読み込む

Weka で、"Ch14.csv" ファイルを次の①〜⑦の手順で読み込みます。

① Weka を起動し、"Explorer" をクリックします。

② "Open file..." をクリックします。

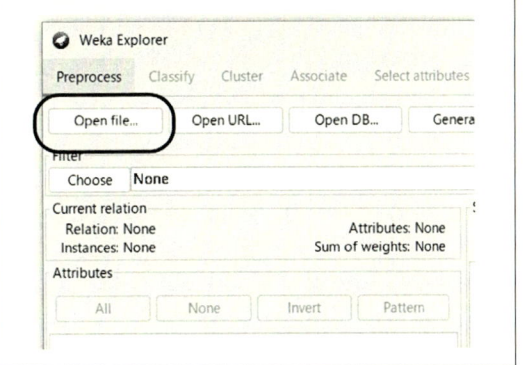

③ プルダウンメニュー（" ∨ "）の中の「ダウンロード」をクリックします（次の④のフォルダがダウンロードフォルダにある場合）。

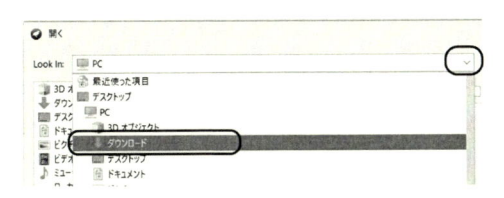

④ 「AI データサイエンスの基礎」フォルダをダブルクリックして開きます。

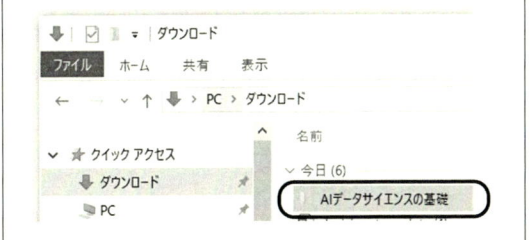

⑤ プルダウンメニュー（" ∨ "）の中の "CSV data files" をクリックします。

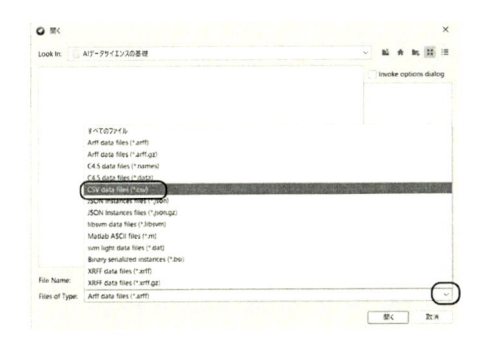

⑥ "Ch14.csv" というファイルをダブルクリックします。

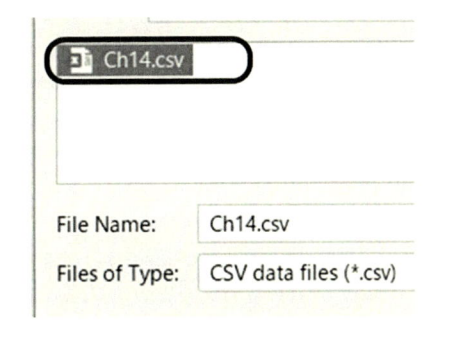

⑦ 右の画面が表示されれば、読み込み完了です。

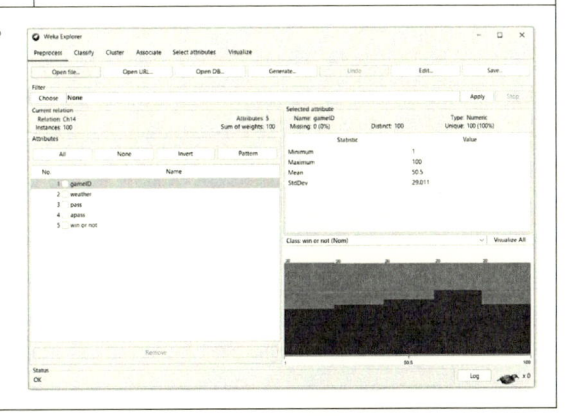

(2) データの確認

次の①〜④の手順で、データの確認を行いましょう。

① "Edit..." をクリックします。

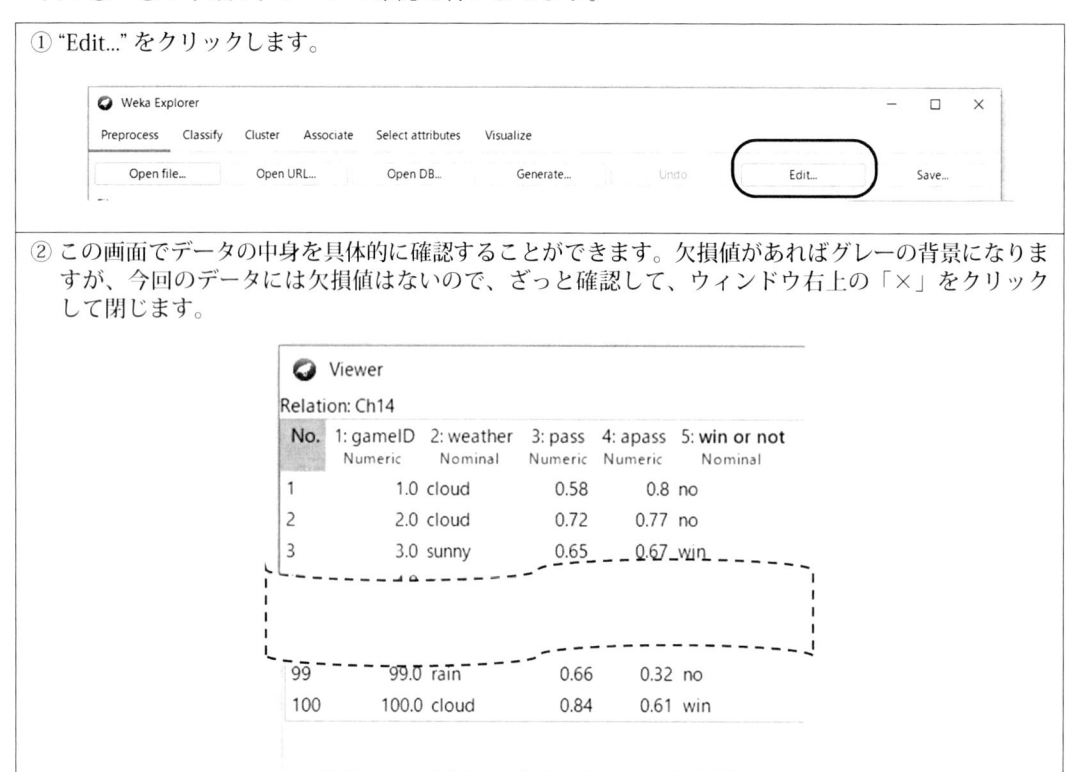

② この画面でデータの中身を具体的に確認することができます。欠損値があればグレーの背景になりますが、今回のデータには欠損値はないので、ざっと確認して、ウィンドウ右上の「×」をクリックして閉じます。

③ ウィンドウ左側には五つの変数名が表示されており、その中の "weather" をクリックすると、右下に、晴れ（sunny）、曇（cloud）、雨（rain）の試合数を示す棒グラフが表示されます（勝ちと勝ち以外で色分けされた積み上げ棒グラフ）。棒グラフの上の表を見ると、晴れは 61 試合、曇は 22 試合、雨は 17 試合あったことが分かります。また、"Missing" の値が 0 より、欠損値がないことが確認できます。他の変数についてもクリックして、データが可視化されたものを見てチェックしておきましょう。

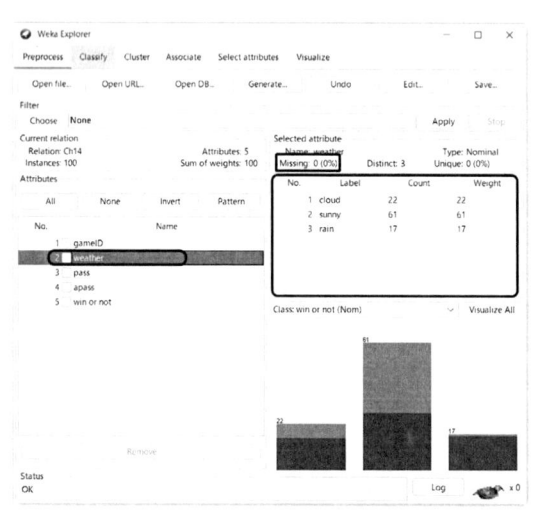

④ 決定木の作成に gameID という変数は使わないので、gameID のチェックボックスにチェックをし、"Remove" ボタンをクリックして削除します。

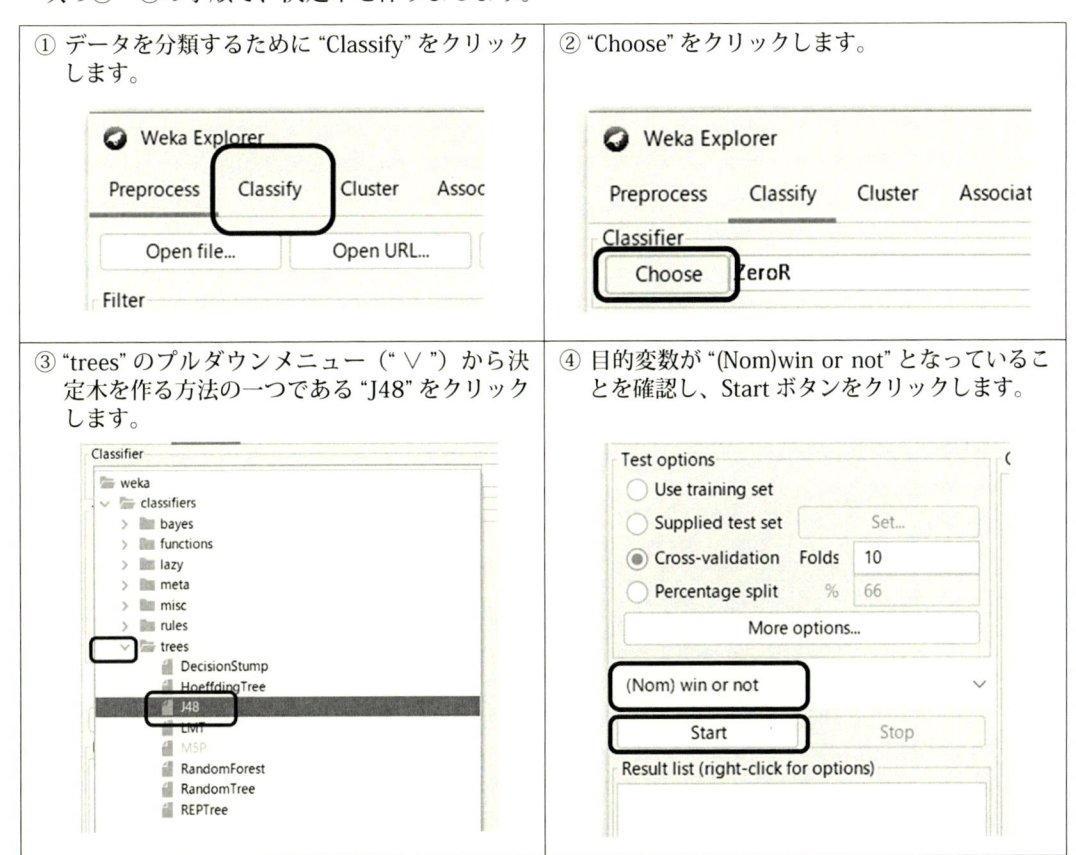

(3) 決定木を作る

次の①〜⑥の手順で、決定木を作りましょう。

① データを分類するために "Classify" をクリックします。

② "Choose" をクリックします。

③ "trees" のプルダウンメニュー（" ∨ "）から決定木を作る方法の一つである "J48" をクリックします。

④ 目的変数が "(Nom)win or not" となっていることを確認し、Start ボタンをクリックします。

⑤ このソフトウェアでの学習が終わると、図のように混同行列が出力され、モデルを評価することができます。ウィンドウ左にある「時刻 -trees.J48」を右クリックすると表示される一覧から "Visualize tree" をクリックして決定木を表示しましょう。

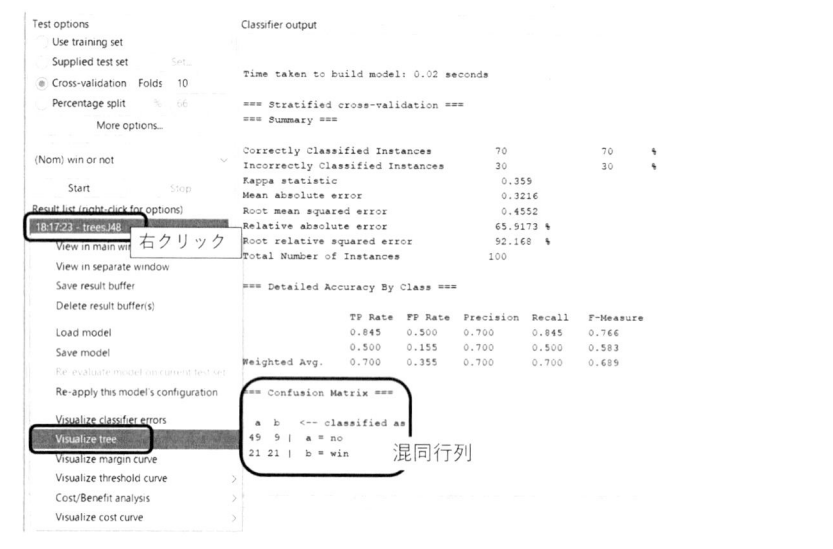

⑥ 図のような決定木が表示されれば、操作は完了です。

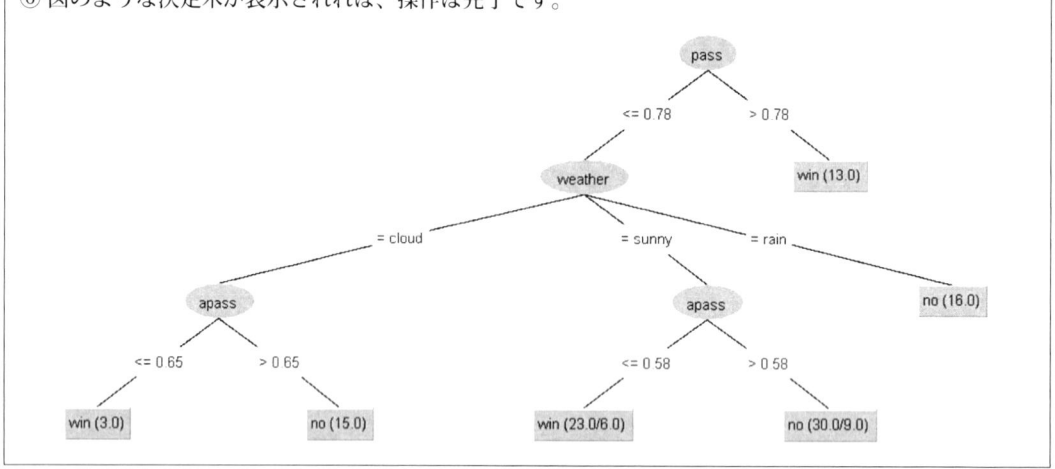

上記⑥の決定木を分かりやすく書き直すと、図 14.4 のようになります。決定木は上から下に見ていきます。決定木の一番上にあるパス成功率が、勝敗を決めるのに一番「役立つ変数」であり、全 100 試合のうち、パス成功率が 78％より高かった 13 試合では、そのすべてで勝利していることが分かります。パス成功率が 78％以下の試合では、勝敗を決めるのに天気が次に「役立つ変数」であること、そして、相手チームのパス成功率が最後に「役立つ変数」であることが読み取れます。これが、機械がデータから獲得した勝敗の分類ルールです。図の網掛けは、決定木を使って勝敗を予測する際の見込みが高い方の結果（win または no）です[182]。

---

[182] 決定木より精度を高めるための、決定木をベースにした発展的な手法として、ランダムフォレストというものがあります。

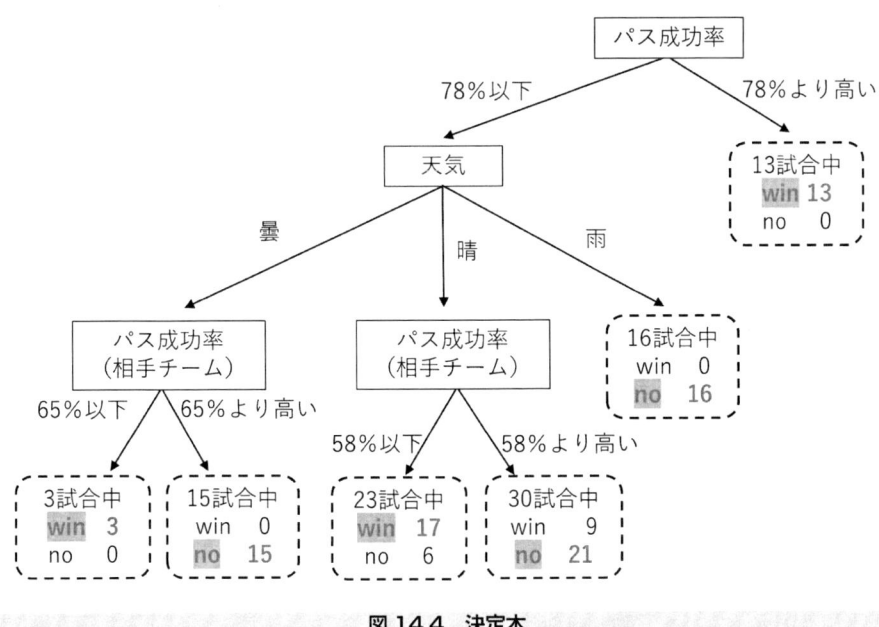

図 14.4 決定木

　このように、決定木を作ることによって、勝敗を左右しそうな変数が何かを探索的に分析したり[183]、この決定木を使って将来の試合の勝敗を予測したりすることもできます。たとえば、晴れる見込みの明日、対戦相手はパス回しがうまく、相手チームのパス成功率は80％を超えそうで、自身のチームのパス成功率は78％以下になりそうであれば、この決定木を上からたどって行くと、no（負けか引き分け）の見込みが高いことが分かります。このように、決定木は分類ルールを木のような形で表現することができ、機械がどのように分類して予測したかを説明しやすい機械学習モデルです。これに比べ、ニューラルネットワーク、特に中間層の深さが深いような機械学習モデルは、モデルがなぜその予測をしたのかを説明することが難しいモデルです。

14.2　教師なし学習の体験

14.2.1　クラスタリング

・Weka を用いて、クラスタリングを使った基本的な機械学習を行わせることができる。

　ここでは教師なし学習のうち、クラスタリングを体験しましょう。クラスタリングは**グルーピング**の一種です。今回グループ分けするデータは、第7章でも出てきたアヤメのデータです。150個のアヤメを、がく片の長さ、がく片の幅、花弁の長さ、花弁の幅の4次元データを用いてクラスタリング（グループ分け）します。

183　試合の勝敗を分ける要因は色々考えられますが、ここでは分かりやすさを優先した3種類のみを説明変数とするデータを用いています。

(1)Weka でアヤメのデータを読み込む

　Weka をインストールするためにダウンロードしたファイルの中に、様々な種類のデータが付属されており、その中の一つとしてアヤメのデータもあります。まずは、次の①～⑧の手順にしたがって、それを Weka で読み込みましょう。

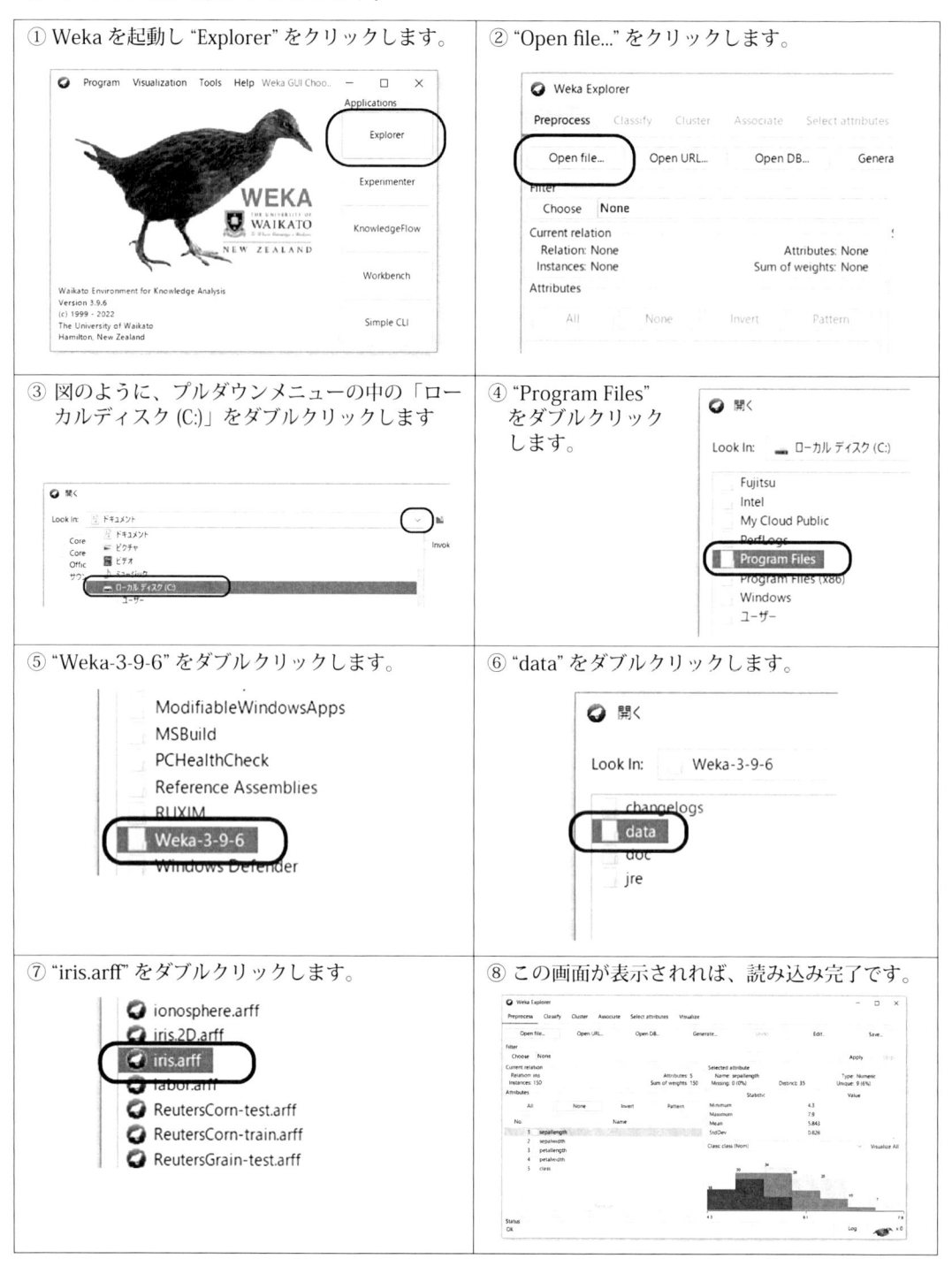

(2) データの確認

次の①〜⑥の手順で、データの確認を行いましょう。

---

① "Edit..." をクリックします。

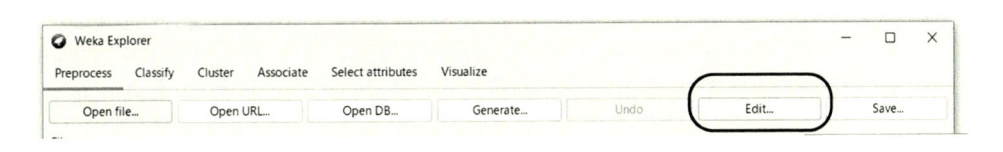

---

② 一番左（No. の列）を見ると、1 〜 150 までの番号があり、150 個のアヤメのデータであることが分かります。それぞれの変数名の意味は次の通りです。
・sepallength：がく片の長さ（cm）　・sepalwidth：がく片の幅（cm）　・petallength：花弁の長さ（cm）
・petalwidth：花弁の幅（cm）　・class：アヤメの種類
最初の四つは量的データで、最後のclassのみ質的データです。アヤメには多くの種類があり、このデータには、setosa、versicolor、verginica の 3 種類があります。このデータには欠損値はないので、ざっと確認したら、ウィンドウ右上の「×」をクリックして画面を閉じます。

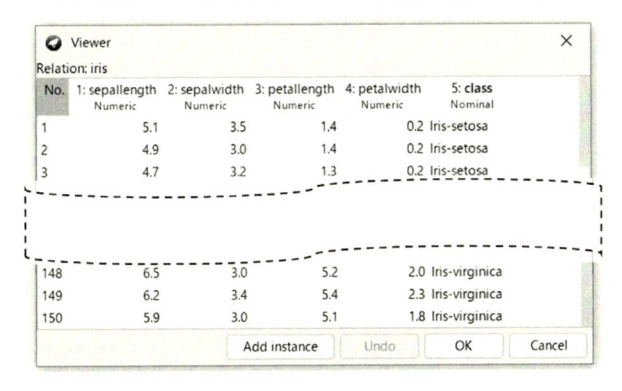

---

③ ウィンドウ左側には五つの変数名が表示されています。その中の "class" をクリックすると表示される棒グラフは、アヤメの各種類の個数を表しており、どの種類も 50 個だということが分かります。他の変数についてもクリックし、データを可視化したものを見てチェックしておきましょう。他の四つについては、どれも量的データですので、ヒストグラム[184] が表示されます。

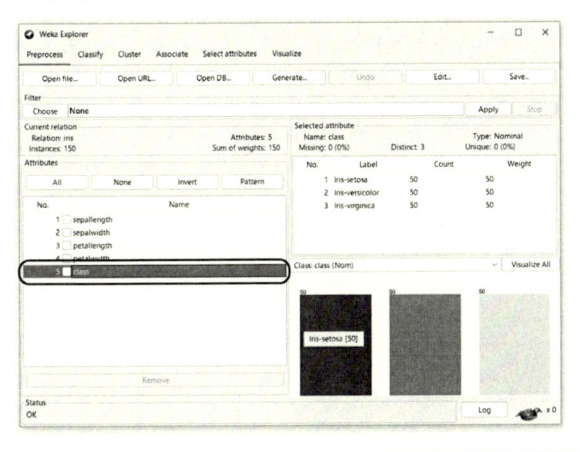

184　アヤメの種類によって色分けされたヒストグラム

④ 変数間の関連を散布図で確認しましょう。"Visualize" をクリックすると、次の⑤に示す散布図行列が表示されます。

⑤ この中の特定の散布図を大きく表示して確認してみましょう [185]。がく片の長さ（sepallength）と、花弁の長さ（petallength）の散布図を拡大表示するときには、図のように、横軸が sepallength で、縦軸が petallength となる散布図をクリックします。

⑥ がく片の長さ（sepallength）と花弁の長さ（petallength）の散布図を見てみると、ウィンドウの上部に、横軸（X）はがく片の長さ、縦軸（Y）は花弁の長さであることが示されています。ウィンドウの下部より、アヤメの種類（class）によって色分けされていることが確認できます。このデータでは、がく片が長いと花弁も長い傾向、つまり正の相関が読み取れます [186]。また、アヤメの種類については、花弁の長さが、比較的短いと setosa、中ぐらいだと versicolor、長めだと virginica の傾向があることが分かります。他の散布図についても確認してみましょう。このウィンドウは閉じずに、そのままにしておきます。

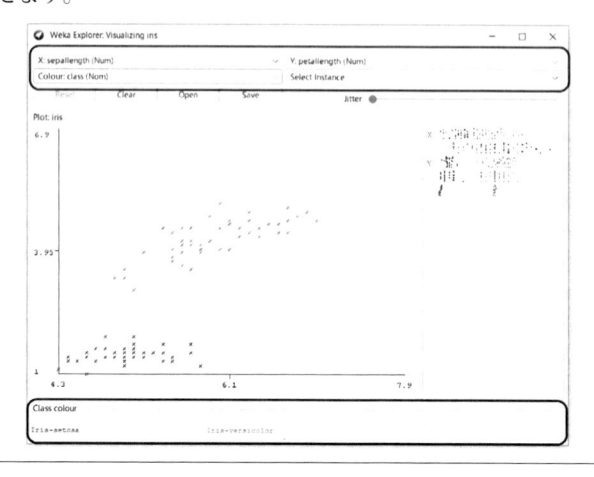

185　プロット点が小さくて見えにくい場合は、ウィンドウの下の方にある "Point Size" を大きくすると良いでしょう。

186　二つの変数の相関係数は第 7 章によると 0.8718 です。

(3) クラスタリング（グループ分け）の実行

　今回は、がく片の長さ、がく片の幅、花弁の長さ、花弁の幅の 4 次元データを用いてクラスタリング（グループ分け）してみます。注意していただきたいのは、アヤメの種類（class）のデータは用いません。あくまで 4 次元データのみで、似ているもの同士が同じクラスター（グループ）になるように 150 個のアヤメを 3 グループに分けます。結論からいうと、クラスタリングを実行して得たグループ分けは、アヤメの種類によるグループ分けと酷似します。それでは、クラスタリングを次の①〜⑧の手順で実行しましょう。

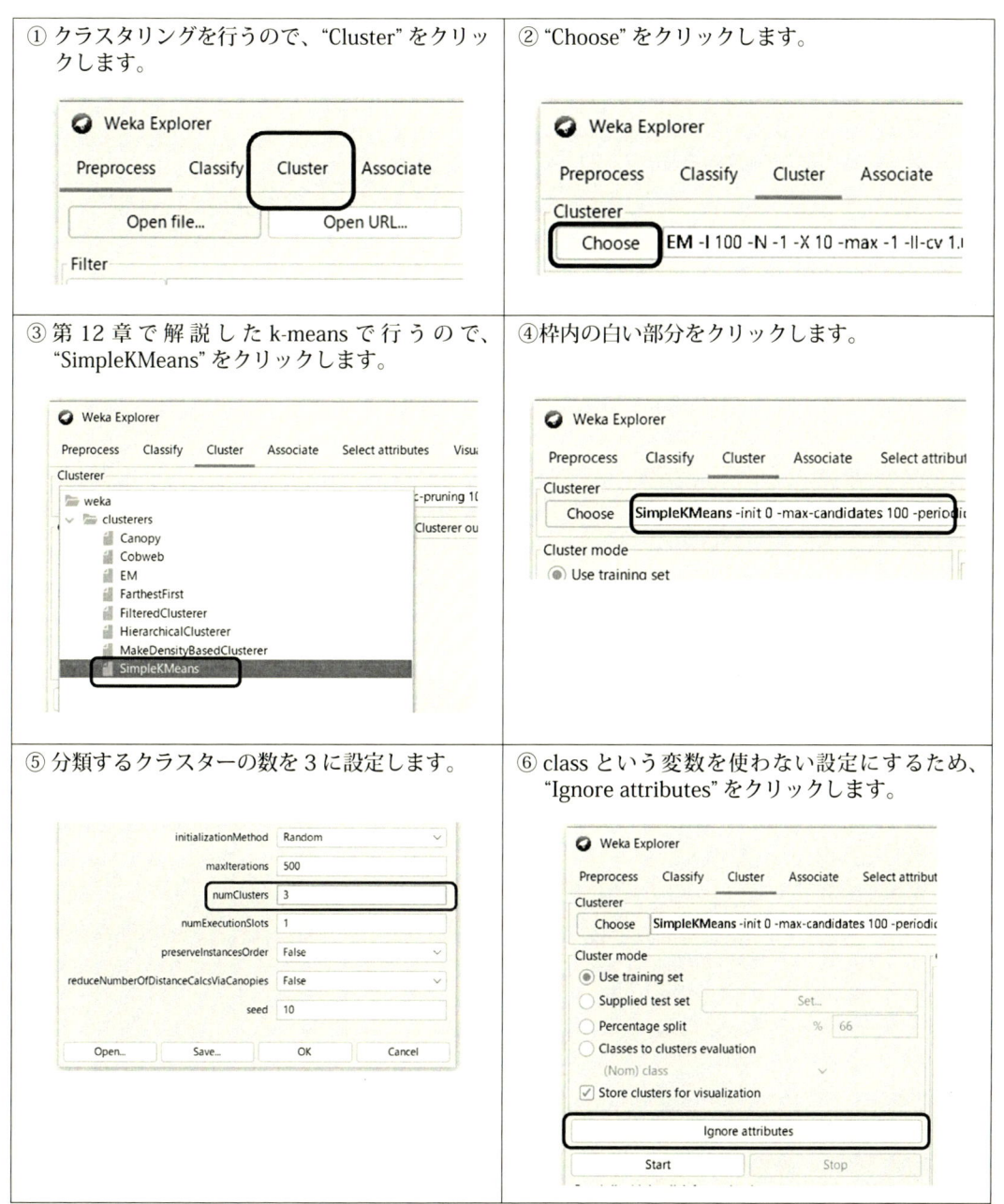

⑦ "class" を選択し、下部の "Select" をクリックすることで、class を外します。	⑧ クラスタリングの準備ができたので、"Start" ボタンをクリックします。

(4) 結果を確認

次の①〜③の操作を行い、結果を確認しましょう。

① ウィンドウの下部の結果から、クラスター番号が 0、1、2 の 3 種類にグループ化され、クラスター 0 には 61 個、クラスター 1 には 50 個、クラスター 2 には 39 個が振り分けられたことが分かります。ところで、12 章で解説した k-means の流れの最初のステップにはランダム性があるため、最初のグループ分けがいつでも一緒になるとは限りません。したがって、実行結果が、この図のグループ分けと異なる場合があることに注意してください。

② ウィンドウ左の「時刻 -SimpleKMeans」を右クリックし、表示される一覧の "Visualize cluster assignments" をクリックします。

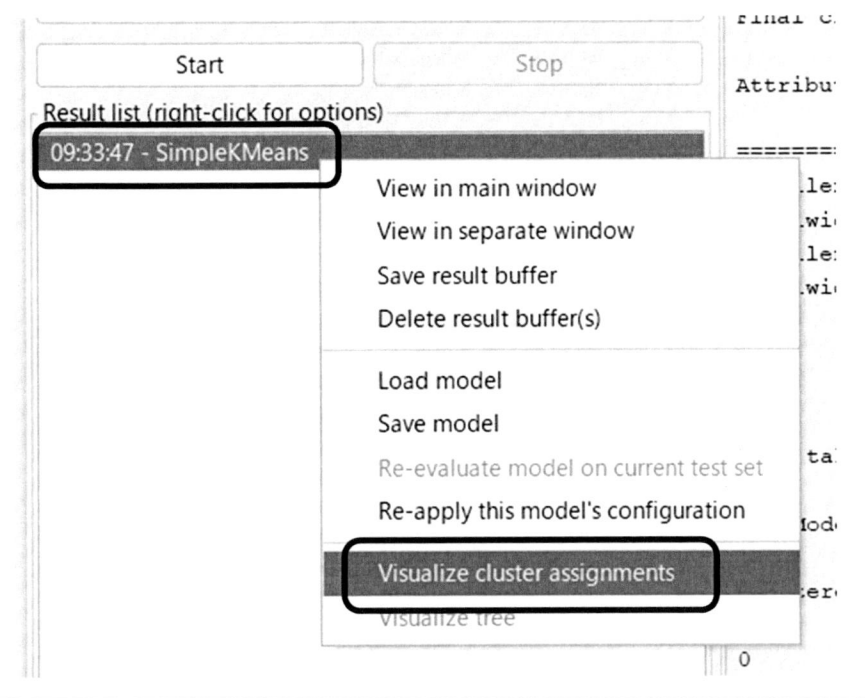

③ 散布図のウィンドウの上部で、横軸（X）はがく片の長さ（sepallength）、縦軸（Y）は花弁の長さ（petallength）となるよう設定します。ウィンドウの下部を見ると、クラスターごとに色分けされていることが確認できます。

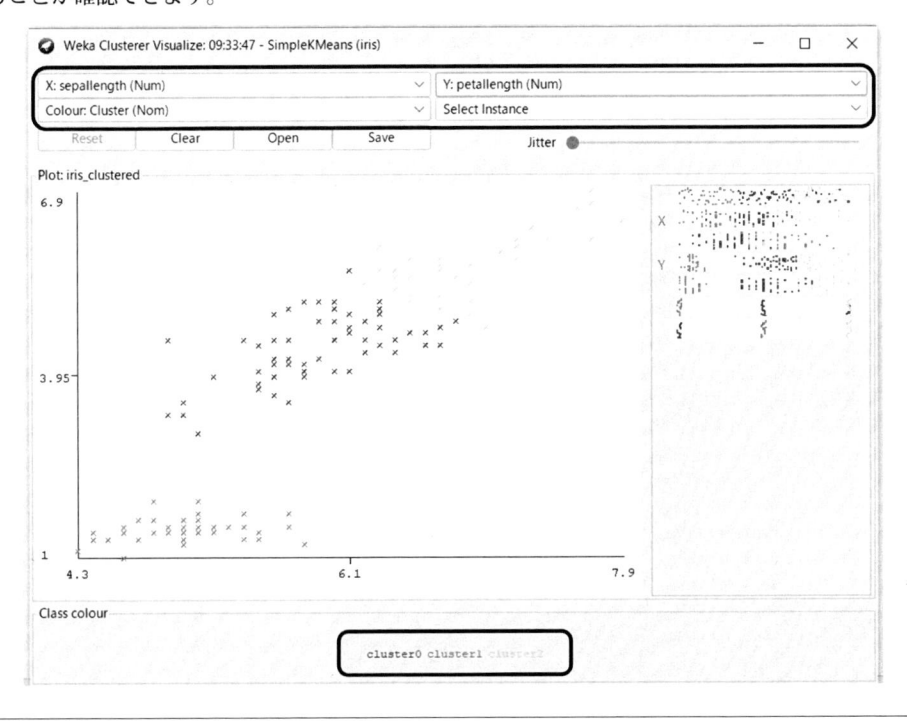

　この散布図と、先の (2) の操作で残しておいた散布図を見比べてみてください。アヤメの種類は、今回のクラスタリングのためには用いませんでしたが、4 次元データが似ているもの同士でクラスタリングを行うと、アヤメの種類と似たようなグループ分けになったと思います。さらに、散布図の横軸と縦軸の変数の組み合わせを変更して、色々な視点でグループ分けの結果を確認してみてください。

この章のまとめ

1　機械学習ツールを用いて、ニューラルネットワークを使った基本的な機械学習を行わせることができる。

2　Weka を用いて、決定木を使った基本的な機械学習を行わせることができる。

3　Weka を用いて、クラスタリングを使った基本的な機械学習を行わせることができる。

練|習|問|題

問題 1　A Neural Network Playground（https://playground.tensorflow.org/）
　　　　の初期の設定から中間層をなくした（中間層が 0 層）場合、そのニューラ
　　　　ルネットワークで、すべての点において、点の色と背景の色が一致するよう
　　　　うまく分類できるのは、図 14.1 の⑩の 4 種類のうちどれか答えなさい。

問題2　14.1.2 で説明した設定のもとで、次の条件の試合が行われるとした場合、
　　　　図 14.4 の決定木を用いて勝敗（win または no）を予測しなさい。
　　　　・自身のチームのパス成功率は 70%以下
　　　　・天気は曇
　　　　・相手チームのパス成功率は 60%以下

問題3　本文と同様に、アヤメのデータを用いてクラスターの数を 2 にした場合の
　　　　クラスタリングを行い、横軸はがく片の長さ（sepallength）、縦軸は花弁
　　　　の長さ（petallength）の散布図を示しなさい。

> **Active Learning**　**モデルの比較**
> ・図 14.1 の⑩の渦巻き状の分布のデータで機械学習を行った結果をグループ内
> 　で見せ合って、気付いたことを共有しよう。

第15章

データ・AI 利活用で留意すること

学生　生成 AI のサービスを使っていたら、変な回答が出てきたんですが？
AI の回答だから、正しいんですよね。

教師　ハルシネーションかもしれませんね。生成 AI も誤情報を発生することがありますからね。

学生　えー。だったら、どうすれば良いんですか。コンピュータの答えだから信用していたのに。

教師　生成 AI の回答は、参考としては大変役立ちますが、正しいかどうかは、自分で判断して利用する必要があるんです。

学生　ということは、判断する知識がいるんですか？

教師　当たり前です！　何も判断しないで使うということは、自分で考えるということを止めてしまうことですよ。そんなことで、良いですか？

学生　それだと、成長しないし、社会に出ても困りますよね・・・

教師　そうです。それでは、データや AI の活用で留意することを考えてみましょう。

この章で学ぶこと

1　情報資産に対するリスクと、それに対処するための行うべき情報セキュリティについての概要を説明する。

2　個人情報とそれを保護するために守らなければいけないことと、個人情報を活用するための加工方法についての概要を説明する。

3　データ・AI 活用において、その倫理的側面で注意しなければいけないことと、そのために行わなければいけないことについて説明する。

15.1　情報セキュリティ

15.1.1　情報資産と脅威

- ・情報資産とは、企業や個人にとって、その活動のために不可欠な価値のある情報のことである。
- ・損害を被る危険性（リスク）のある事象が脅威であり、脅威を引き起こすきっかけとなる原因が脆弱性である。
- ・脅威には人によって直接起こされる人的脅威、災害や機械の故障などにより発生する物理的脅威、情報システムなどを介して起こる技術的脅威がある。

(1) 情報漏えいに関する事故

　第 1 章で、経済の 4 大資源は「ヒト・モノ・カネ・情報」であることを示し、その中の情報の重要性が増していることを説明しました。ただ、近年、この重要な情報が盗まれたり、勝手に書き換えられたり（**改ざん**）といった事故が増えてきています。2023 年 10 月に、日本で SNS のサービスを展開している会社が、そのサービスの運用で使っている海外のクラウドサービスを行う会社のサーバから、約 52 万件のユーザに関する個人情報や SNS でのやり取りの情報、取引先や従業者に関する個人情報が盗まれて漏えいしたという、**悪意ある情報搾取**に関連する大きな事故 [187] が発生しました。

図 15.1　マルウェアに感染したイメージ

　この事件は、海外のクラウドサービスの会社が仕事を委託していた会社の従業者の PC が、図 15.1 のように、悪意のあるソフトであるマルウェアに感染したことで起こった情報漏えいです。そして、SNS サービスを行っている会社が情報の管理を適切に行っていなかったことから事故が発生したということで、総務省は、電気通信事業法で規定する " 通信の秘密 " [188] の漏えいに当たると

---

[187]　総務省「通信の秘密の保護及びサイバーセキュリティの確保の徹底について（指導）」https://www.soumu.go.jp/main_content/000932387.pdf、https://www.lycorp.co.jp/ja/news/announcements/001002/

[188]　電気通信事業法は、通信事業を行う企業などに対して、通信の安全を維持する目的の法律で、その中に、電気通信事業者が取り扱っている通信の秘密は守らなければならない（秘密の保護）という条文が含まれています。

して、その会社に対する行政指導を行い、少なくとも 1 年間にわたって安全管理の状況を定期的に総務省に報告するように命じました。

(2) 情報資産とリスク

SNS サービスの会社が漏えいしてしまった個人情報は、自社の業務にとって重要な情報であり、企業が守らなければいけない情報です。このような情報を**情報資産**といいます。情報資産には、顧客や従業者などの個人情報以外にも、著作物や発明といった知的財産に関する情報、企画や研究などに関する社外秘の情報、売上や取引に関する情報など、企業活動にとって欠かせない情報です。そして、情報資産は、その情報を紙に記録したり、デジタルデータとして PC やサーバ、USB メモリなどに記録したりして保存しています。したがって、保有し活用している情報資産が紛失したり、破壊されたり、改ざんされたりといった損害を被る危険性（**リスク**）から、企業は情報資産を守る必要があります。

もし企業が保有する個人情報を紛失などの原因で漏えいしてしまったら、その企業には、先の事故のように、社会的な信頼の損失や賠償、行政処分、業務停止などの損害が発生し、大きな打撃を受けます。したがって、情報資産に対するリスクを最小限にする活動が必要であり、そのためにはリスクとなる**脅威**を減らす必要があり、それを減らすためには、脅威を引き起こす原因となる**脆弱性**を明確にし、その対策を行う必要があります[189]。

たとえば、家に置いてあるお金が盗まれるかもしれないというリスクは、泥棒に入られるという脅威により発生します。そして、泥棒に入られる原因としては、家の鍵の掛け忘れや、簡単に開けられてしまう鍵を使っているといった脆弱性が考えられるので、鍵の掛け忘れをなくす確認活動を徹底するとか、開けることが難しい鍵に変えるといった対策を行います。脆弱性に対する対策によってリスクを減らして安全性を確保することをセキュリティといい、情報に対するセキュリティを**情報セキュリティ**といいます。

(3) 三つの脅威と脆弱性

情報に対する脅威には、人によって直接起こされる人的脅威、災害や機械の故障などにより発生する物理的脅威、情報システムなどを介して起こる技術的脅威の三つがあります。そして、これら三つの脅威に対して、それらを引き起こす原因となる脆弱性に、人的脆弱性、物理的脆弱性、技術的脆弱性があります。

表 15.1 は、三つの脆弱性について代表的な事象を挙げたものです。

189　リスクを特定し、そのリスクを分析し、リスクの危険性を評価する活動をリスクアセスメントといいます。また、特定したすべてのリスクが防げるわけではないですし、対策をするほど危なくないリスクもあります。このような理由で残っているリスクのことを残留リスクといい、残留リスクについては、その危険性の大きさ（評価）に応じて管理方法を決めます。

表 15.1　人的脆弱性、物理的脆弱性、技術的脆弱性の代表的な事象

人的脆弱性
①思い込みによる誤操作やうっかりによる操作ミスといった人的なミス（ヒューマンエラー） ②セキュリティに関するルールを守らないといった怠慢や油断 ③組織内の人間が、悪意などにより故意に情報を盗むといった内部犯行
物理的脆弱性
④火災や地震、落雷（特に停電）などの天災 ⑤機器の故障（天災以外）や紛失 ⑥侵入者による機器の破壊や盗難
技術的脆弱性
⑦ PC やサーバに不正に侵入する不正アクセス ⑧インターネットや電話などの通信の盗聴 ⑨システムにアクセスをしづらくしたり、ダウンさせたりするサービス妨害 ⑩悪意のあるソフトであるマルウェア（コンピュータウイルス、ワームなど）[190]の感染

15.1.2　情報セキュリティ

- ・情報セキュリティ対策は、情報資産などを、機密性、完全性、可用性の 3 つの特性のバランスを取りながら維持する活動である。
- ・利用者を識別する ID と利用者しか知らないパスワードを使うことで、情報やシステムへのアクセス制限を行う。
- ・暗号化とは鍵を使ってデータを読めない状態に変換することで、鍵を使って元に戻すことを復号という。

(1) 情報セキュリティマネジメントシステム

　情報資産や情報システムに対するリスクを低減するための情報セキュリティ対策を考えるとき、これらに対して、次の**情報セキュリティの 3 要素**である機密性、完全性、可用性のバランスを取りながら維持する必要があるといわれています。

- ・**機密性**：利用できるものを限定し、それ以外のものはその情報を利用できないようにすること
- ・**完全性**：情報は正確なものであり、かつ、その正確さが利用によって損なわれないようにすること
- ・**可用性**：許可されたものが、何時でも情報が利用できるように維持すること

　そして、企業などの組織における情報セキュリティを運用するための枠組を、**情報セキュリティマネジメントシステム**（**ISMS**: Information Security Management System）といいます。

190　コンピュータウイルスは、特定のプログラムに寄生して自分の複製を作り広げるソフトで、ワームは、独自で増殖する機能をもって広がるソフトです。

> ## 💡 Tips　情報セキュリティマネジメントシステム（ISMS）
>
> ・一般社団法人情報マネジメントシステム認定センター（ISMS-AC）という機関は、ISMS を「個別の問題毎の技術対策の他に、組織のマネジメントとして、自らのリスクアセスメント（リスクの評価）により必要なセキュリティレベルを決め、プランを持ち、資源を配分して、システムを運用すること」と定義しています。ISMS は、国際標準化機構（ISO：International Organization for Standardization）によって、ISO/IEC 27000 ファミリーとして標準化されており、日本では日本産業規格の JIS X 27000 として、それらを規格化しています。
> ・ISMS-AC は、ISMS の規格にしたがった活動を行っている組織に対して、その活動が適正であるかの認証評価を行い、合格した組織に ISMS 認証を付与しています。

(2) 機密性を維持する方法

　機密性を守る代表的な対策として、利用者を識別する **ID**（identification）と利用者しか知らない**パスワード**によって、PC やデータにアクセスできる人を制限（**アクセス制限**）するという、代表的な**ユーザ認証**の方法があります。

　ただ、図 15.2 のように ID とパスワードが悪意をもった人に知られてしまうと、ID の本人になりすまして PC や SNS が乗っ取られたり、PC やサーバに記録している情報資産などが盗まれたりしてしまいます。したがって、ID とパスワードを知られないようにする対策が必要となります。

図 15.2　ID とパスワードが盗まれるイメージ

　知られない対策としては、パスワードを他人に見られる可能性のある場所にメモしないとか、パスワードを長く複雑なものにして他人が簡単に探し出せないものにするといった方法があります。また、情報資産が盗まれてしまったときのために、その情報が利用できないようにする対策を講じることも有効です。その代表的な方法に、データの**暗号化**があります。

　暗号化とは、解読方法を知らないと文書が読めない状態に変換することで盗まれても情報が読めないようにしておく対策です。古くから行われていた有名な方法にシーザー暗号があります。この方法は、文字を一定の数だけずらすことで暗号化します。「かぎ」という言葉を五十音順で 3 文字ずらすと「けご」となり、意味のわからない言葉になります。ただ、この言葉も、3 文字ずらすという解読方法（**鍵**）を知っていれば、3 文字逆にずらすことで元に戻すこと（**復号**）ができます（現在はもっと複雑な暗号化の方法[191] が使われています）。

191　暗号鍵と復号鍵が同じものである方法を共通鍵暗号方式といい、WPA という方式が有名です。また、暗号鍵と復号鍵が異なっており、一方の鍵で暗号化すると、もう一方の違う鍵でしか復号できないという方式があり、一方を公開鍵として公開し、もう一方を自分だけがもつ秘密鍵として管理する公開鍵暗号方式があり、この方式は Web などのインターネット上での暗号通信でよく利用され、RSA という方式が有名です。

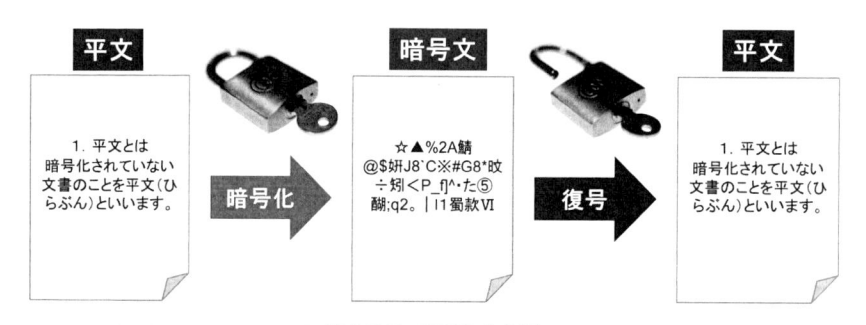

図 15.3　暗号化と復号

図 15.3 は暗号化の一連の操作を示しており、関連する用語の意味は次のようになります。

- 平文：暗号化されていない状態で、普通に読める文書
- 暗号文：平文に対して演算などのある変換ルールを適用して、読めない状態にした文書
- 暗号化：平文を暗号文に変換する処理
- 復号：暗号文を平文に戻す処理
- 鍵（キー）：暗号化や復号の変換処理に使う値で、暗号化で使う鍵を暗号鍵（暗号キー）、復号で使う鍵を復号鍵（復号キー）と分けて呼ぶことがあります。

(3) 完全性を維持する方法

　完全性の対策としては、たとえば、間違ってはいけない顧客や商品などの情報の入力や変更の際に、入力ミスを防ぐため、入力した後にもう一度見直すとか、他の人に確認してもらうといった二重チェックを行う方法があります。また、情報は常に最新の状態にしておく必要もあるので、変更がないかを定期的に確認する作業も重要です。たとえば、顧客の住所が古いままになっていて、その住所に大事な書類を送ってしまうと誤配送の事故につながります。

　情報が、不注意や悪意によって改ざんされないかを確認する対策も必要です。その対策としては、データに対して誰が何時どのような操作したのかといった記録（**ログ**）をシステムが自動的に取るように設定しておき、ログを常々監視するといった方法があります。

　また、改ざんされてしまったときの場合に、データを元に戻せるように、定期的にデータの複製（**バックアップ**）を別の場所に保存しておくことも重要です。改ざんについては、インターネットの通信中にデータが改ざんされるといったことも起こり得るので、そのようなときには、そのデータが第三者によって改ざんされていないことを確認できる**電子署名**[192] を、データにつけてやり取りする方法があります。

(4) 可用性を維持する方法

　可用性のリスクの一つに、表 15.1 で示した天災や機器の故障などの物理的脆弱性により、情報が保存されているシステムが使えなくなるという原因があります。物理的脆弱性の対策としては、

192　送り手が送るデータを要約した値（ハッシュ値）を自分だけがもつ秘密鍵で暗号化したものが電子署名で、送るデータに電子署名と公開鍵をつけて送り、受け手は、送られてきた電子署名を公開鍵で復号することで要約した値を求め、送られてきたデータを受け手自身が要約した値と一致するかどうかで、改ざんを確認する方法です。送られたデータが改ざんされていると要約は一致しません。

システムやデータを二重化 [193] するといった方法があります。システムの二重化は、同じサービスが行えるシステムを二つもつことで、一方が故障してももう一方によりサービスを継続できるという方法です。データの二重化には、先に説明したデータのバックアップを用意するという方法があります。

　また、インターネットからの不正アクセスによってシステムに侵入されたり、システムがマルウェアに感染して情報が改ざんまたは消去されたり、システムに大量のアクセスを発生させる方法 [194] でサーバに接続しづらくさせたり、過剰なアクセスによってシステムをダウンさせたりという技術的脆弱性による原因もあります。このような原因の対策としては、インターネットと接続する箇所に、不正アクセスやマルウェアなどの侵入を防ぐための検問を行うシステム（**ファイヤーウォール**）を設置するといった方法があります。このように、コンピュータをインターネット上で安全に使うために対策を講じることを**サイバーセキュリティ**といいます。

15.2　個人情報保護

15.2.1　OECD8 原則と個人情報保護法

- 個人情報を保護するために OECD8 原則が示され、日本では個人情報保護法が制定された。
- 個人情報の仮名加工と匿名加工は、個人を特定できないようにする加工で、特に、匿名加工を行うことでビッグデータによる分析などの利用が可能になる。

(1)OECD8 原則

　情報資産の中でも、特に取扱いに注意が必要な情報に個人情報があります。個人情報とは、生存している人に関する情報で、氏名、生年月日、住所、顔写真など、特定の個人を識別できる情報のことです。たとえば、ネットショッピングを始めるときには運営する会社に氏名や住所、電話番号、電子メールアドレス、クレジットカード番号などの個人情報を登録します。そして、その会社に商品購入での個人情報の利用を認めます。ただ、このとき、その会社が登録した個人情報を、勝手に色々な会社に教えてしまい、知らない会社からたくさんの広告メール（DM：Direct Mail）などが届くようになったらどうでしょうか。

　図 15.4 のような顧客の個人情報は、ネットショッピングを運営するための情報資産ですが、その企業が目的以外で勝手に利用することは許されません。このような取扱いを制限するために、個人情報保護を目的として、1980 年に **OECD**（Organisation for Economic Co-operation and Development：経済協力開発機構）が、「プライバシー保護と個人データの国際流通についてのガイドライン」を発表し、それが表 15.2 に示す **OECD8 原則**です。

193　二重化よりも多くすることもあり、一般的には多重化とか冗長化といいます。
194　特定のサーバを狙って、そのサーバをダウン（停止）させたり、サーバが行っているサービスを正当な人が利用しづらくさせたりといった攻撃行為を、DoS（Denial of Services）攻撃といいます。

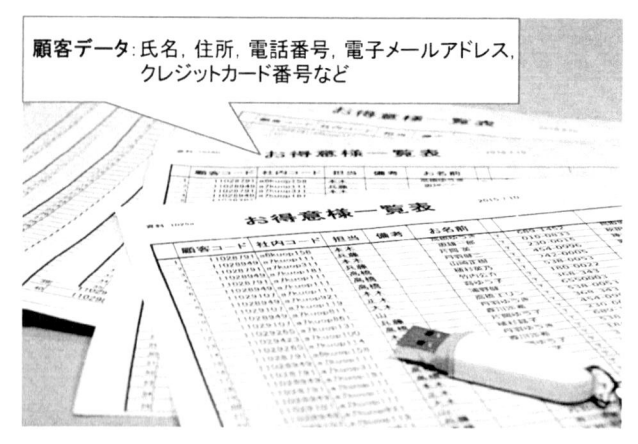

図 15.4　企業が取り扱う個人情報

表 15.2　OECD8 原則について

①収集制限の原則	適法かつ公正な手段によって本人への通知または同意に基づく収集を行うこと
②データ内容の原則	データ内容の正確性、完全性、最新性を確保すること
③目的明確化の原則	利用目的を明確にすること
④利用制限の原則	利用目的以外の目的での利用は行わないこと
⑤安全確保の原則	個人データの安全管理を行うこと
⑥公開の原則	個人データの収集事実、在所、利用目的や管理者等に関する情報を公開すること
⑦個人参加の原則	本人が関与できる機会を提供すること
⑧責任の原則	これらの原則を遵守する責任があること

　表に示すように、その原則では、企業などの組織が個人情報を集めるには、利用する目的（③）の本人への通知または同意（①）が必要であり、目的以外の利用はできない（④）と定めています。そして、集めた個人情報の管理については、その組織に完全性（②）や安全性（⑤）が求められます。また、利用している組織の住所などの連絡先（⑥）を示し、利用について本人が関われること（⑦）が求められています。これは、自分の個人情報の利用について、制限や停止を求めることができるようにするためで、利用の停止の意思を示すことを**オプトアウト**といいます。その反対で、利用に同意する意思を示すことを**オプトイン**といいます。

(2) 個人情報保護法

　OECD8 原則の考えに基づいて、日本でも 1999 年に「個人情報保護マネジメントシステム―要求事項」という JIS Q 15001 [195] 番の規格が作られました。また、2003 年には、**個人情報保**

195　この規格は 2023 年に改訂され、現在の番号は JIS Q 15001:2023 となっています。

護法[196] が制定され、施行されています。

　そして、2016 年 1 月には、個人の権利利益を保護するための制度的な取り組みを行う個人情報保護委員会という行政機関が、国内に設置されました。企業などの組織が個人情報の事故を起こした場合は、この機関に連絡する必要があります。

　ところで、個人情報保護法は、時代の変化に合わせて改正が進められ、仮名加工、匿名加工という内容が追加されました。**仮名加工情報**と**匿名加工情報**は、どちらも個人情報を加工して、その情報から個人を特定できないように処理した情報のことで、仮名加工情報は他の情報と照合すると個人が特定できる状態のもの（第三者への提供を禁止）で、匿名加工情報は元の情報には戻せない状態にしたもの（第三者への提供が可能）という違いがあります[197]。

　これらの加工情報の追加は、当初の利用目的になくても、個人情報を経営に関わる分析やビッグデータを使った調査などで有効活用することを念頭においた改正であり、特に、匿名加工については、個人情報としての扱いが外れるので、第三者への提供も可能になります。たとえば、Suica などの交通系 IC や ETC などの利用情報を匿名加工すれば、交通量予測などにも利用可能になります。

⚡ Tips　個人情報保護法、プライバシーマーク制度

・個人情報保護法では、個人情報を保有する企業などの組織（個人情報取扱事業者）が守るべき事柄を次のように定めています。
　・取り扱う個人情報は、その利用目的を特定し、その目的を超えて利用してはいけない。
　・個人情報を取得する場合には、利用目的を通知・公表しなければならない。
　・コンピュータで利用できるようになっている個人情報（個人データ）を安全に管理し、従業者や委託先を監督しなければならない。
　・個人データを本人の同意を得ずに第三者に提供してはならない。
　・保有する個人データに対して、本人からの要求があった場合、開示・訂正・削除などに対応しなければならない。
　・個人情報の取扱いに関する苦情を、適切かつ迅速に処理しなければならない。
・1998 年に一般財団法人日本情報経済社会推進協会（JIPDEC）という機関が、JIS Q 15001 の規格にしたがって、企業等の組織が個人情報を適切に保護していることを審査して認証を与えるプライバシーマーク制度を創設しました。認証されると右の図のプライバシーマークが付与されます。

10123456(01)

**認証された機関に付与される
プライバシーマーク**

196　個人情報保護法（正式名称：個人情報の保護に関する法律）が 2003 年 5 月に制定され、2005 年 4 月から全面施行され、その後も見直しが進められており、最近では 2020 年と 2021 年に改正が行われました。

197　仮名加工情報と照合することで個人が特定できる情報が削除されていない場合は、個人情報としての管理が必要となります。匿名加工情報は、個人情報としての管理は不要です。

15.2.2 EU での GDPR（一般データ保護規則）

> ・GDPR は、EEA での個人データの保護を目的とした規則で、個人データの自己情報
> コントロール権を強く認めており、また、個人データを EEA から移転するときには、
> 移転先の十分性認証が必要となる。
> ・GDPR では、個人データを取り扱う責任者は、処理の安全性の保証だけではなく、
> 透明性や処理の適正性に対する説明責任の義務を負う。

　個人情報については、日本だけではなく、各国や地域が制度を作って保護しています。特に、厳しく保護をしている地域に、図 15.5 に示す EU（European Union：欧州連合）を含む EEA（European Economic Area：欧州経済領域）[198] があり、この領域内に住むすべての個人に関するデータを保護する目的で、2016 年 4 月に **GDPR**（General Data Protection Regulation：一般データ保護規則 [199]）が制定され、2018 年 5 月から施行されています。

　GDPR には、次のような特徴があります。

図 15.5　GRPR の参加国と EU の地図

(1) 個人データ

　この規則では、個人を特定できる個人情報（個人データ）だけでなく、位置データやオンライン識別子のような識別子、さらには、物理的、生理的、遺伝子的、精神的、経済的、文化的、社会的な独自性や個性により間接的に識別できるものも含めて保護の対象としています。特に、スマート

198　EEA とは、EU の加盟国ではないが、EU の市場に参加できるようにする枠組みで、EU 加盟の 27 カ国の他に、アイスランド、リヒテンシュタイン、ノルウェーが含まれます。

199　一般財団法人日本情報経済社会推進協会「EU 一般データ保護規則（仮訳）について」https://www.jipdec.or.jp/library/archives/gdpr.html、日本貿易振興機構「「EU 一般データ保護規則（GDPR）」に関わる実務ハンドブック（入門編）」https://www.jetro.go.jp/world/reports/2016/01/dcfcebc8265a8943.html

フォンの位置情報や、Cookie（クッキー）[200] と呼ばれる Web の閲覧履歴などを Web ブラウザに自動的に保存する情報など、直接的に個人を特定できない**個人関係情報**と呼ばれるものも保護の対象になっています。

(2) 個人データ処理

この規則では、個人データの処理を、自動的な手段であるか否かにかかわらず、個人データに対して行われるあらゆる作業と定義し、その処理に求める要件を規定しています。適正な処理の要件としては、利用目的に即していることや、正確性、完全性、機密性といった安全管理に加え、処理全体を管理する責任者を設け、責任者には、どのような処理を行ったかという処理内容の**透明性**を確保し、適正な方法で作業したことを証明する義務（**アカウンタビリティ**[201] の原則）が課せられています。また、個人データを処理する前提として、原則、同意が必要であり、同意した取扱いに対しても制限したり停止したりする権利が本人に与えられています。

個人データ処理の中で、ある人物の性別や年齢、地域、職業の他、図 15.6 のように、Web などの閲覧履歴、ネットショッピングでの購買履歴、SNS での書き込みなどのインターネット上の情報から、その人の行動や興味、嗜好などを予測する**プロファイリング**と呼ばれる処理があり、顧客の販売予測などに利用されることがあります。今日、AI を使ったプロファイリング処理も進んできており、この規則では、プロファイリング処理も規制の対象になっています。

図 15.6　プロファイリングのイメージ

(3) 消去の権利（忘れられる権利）

個人情報保護法についても、本人が個人情報の消去を求める権利はあるのですが、適切な取扱いである場合は、必ず消去しなければならないわけではありません。しかし、GDPR では、適切な取扱いであっても、同意を撤回してデータの消去を求めることができるという**消去の権利**が認められ

200　Web で検索したり閲覧したりした Cookie に記憶された情報を使って、その人が興味をもっていると思われる広告のページを Web 画面に表示する方法を、**ターゲッティング広告**といい、GDPR の場合、これも規制の対象となります。

201　行ったことに対して、行った理由から結果に至る過程のすべてについて説明することを指し、説明責任と訳されます。法律によっては、結果に対する賠償や補償が課せられることもあります。

ています。この権利に関する事例に、スペインで起こった有名な裁判があります。所有する不動産が差し押さえられて競売にかけられた事件に関する記事が、Google で検索すると 10 年以上経っても残っていることに対する訴訟があり、その結果は、一定期間が経っており、過剰な情報提供であるということで、消去を命じる判決になりました[202]。このような権利を**忘れられる権利**と呼ぶことがあります。

　また、先のプロファイリングのような処理を行うと、位置情報や Web の閲覧履歴、ネットショッピングの購買履歴、SNS の書き込みなどから、他人には知られたくない行動や趣味、嗜好がデータから分析されてしまう可能性があります。このような点から、個人の**プライバシー保護**の観点からも、この規制では、消去の権利を含め、自分の個人データの扱いに強く関与できる**自己情報コントロール権**を強化しています。

(4) 個人データの移転

　この規則では、個人データの利用と処理は EEA の範囲に限定しており、この地域からのデータの持ち出し（移転）を原則禁止しています。ただ、それでは EU を含めた国際的な取引を行っている企業や、インターネットを使ったビジネスを展開する企業などの活動を制限してしまうので、**十分性認証**という方法で、個人データの移転を認めています。十分性認証とは、移転先の国や地域でGDPR と同等の個人データの規制が行われていることが認められれば移転を可能にするというものです。このため、日本も GDPR に合わせるために、先述の個人情報を独立して監視する公的機関である個人情報保護委員会を設置し、個人情報保護法を改正して、外国にある第三者に個人情報を提供することへの制限や、個人情報の研究利用についての制限などを追加し、十分性認証を得ています。

15.3　データ・AI 活用の倫理

15.3.1　データ・AI 活用と課題

> ・AI サービスの運用では、法律の遵守に加えて、そのサービスがもたらす倫理的な側面についても責任をもつ必要がある。
> ・ELSI とは、科学技術がもたらす倫理的・法的・社会的課題を指す言葉で、データ・AI 活用に際しても、それがもたらす ELSI を検討する必要がある。

(1) データ・AI 活用における負の事例紹介

　AI 技術の進化とともに、それを誤って利用すると社会問題に発展することがあります。その有名な事例に、就職情報サイトを運営する企業が、学生の採用に関して、内定を出しても辞退する可能性の高い人の情報を、AI に学習させて、内定辞退率の高い学生を選別できる AI サービスを始めてしまい、このことがニュースなどに取り上げられ社会問題になりました。この AI サービスでは、利用する企業から提供された応募者情報から氏名を削除していましたが、Cookie の情報を使って

202　「解説！GDPR の概要 3（忘れられる権利）」https://yamamuralaw.com/blog/1843/

突き合わせができる仕組みとなっており、また、AI に内定辞退率を学習させる情報として、利用する企業から個人情報の提供を受けていました。そのため、個人情報保護法の同意のない個人情報の第三者への提供に該当するといった判断がなされ、個人情報保護委員会から、全社的な意識改革を講じるようにという是正勧告を受けることになりました[203]。

　このAI サービスによって算出された内定辞退率は、サービスを利用した企業の採用において、実際の採用には影響しなかったとのことです。しかし、もし AI が予測として算出した値が、本来辞退しなかった学生の就職を左右したとすると、開発した企業及び利用した企業は、その道徳的な責任も問われる必要があります。このような問題をなくすために、**AI サービスの責任論を含む AI 社会原則**に関する提言[204]がなされています。そして、その中には、AI の開発・提供・利用をする場合、それをどのように利用するかの決断は人間が行い、その AI がもたらした結果については、それぞれに関わった人が責任を負うべきであるという人間中心の原則という考え方が盛り込まれました。

(2)ELSI

　上記の事例を含めて、個人情報の取扱いや AI サービスの利用にあたっては、法律の遵守や倫理面での配慮が必要です。技術が進むにつれて、新たな問題が発生し、さらには重大な事故が起きるかもしれません。そのため、科学技術を発展させると同時に、その科学技術がもたらす**倫理的・法的・社会的課題**を検討していくことが重要になってきており、この倫理的・法的・社会的課題（Ethical, Legal and Social Issues）を指す言葉として **ELSI** という言葉が使われています。当初は、1990 年から始まった遺伝子情報の研究プロジェクトで使われるようになった言葉ですが、現在では、社会を変革する可能性を秘めた AI やコンピューターサイエンスの分野でも ELSI について考えることが重要になっています。

　事実、内閣府が 2021 年 3 月に閣議決定した「科学技術・イノベーション基本計画」の中で、Society 5.0 への移行において、新たな技術を社会で活用するにあたり生じる ELSI に対応するためには、俯瞰的な視野で物事を捉える必要があると記載しています。すなわち、Society 5.0 の中核技術である AI やコンピューターサイエンスの技術を利用する場合、技術開発だけに注力するのではなく、その技術がどのように使われ、その結果、どのような影響を及ぼすかといった全体像を捉えておく必要があるということです。ただ、AI については、これまで学んできたように、自動で学習を繰り返すことにより、学習したデータからどのような結果が出るのかを予測できないおそれがあります。事実、大規模な学習によって結果を導き出す生成 AI では、生成される結果の予測は難しく、コンピュータウイルスや詐欺メールといった犯罪行為に利用できるものまで生成できたという事例[205]が報告されています。また、特定のクリエイターの作品ばかりを学習させた生成 AI が導き出した結果は**盗用**に当たるかもしれません。このように、生成 AI は、知的生産性の高い能力をもつ反面、このような社会的課題を生み出してしまう可能性を秘めています。

203　個人情報保護委員会「個人情報の保護に関する法律に基づく行政上の対応について」https://www.ppc.go.jp/files/pdf/191204_houdou.pdf

204　統合イノベーション戦略推進会議「人間中心の AI 社会原則」https://www8.cao.go.jp/cstp/aigensoku.pdf

205　読売新聞オンライン「犯罪に利用できる生成 AI、ネットに複数公開…ランサムウェア・爆発物の作り方など回答」https://www.yomiuri.co.jp/national/20240129-OYT1T50245/

15.3.2 データ倫理

・データ倫理を考える上では、公平性、透明性、アカウンタビリティ、人間中心の設計などの観点が重要である。
・公平性とは偏った結果にならないことであり、AI の学習データにデータバイアスがあると偏った結果を発生する可能性がある。

ELSI の中に、特に、データや情報、AI を含めたアルゴリズムの利用によって起こる倫理的な問題や社会的課題を改善していくための考え方として**データ倫理**があります。

データ倫理では、公平性、透明性、アカウンタビリティ、人間中心の設計などの観点が重要といわれています。透明性とアカウンタビリティについては、GDPR のところで説明したように、データを取り扱う場合、どのようにデータを集め、どのような処理を行ったかという、収集や処理の内容を明瞭にして、説明できるようにするということです。ただ、自動で学習を繰り返す AI では、結果に対する予測の難しさがあるので、その対策としては、先の事例でも述べたように、AI をどのように利用するかの判断は人間が行うという、**人間中心の判断**の考え方が重要になります。すなわち、集めたデータをどのように使うかという利用目的を明確にし、その処理結果により、どのようなメリットとデメリット（特に、人に及ぼす不利益）が発生するかを予測し、データの提供者や利用者には、それらを分かりやすく説明して同意を得る必要があります。

公平性とは、AI を含めた処理によって得られた結果が、偏ったものになってはいけないということです。世界的な大企業が、採用業務を効率化する目的で、AI に履歴書を審査させるシステムを開発した結果、AI の審査が女性に対して差別的であるということが分かり、運用を取りやめたという事例があります。その原因は、AI の学習データとして利用した過去の採用では、男性の採用割合が圧倒的に多かったことによるものだったようです。このようにデータの偏りがあることを**データバイアス**といいます。

それに対して、プログラムの設定の中に偏りのある仕組みが組み込まれている場合を**アルゴリズムバイアス**といいます。このようなバイアスによって導き出された結果は、予想していなかったとしても**データのねつ造**に当たるかもしれません。このように、AI に学習させたデータやアルゴリズムが適切でないと、差別や偏見などの社会的な不平等を含んだ結果を生むことがあります。この対策として、AI 社会原則の中に、アカウンタビリティに加えて、AI で利用するデータやアルゴリズムの信頼性（Trust）を確保することの必要性が示されています。

たとえば、AI サービスの運用を開始する前に、どのようなデータを学習させ、どのような結果が得られているかを公表し、利用する人に納得してもらうという方法があります。また、AI の利用を始める場面や、既に利用している場面に、疑問や質問があれば、それに回答していくといった対話の場を設けることも信頼につながります。そして、公平性、透明性、アカウンタビリティを念頭において、人間中心の設計を行うためには、組織における**データガバナンス**が重要になります。ガバナンスとは、統治、統制という意味で、データガバナンスとは、データの取扱いについて統制

を取って組織全体で取り組む活動です。そのためには、図 15.7 [206] のように、データを利用する構想から、収集、設計、保存、分析、活用といった一連の流れの各局面で内容を明確にし、統制に必要な方針や評価、対策、ルール作りを行う活動が求められます。

構想、収集

利用目的や個人情報
保護の方針・ルール

設計、保存

データ品質管理やセキュ
リティ対策の方針・ルール

分析、活用

データ提供方法や
運用体制の方針・ルール

図 15.7　データガバナンスのイメージ

💡Tips　EU の AI 規制法の概要

・2024 年 3 月に EU の欧州議会で AI の包括的な規制法案が可決し、2026 年から施行されます。その概要は、次のようになっています。
　・容認できないリスクのある AI は禁止、ハイリスクのある AI は規制、限定リスクのある AI は透明性の義務化、小リスクの AI は規制しないという 4 段階での規制内容になってます。
　・EU 以外の AI サービスであっても、EU での利用が可能であれば、規制の対象になるとしています。
　・AI を使った容認できないリスクとして、人間の潜在意識（サブリミナル）の操作、年齢や障害などの脆弱性の利用、公共機関が行う人物の格付け（ソーシャルスコアリング）、法執行のためのリアルタイム遠隔識別システムの利用（防犯カメラを使った犯人の特定など）を挙げており、これに当てはまるものは禁止としています。

注記：総務省「人工知能に関する調和の取れたルールを定める規則の提案」本文・付属書（仮訳）
　　　https://www.soumu.go.jp/main_content/000826706.pdf

206　野村総合研究所「用語解説｜経営｜データガバナンス」https://www.nri.com/jp/knowledge/glossary/lst/ta/data_governance

この章のまとめ

1　情報資産とは、企業や個人にとって、活動のために不可欠な価値のある情報のことである。損害を被る危険性（リスク）のある事象が脅威であり、脅威を引き起こすきっかけとなる原因が脆弱性である。脅威には、人によって直接起こされる人的脅威、災害や機械の故障といったことにより発生する物理的脅威、情報システムなどを介して起こる技術的脅威の三つがある。

2　情報セキュリティ対策は、情報資産などを、機密性、完全性、可用性の三つの特性のバランスを取りながら維持する活動である。

3　利用者を識別する ID と利用者しか知らないパスワードを使うことで、情報やシステムへのアクセス制限を行う。

4　暗号化とは鍵を使ってデータを読めない状態に変換することで、鍵を使って元に戻すことを復号という。

5　個人情報を保護するために OECD8 原則が示され、日本では個人情報保護法が制定された。個人情報の仮名加工と匿名加工は、個人を特定できないようにする加工で、特に、匿名加工を行うことでビッグデータによる分析などの利用が可能になる。

6　GDPR は、EEA での個人データの保護を目的とした規則で、個人データの自己情報コントロール権を強く認めており、また、個人データを EEA から移転するときには、移転先の十分性認証が必要となる。GDPR では、個人データを取り扱う責任者は、処理の安全性の保証だけではなく、透明性や処理の適正性に対する説明責任の義務を負う。

7　ELSI とは、科学技術がもたらす倫理的・法的・社会的課題を指す言葉で、データ・AI 活用に際しても、それがもたらす ELSI を検討する必要がある。AI サービスの運用では、法律の遵守に加えて、そのサービスがもたらす倫理的な側面についても責任をもつ必要がある。

8　データ倫理を考える上では、公平性、透明性、アカウンタビリティ、人間中心の設計などの観点が重要である。公平性とは偏った結果にならないことであり、AI の学習データにデータバイアスがあると偏った結果を発生する可能性がある。

|練|習|問|題|

問題1 リスクと脅威、脆弱性について、その関係を簡潔に説明しなさい。

問題2 情報セキュリティ対策の3要素である機密性、完全性、可用性を維持するための対策について、具体例を挙げなさい。

問題3 個人情報保護に関するOECD8原則を簡潔に説明しなさい。

問題4 GDPRの規制の特徴を簡潔に説明しなさい。

問題5 AIサービスによって算出された内定辞退率について、どのようなメリットがあり、どのようなデメリットがあるかを考え、説明しなさい。

問題6 データ倫理での重要な観点を挙げなさい。

Active Learning 事例から生成AIの留意事項を考える

・生成AIのハルシネーションによる誤情報の生成、偽情報や有害コンテンツの生成に関する事例を調べ、それに対処するためには、生成AIを利用する者にはどのような能力や態度が求められるかを議論し、発表しよう。

練習問題解答

第1章

問題1 自動運転を行うには、搭載したセンサで周りの車両や人、障害物を感知し、ぶつからないように自動で判断するために AI の技術が不可欠であり、進行方向にある信号や交差点に設置した装置から情報を得るために IoT の技術が使われる。

問題2 パイロットの操縦訓練、自動車学校のドライブシミュレータ　など

問題3 コンピュータやインターネットが作り出す仮想空間と現実世界が高度に融合した社会

問題4 6,520 万倍

問題5 渋滞予測、レストランの注文の予測、機器の故障原因の予測に基づく故障の自動検出、教育での学習履歴の解析に基づく指導　など

問題6 人間の脳神経のつながりを模したニューラルネットワークの階層を深くしたディープラーニングを使って、学習させて答えを導き出す技術

問題7 AI が学習する情報の中に間違った情報が入っていた場合、その情報をもとに答えを導き出す可能性があるから。

第2章

問題1 生成 AI は、入力に応じてテキスト、画像、動画、音声などを生成して出力するような AI である。

問題2 テキストと画像など、複数の形式を合わせて同時に処理できる生成 AI である。

問題3 たとえば、ゲーム会社の「レベルファイブ」は、ゲームのタイトル画面のレイアウトの案に画像生成 AI を活用している。

（出典：「AI 時代の知的財産権検討会（第 4 回）」内の株式会社レベルファイブ提出資料 https://www.kantei.go.jp/jp/singi/titeki2/ai_kentoukai/gijisidai/dai4/siryou1.pdf）。

問題4 たとえば、簡単な算数の計算問題でもテキスト生成 AI は計算を間違うことがあるが、"ステップバイステップで考えて"というようなことをプロンプトに入れることで間違い難くなる。　など

問題5 たとえば、相手国の国民が多く利用している SNS に画像生成 AI で生成したフェイク画像を大量に投稿し拡散させ、真実の情報を見えなくするような情報操作

第3章

問題1 折れ線グラフ

問題2 たとえば、構成比順に並べた棒グラフ。構成比の大きさを棒の長さで捉えることができ、円グラフよりも差が把握しやすい。ここでは、項目名が長いと、縦向きの棒グラフでは不具合が生じやすいので、横棒グラフで表すと次のようなグラフになる。

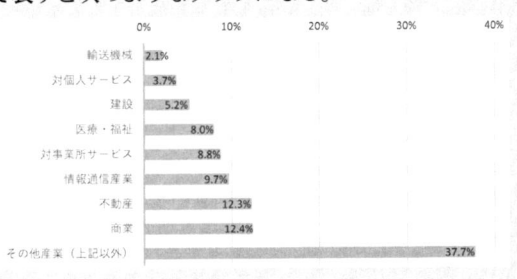

問題3 （ア）のみである。（イ）は、折れ線グラフだけから読み取れる事実ではなく、（ア）を説明するための「仮説」である（このように、データ自体の事実なのか、または、推測や仮説が意識することは重要である）。

第4章

問題1 質的データには、血液型や職業などの他と区別をするためのデータや、学年や受賞の等級などの順序や順位を示すデータで、算術演算が適用できないデータを指す。量的データは、数値で表され、年齢や身長、気温など、単位をもち、大小や比率に意味をもって、算術演算による結果を記録したデータである。

問題2 実験での条件や操作と、そのときの反応や結果を記録したデータのことで、科学的な仮説の検証や理論の構築、製品の開発などに活用される。

問題3 ログデータは、コンピュータシステムなどで、その動作中に行った処理などの事象の情報を記録したデータである。ログデータには、アクセスログ、購買ログ、検索ログ、人の行動ログ、プローブデータ、機械の稼働ログなど呼ばれる種類がある。

問題4 1次データは、特定の目的のために、自らがアンケート調査や売上記録などによって収集し、所有するデータで、2次データとは、国や自治体の統計データや報告書など、既に存在するデータを自らの目的に利用するために収集した外部データである。

問題5 メタデータとは、「データを説明するためのデータ」のことで、データやコンテンツ本体の属性や付帯情報を記述・説明するためのデータである。

問題6 データの取得と取扱いにおいて、独占禁止法などによる規制が必要な理由は、デジタル経済における競争の公平性を保ち、消費者の利益を守るためである。大量のデータを保有する企業が独占的な地位を利用して市場を支配すると、イノベーションが抑制される可能性がある。また、特定の企業が市場のデータを独占的にコントロールすると、価格操作や不公平な取引が行われる可能性がある。

問題7 データ品質を評価する際に使用される主な尺度は、正確性、適時性/信頼性、一貫性、完全性などである。

第5章

問題1 国語科目の代表値の計算結果は下記になります。

合計	平均	最大値	最小値	中央値	最頻値
525	75	95	45	75	75

問題2 5人の学生の体重の平均、分散と標準偏差

平均 $\bar{x} = \dfrac{57+59+60+61+63}{5} = 60$

分散 $s^2 = \dfrac{(57-60)^2+(59-60)^2+(60-60)^2+(61-60)^2+(63-60)^2}{5} = 4$

標準偏差 $\sigma = \sqrt{s^2} = \sqrt{4} = 2$

問題3 成績の平均が 60 点で、標準偏差 σ が 10 であることから、このクラスの成績分布図は右の図のように描けます。

正規分布の 68-95-99.7 ルールに基づいて：

・50 = 60−10 = 60−σ です。また、70 = 60＋10 = 60＋σ です。よって、問題の「50 以上 70 未満」の範囲は、正規分布の −σ 〜 ＋σ の範囲に相当するので、データの割合は 68.3% となります。

・問題の「平均値から 2 標準偏差以上離れた値の範囲」は −2σ 〜 ＋2σ に該当します。−2σ = μ −2σ = 60−2×10 = 40 点であり、＋2σ = μ ＋2σ = 60＋2×10 = 80 点になります。これにより、平均値から 2 標準偏差以上離れた値の範囲 −2σ 〜 ＋2σ は、40 点から 80 点までです。この場合、この範囲に含まれるデータの割合は、95.4% です。

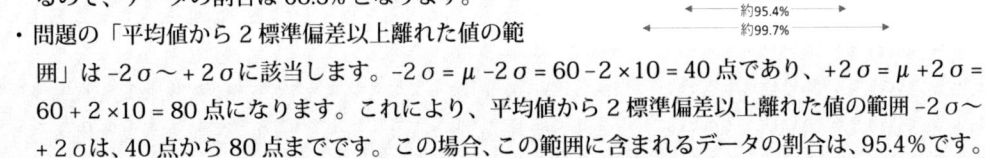

問題4 データサイエンスによる問題解決のプロセスは、問題の定義と目標設定→データ収集と前処理→データの探索的分析→データ解析と推論→結果から新しい知識と課題への発見のサイクルから成り立っている。

問題5 目標設定を行うことでデータ分析の方向性が明確になり、目的を明確にすることでビジネス上の問題や課題に対する理解が得られ、それに基づいてデータ分析のビジネスへの寄与がより明確になります。逆に、目的が不明確なままデータ分析を進めると、分析の軸がズレたり、不要な作業に時間を割いてしまい、業務効率の低下につながってしまいます。

問題6 欠損値はデータが不足している状態を指し、異常値は通常のデータの範囲から大きく逸脱した値を指します。

第6章

問題1 比較対象が不適切だと、条件や基準をそろえた比較ができなくなり、分析の妥当性を保証することができなくなるからです。

問題2 「Apple to Apple の比較」とは同じ性質をもつリンゴ同士を比較することから派生して、同じ性質や同じ条件をもつもの同士を比較することを指します。

問題3 条件をそろえた比較は、公平かつ適切に評価を行うために重要です。比較の正当性を確保するために、同じ基準や条件での比較の重要で、「一貫性の確保」や「データの標準化や正規化」などの観点を考慮すべきです。

問題4 尺度や基準の異なるデータを同じ尺度や基準に変換し、条件をそろえた比較を可能にするための手法です。

問題5 【演習】Step 1. 気温の平均は

$$平均 \mu_1 = \frac{(25+28+22+30+26)}{5} = 26.2$$

Step 2. 気温の標準偏差

$$\sigma_1 = \sqrt{\frac{(25-26.2)^2+(28-26.2)^2+(22-26.2)^2+(30-26.2)^2+(26-26.2)^2}{5}} \approx 2.71$$

Step 3. 降水量の平均は

$$平均 \mu_2 = \frac{(50+65+40+80+60)}{5} = 59$$

Step 4. 降水量の標準偏差

$$\sigma_2 = \sqrt{\frac{(50-59)^2+(65-59)^2+(40-59)^2+(80-59)^2+(60-59)^2}{5}} \approx 13.56$$

Step 5. データを標準化

$$計算式: z_i = \frac{x_i - \mu}{\sigma}$$

・気温: $z_1 = \dfrac{25-26.2}{2.71} \approx -0.44$, $z_2 = \dfrac{28-26.2}{2.71} \approx 0.66$, $z_3 = \dfrac{22-26.2}{2.71} \approx -1.55$, $z_4 = \dfrac{30-26.2}{2.71} \approx 1.40$,

$z_5 = \dfrac{26-26.2}{2.71} \approx -0.07$

・降水量: $z_6 = \dfrac{50-59}{13.56} \approx -0.66$, $z_7 = \dfrac{65-59}{13.56} \approx 0.44$, $z_8 = \dfrac{40-59}{13.56} \approx -1.40$, $z_9 = \dfrac{80-59}{13.56} \approx 1.55$,

$z_{10} = \dfrac{60-59}{13.56} \approx 0.07$

標準化後

気温（℃）	-0.44	0.66	-1.55	1.40	-0.07
降水量（mm）	-0.66	0.44	-1.40	1.55	0.07

第7章

問題1 散布図を使うと、二つの量的変数の間の関係を視覚的に確認できます。また、散布図は、データの異常値や外れ値を検出することにも使えます。さらに、散布図を使うことで、変数間に相関関係があるかどうか、その相関関係の強さや方向性を直感的に推測し、評価することができます。

問題2 （1）散布図

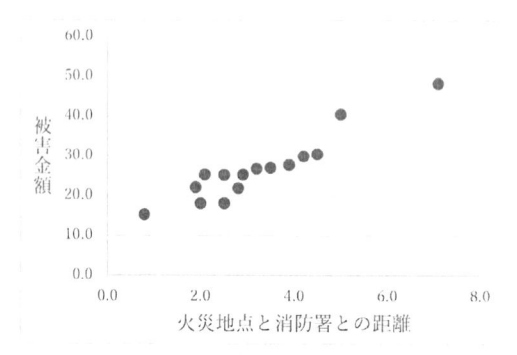

　散布図から、点が左下から右上にかけて上昇している傾向を示していることから、火災地点が消防署までの距離が遠くなる場所ほど、被害金額が多くなることを示唆しています。

（2）Excel 関数 CORREL を使う方法

	A	B	C	D	E	F	G	H	I	J	K	L	M	N	O	P	Q
1																	
2		No.	1	2	3	4	5	6	7	8	9	10	11	12	13	14	15
3		距離	3.5	2.0	4.5	2.5	2.9	4.2	0.8	2.8	2.5	3.2	1.9	2.1	7.1	5.0	3.9
4		損害金額	27.0	18.0	30.5	25.2	25.3	30.0	15.2	21.8	18.1	26.8	22.1	25.3	48.2	40.5	27.8
5																	
6		相関係数	=CORREL(C3:Q3,C4:Q4)			=0.945											

公式 (7.7) による計算方法

第5章で紹介した方法で、「距離」と「損害金額」の平均値 $\overline{X}$、$\overline{Y}$ と、それぞれの標準偏差 σ_X、σ_Y を求めます。

$$\overline{X} = 3.3 \ \overline{Y} = 26.8 \ \sigma_X = 1.48 \ \sigma_Y = 8.22$$

次に、公式 (7.1) にしたがい、相関係数を計算します。

$$\frac{\text{距離と損害金額の}}{\text{相関係数}} = \frac{11.515}{1.48 \times 8.22} \approx 0.945$$

距離と損害金額の共分散は、以下の通り計算されます。

$$\frac{(3.5-3.3)(27.0-26.8) + (2.0-3.3)(18.0-26.8) + \cdots + (3.9-3.3)(27.8-26.8)}{15} \approx 11.515$$

問題3 Excel 関数 CORREL を使う方法

	区分	5歳	6歳	7歳	8歳	9歳	10歳	11歳	12歳	13歳	14歳
26	身長平均(cm)	110.2	116.0	122.0	128.1	134.5	141.4	147.9	152.2	154.9	156.5
27	体重平均(kg)	19.0	21.3	24.0	27.3	31.1	35.5	40.5	44.5	47.7	49.9
28											
29	相関係数	=CORREL(C26:L26,C27:L27) =0.989									

公式 (7.7) による計算方法

第5章で紹介した方法で、「身長平均」と「体重平均」の平均値 $\overline{X}$、$\overline{Y}$ と、それぞれの標準偏差 σ_X、σ_Y を求めます。

$$\overline{X} = 136.4 \ \overline{Y} = 34.1 \ \sigma_X = 15.924 \ \sigma_Y = 10.653$$

次に、公式 (7.1) にしたがい、相関係数を計算します。

$$\frac{\text{身長平均と体重}}{\text{平均の相関係数}} = \frac{167.841}{15.924 \times 10.653} \approx 0.989$$

身長平均と体重の共分散は、以下の通り計算されます。

$$\frac{(110.2-136.4)(19.0-34.1) + (116.0-136.4)(21.3-34.1) + \cdots + (156.5-136.4)(49.9-34.1)}{10} \approx 167.841$$

問題4 疑似相関は、二つの変数間に観察された相関が因果関係ではなく、他の共通する原因（交絡因子）によって引き起こされた関係のことを指します。たとえば、小学生を対象に算数のテストを行った結果、「身長が高いほど算数のテストの点数が高い傾向が見られた」という現象は、「年齢」という交絡因子による疑似相関と考えられます。小学生は、一般的に年齢が上がると身長も伸びていき、年齢と身長とは正の相関関係があります。一方、小学生は年齢が上がると下級生と比べて算数能力も上がる傾向にあり、年齢と算数能力の間に正の相関関係があります。層別解析の手法を用いて、受験した小学生の成績を年齢別（学年別）に分け、それぞれのグループで算数の能力と身長と相関分析を行うと、相関関係が見られないことから、「年齢」による疑似相関が考えられます。

第8章

問題1 たとえば、コロナ禍でデジタル化がどれくらい進んだのかに興味があれば、トップページの検索窓に「コロナ　デジタル化」と入力して検索し、表示されたページ内に、たとえば「情報通信白書_令和3年版」が見つかるので、それをクリックした後のページ内の「コロナ禍で拡大したデジタル活用」のリンクを開く。

問題2 たとえば、Google で「我孫子市　住民基本台帳　閲覧」で検索すると確認できる。

問題3 母集団に属しているすべてへ調査することを全数調査、他方、母集団から一部を取り出して調査す

ることを標本調査というので、二つの違いは調査するのが母集団全体か一部かである。全数調査の例として国勢調査や経済センサス、標本調査の例として家計調査が挙げられる。

問題4 （イ）の方が望ましい。（ア）の2段抽出法では、標本は1段目の抽出で選ばれた性別の学生のみで、偏った標本となるため、単純無作為抽出法と比べ、推測の精度は低くなる。一方、握力は男女で大きく異なるため、男女で母集団を層化すると、層内（同じ性別内）では握力のデータは似かよっていて、層（性別）が違えば、握力のデータに大きな差があると考えられる。さらに、母集団での男女の構成比が分かっているので、この層化抽出法は、単純無作為抽出法と比べ、推測の精度が高くなることが期待できるため。

問題5 多くの場合、電話番号をランダムに発生させて電話をかける RDD（Random Digit Dialing）という方法が用いられている。

第9章

問題1 2024年1月の、二人以上の世帯における「光熱・水道」の中分類それぞれに対する1世帯当たり平均支出額は、次のような値で、電気代が最も大きいことが分かる。3.1 電気代 12376（円）　3.2 ガス代 5904（円）　3.3 他の光熱 2744（円）　3.4 上下水道料 5085（円）

問題2 下の図のような画面が表示される（地理院地図（白地図）を背景地図に設定した jSTAT MAP の画面を加工して作成）。

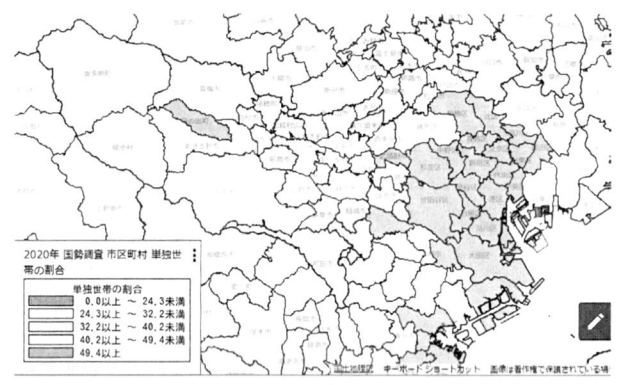

問題3 たとえば、「国民生活に関する世論調査（令和5年11月調査）」のページにアクセスし、下の方にある「集計表2（問2）現在の生活に対する満足度（CSV 形式：13KB）」をクリックしてダウンロードする（右の図はそれを Excel で開いた画面）。

問題1 特化型 AI とは、ある一つの課題を解決することに使われる AI である。それに対し、汎用 AI は、万能性をもった AI であり、人間のように思考し、行動できる AI である。

問題2 構造化データとは、列や行という構造をもったデータを指す。一方、非構造化データはそれ以外のデータを指し、言語データや画像データ、音声データなどが挙げられる。

問題3 自然言語処理、画像／動画処理、音声処理

問題4 AI の説明性とは、AI が判断結果だけでなく、判断の過程を説明できる能力のことを指す。たとえば、人が病気かどうかを判断する AI があったとして、結果だけを示されても判断結果に納得することが難しいように、判断の過程が必要なユースケースが存在するため、AI の説明性が求められている。

問題5 ハルシネーションとは、AI が事実に基づかない情報や、実際には存在しない情報を生成してしまう現象のことを指す。ハルシネーションは、現在の AI の技術特性上、完全に避けることはできないため、AI から得た知識の正否を改めて利用者が確認するなどの対策が必要である。

問題1 説明的な分析とは、データを可視化し、何が起きているのかを理解することで、意思決定に役立てる方法である。予測的な分析とは、過去のデータに基づいて、次に何が起こるかを予測することで、意思決定に役立てる方法である。指示的な分析とは、複数のプランのうち、どれを選択すると最も良い結果を出すことができるかを見つけ出す方法である。

問題2 化学プラントにおいて、AI が運転員に設定の推奨値を提示したり、プラント自体を自動制御したりすること

問題3 コンビニエンスストアにおける AI を用いた商品発注の取り組み

問題4 過去の実験データや画像データを組み合わせて分析することで、新たな素材開発に役立てる取り組み

問題5 シェアリングエコノミー、フィンテック。シェアリングエコノミーとは、個人と個人・企業間でモノや場所、スキルなどをシェアすることで生まれる経済活動を指す。フィンテックとは、金融分野に IT 技術を組み合わせることで生まれた新たな領域を指す。

問題1 教師あり学習は、教師データと呼ばれるデータを学習し、機械学習モデルを作ることで未知のデータを予測する手法。教師なし学習は、教師データを使わず、データに含まれる構造や法則を発見する手法。強化学習は、試行錯誤を行うことで、ゴールに辿り着く最適解を発見する手法。

問題2 正解率、再現率、適合率、F1 スコア

問題3 0.75。再現率は TP ÷ (TP+FN) で計算できるため、90 ÷ (90+30)=0.75 となる。

問題4 クラスタリングは、データの中から特徴の似たものをいくつかのグループに分けることを指す。次元削減は、高次元のデータを、データの特徴を可能な限り維持しながら、低次元のデータに変換することを指す。

問題1 中間層の数を増やしたニューラルネットワークがディープラーニングである。

問題2 活性化関数は、ニューラルネットワークのノードにおいて、次のノードに流す値を調整するスイッチの役割を果たす関数である。

問題3 教師データを作成するために、データに対する正解情報を人手で付与する行為を指す。

問題4 生成器と識別器が競い合うことによって、高精度のデータを作り出すことのできるディープラーニングの一種

問題5 既にあるモデル（基盤モデル）を使い、新たなタスクに適応させること

第14章

問題1 図14.1の⑩左下の、オレンジと青の点を一本の直線だけで完全に分離できるもののみ。

問題2 図14.4の一番左下に辿る経路でwinと予測される。

問題3 図の下の方にある、花弁の長さ（縦軸）が2cm以下のアヤメのグループと、それ以外のアヤメの二種類のグループにクラスタリングされる結果となった。

 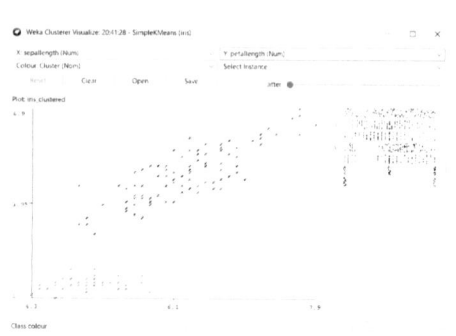

第15章

問題1 情報が破壊されたり、改ざんされたり、紛失したりといった損害を被る危険性をリスクといい、リスクとなる事象が脅威であり、脅威を引き起こす原因となるものが脆弱性である。

問題2 IDとパスワードによるアクセス制限、データの暗号化、入力ミスを防ぐ二重チェック、データのバックアップ、電子署名、システムの二重化、ファイヤーウォールの設置　など

問題3 個人情報の利用目的の本人への通知または同意が必要があり、目的以外の利用はできない。個人情報の管理について完全性や安全性が求められる。利用している組織の連絡先を示して利用について本人が関与できるようにする。

問題4 間接的に識別できる個人データも保護の対象となり、プロファイリングも規制の対象であり、個人データ処理では安全管理や透明性、アカウンタビリティが求められ、消去の権利（忘れられる権利）などの自己情報コントロール権が強化されている。

問題5 利用する企業にとっては、採用者の内定辞退の件数を少なくして採用業務の効率化が図れるというメリットが考えられる。ただ、内定辞退率によって、本命で応募してきた優秀な応募者を低く評価してしまうデメリットも考えられる。応募者にとっては、採用される可能性のある企業の選択範囲が狭められ、場合によっては、本命と考えていた会社の採用において不利益が発生するというデメリットが考えられる。

問題6 データ倫理の重要な観点には、公平性、透明性、アカウンタビリティ、人間中心の設計などがある。

索 引

■著者略歴

浅井 宗海（あさい　むねみ）
執筆箇所　監修、第 1 章、第 15 章
1984 年　東京理科大学大学院理工学研究科情報科学専攻修了
現在　中央学院大学商学部　教授

譚 奕飛（たん　えきひ）
博士（経済学）
執筆箇所　第 4 章、第 5 章、第 6 章、第 7 章
2008 年　名古屋大学大学院経済学研究科産業経営システム専攻博士後期課程修了
現在　中央学院大学商学部　教授

山口 誠一（やまぐち　せいいち）
博士（理学）
執筆箇所　第 2 章、第 3 章、第 8 章、第 9 章、第 14 章
2011 年　大阪大学大学院理学研究科数学専攻博士後期課程修了
現在　中央学院大学法学部　講師

浅井 拓海（あさい　たくみ）
技術士（情報工学）
執筆箇所　第 10 章、第 11 章、第 12 章、第 13 章
2009 年　NTT コミュニケーションズ株式会社入社
現在　株式会社 NTT ドコモ　オンライン CX 部　担当課長、IPA 情報処理技術者試験委員

組版・装丁　安原悦子
編集　伊藤雅英・赤木恭平

ファーストステップ AI（エーアイ）・データサイエンスの基礎（きそ）

2024 年 9 月 30 日　　初版発行 Ver.1.0

著　者　　浅井 宗海・譚 奕飛・山口 誠一・浅井 拓海
発行者　　大塚 浩昭
発行所　　株式会社近代科学社
　　　　　〒101-0051 東京都千代田区神田神保町1丁目105番地
　　　　　https://www.kindaikagaku.co.jp